Karl-Heinz Kramer

Abenteuer Tierwelt in China

Meiner lieben Frau Christel
mit herzlichem Dank
gewidmet.

Karl-Heinz Kramer

Abenteuer Tierwelt in China

Als Tierfilmpioniere im Reich der Mitte

Landbuch

Umschlag: Abendstimmung mit Mandschurenkranichen.

Fotos: Alle Fotos vom Verfasser

Landbuch-Verlag GmbH, Hannover, 1989

Lektorat: Dr. Helge Mücke, Hannover
Satz, Druck und buchbinderische Verarbeitung:
Landbuch-Verlag GmbH, Hannover

ISBN 3 7842 0409 0

Inhalt

Vorwort

China – das war zwei Jahrzehnte lang ein unerreichbarer Traum für uns. 20 Jahre lang haben wir darum gekämpft, das Reich der Mitte besuchen zu können, um eine Tierwelt, einzigartig und nahezu unbekannt, mit der Filmkamera einzufangen.

Wir haben Briefe geschrieben und telefoniert, Gespräche geführt und Besuche gemacht. Am Anfang unserer Bemühungen gab es noch keine diplomatischen Beziehungen zwischen Bonn und Peking. Also gingen erste Kontakte zur chinesischen Botschaft in Den Haag. Wir konnten dort schließlich einige unserer früheren Filme aus anderen Ländern vorführen, doch Peking winkte ab und bat um Geduld: China sei für Tierfilm-Expeditionen, wie wir sie wünschten, noch nicht genügend erschlossen.

Wir mußten einen großen Atem haben auf unserem langen Marsch nach China. Aber nie haben wir die Hoffnung aufgegeben. Lange Jahre schien es so, als bliebe unser Traum für immer unerfüllt: Die Kulturrevolution mit ihrer barbarischen Gewalt kappte alle unsere Verbindungen. Und in China galten Tiere auf einmal als unnötige Fresser. Vögel wurden gar totgeschlagen, weil sie die Ernte schädigten.

Eine Revolution starb.

Jahre später. Wir sitzen in Peking im sonnengelben Eßzimmer des letzten Kaisers im Verbotenen Palast und stoßen mit Wein auf unseren Vertrag mit den chinesischen Partnern an. Mit rotem Wein, denn der gilt in China als Glücksbringer.

28 650 Meter Film in 35 mm haben wir mitgebracht von unserer teuersten und schwierigsten Expedition. Wir filmten Streifengänse im eisigen Hochland Tibets am Qinghaisee und im hohen Norden das Nomadenvolk der Ewenken mit ihren Rentieren. In der Mandschurei drohten wir bei der Beobachtung der dort lebenden scheuen Mandschurenkraniche im Sumpfgebiet zu versinken. Auf dem Li-Fluß bei Guilin drehten wir in tropischer Hitze auf schwankenden Flößen Kormorane.

Unermüdlich waren wir im schwülen Bambus-Dschungel von Szetchuan dem Großen Panda auf der Spur und hatten schon jegliche Hoffnung aufgegeben, als er plötzlich vor uns stand.

Um die einzigartigen Tiergestalten Chinas mit der Filmkamera einzufangen, mußten wir abenteuerliche Reisen von Zehntausenden Kilometern mit Flugzeug, Bahn, Schiff und Jeep und schließlich auch noch größere Fußmärsche durch die Wildnis auf uns nehmen. Dabei waren Temperaturspannen von minus 28 Grad Kälte im Norden bis 38 Grad Hitze im Süden Chinas zu verkraften. Und auch die Höhenunterschiede waren belastend, sie reichten von Meereshöhe bis zu knapp 4 000 Meter im tibetischen Hochland.

Aber wir haben alle diese Strapazen auf uns genommen, damit wir unseren Filmtraum verwirklichen konnten – hätten aber niemals Erfolg gehabt, wenn wir nicht vielfach freundliche Hilfe erfahren hätten.

So möchte ich mich an dieser Stelle für die Hinweise und Anregungen bei Herrn Prof. Cheng Tso-Hsin von der Chinesischen Akademie der Wissenschaften in Peking bedanken, bei Herrn Robert Roth für die redaktionelle Mitarbeit an diesem Buch, bei unserem Produktionsleiter, Herrn Zhang Ce, sowie bei unserem Dolmetscher, Herrn Zhang Cheng, für ihren unermüdlichen Einsatz. Dank auch CO-Film Peking für die gute Zusammenarbeit und den zahlreichen Helfern in den Provinzen des Riesenreiches.

Unser langer Marsch

„Setzt man gemeinsam in einem Boot über, so ist das schon fünfhundert Jahre vorher vom Schicksal bestimmt"
(Altes chinesisches Sprichwort)

Die Sonne geht auf über dem Himalaja. Die Luft ist glaskar, und unter uns liegen die Gipfel und Täler dieses höchsten Gebirges der Welt, gewaltig anzusehen, selbst noch aus unserer hochfliegenden Boeing 727.

Wir sind unterwegs nach China. 20 Jahre Warten und Hoffen haben sich ausgezahlt, endlich! Nach dem Ende der Kulturrevolution und der Wiederaufnahme unserer Kontakte über die neueröffnete chinesische Botschaft in Bonn kam Bewegung in unsere jahrelang zäh dahinfließenden Bemühungen, Chinas Tierwelt mit der Kamera einzufangen.

Zuerst schreiben wir an den Presseattaché der Botschaft Pekings in Bonn. Er reagiert prompt, mehrere Briefe und viele Telefonate konkretisieren unsere Pläne und Absichten. Die Botschaft in Bonn nimmt ihrerseits Kontakt auf mit der China Film Co-Production Corporation, kurz „Co-Film" genannt. Das war für uns das Zeichen, mit den ersten Vorbereitungen zu beginnen – und dazu gehörten vor allem auch die Impfungen. Obwohl wir wegen unserer ständigen Expeditionen in andere Länder immer die entsprechenden Impfungen bekommen haben, begannen wir schon jetzt mit den Nachimpfungen: Hepatitis, Tetanus-Prophylaxe und Cholera. Und für alle Fälle versorgten wir uns mit Malaria-Tabletten.

Post aus Peking: Co-Film schreibt: „Wir möchten Sie empfangen, bitte schicken Sie Ihre Pässe an die Botschaft in Bonn, damit Ihre Visa ausgestellt werden können. Wann möchten Sie kommen?"

Und jetzt sind wir auf den Weg nach China. In Frankfurt starteten wir mit einer Boeing 747 der Pakistan International Airlines. Kurz vor dem Abflug stellte sich heraus, daß unser Platz ganz vorn an der Filmleinwand, wo es sehr viel Raum gibt, um die Beine auszustrekken, von einem Baby benötigt wird, dessen Korb hier Platz finden soll. Der Chefsteward fragt uns freundlich, ob wir so liebenswürdig wären, dem Baby zu weichen? Natürlich. Er verspricht, uns andere gute Plätze zu besorgen. Und da die Business Class dicht gefüllt ist, landen wir schließlich, ganz ohne Aufpreis, in der Ersten Klasse. „Sind Sie zufrieden?", fragt der Steward uns höflich-besorgt. – „Oh ja, vielen Dank!"

In Karatschi, der Hauptstadt Pakistans, erfolgt dann der Wechsel auf die Boeing 727 zum Flug nach Peking. Dort landen wir planmäßig am frühen Nachmittag und werden gleich von Vertretern der Co-Film freundlich begrüßt. Unser erster Eindruck vom fremden Land: Wir sehen nur wenige Leute auf dem riesigen Flugplatz, keine Maschine startet oder landet, aber alles macht ganz im Gegensatz zu Karatschi einen sehr sauberen Eindruck.

Co-Film hatte unsere Ankunft schon bestens vorbereitet. So wurden wir nicht lange mit dem Ausfüllen der Einreiseformulare belästigt, nur unsere Unterschrift fehlte noch. Auf der Fahrt in die Stadt, die etwa 40 Minuten dauerte, knüpften wir erste Kontakte zu unserem Expeditions- und Aufnahmeleiter Zhang Ce, der uns gleich eine ganze Reihe von Fragen stellt. Wu Feng-ming, unser Dolmetscher, tritt in Aktion und übersetzt die hin- und hergehenden Fragen und Antworten.

Wie halten vor dem alten historischen Peking-Hotel, die Zimmer für uns sind schon reserviert. Beim ersten Blick aus dem Fenster fällt uns auf, daß nur wenige Autos unterwegs sind, Staatslimousinen, Busse, Taxis und Lkw. Dagegen beherrschen Radfahrer und Fußgänger das Straßenbild.

Wir blicken auf die „Verbotene Stadt", deren Dachziegel wie die aller anderen Häuser in der Umgebung nicht in der Sonne glänzen, sondern ganz stumpf aussehen. Ein Sturm aus der fast 1000 Kilometer entfernten Wüste Gobi hat sie mit feinem Staub bedeckt.

Am Abend machen wir einen ersten Bummel durch die Neun-Millionen-Stadt. Vor dem Hotel werden wir „Langnasen", wie die Chinesen uns nennen, ausgiebig und ohne Scheu bestaunt. Überall wimmelt es nur so von „blauen Ameisen", wie wir Weißen die Chinesen wegen ihrer blauen Kleidung nennen, und meine Frau Christel fühlt sich fast erdrückt von den vielen Menschen. Schließlich befinden wir uns ja auch im volksreichsten Land der Erde, denn in China lebt ein Fünftel der Weltbevölkerung. Wir spazieren zum Platz des Himmlischen Friedens. Dort lassen einige Chinesen selbstgebastelte Drachen steigen. Am Himmel leuchten auf buntem Pergamentpapier Kraniche, Pandabären, Tiger und seltsame Fabelwesen. Aber auf den Straßen der Stadt sehen wir keinen Hund und keine Katze, denn die bedrängten Wohnverhältnisse in den Großstädten lassen dafür keinen Platz. Auch kein Pekinese ist zu sehen, obwohl wir überall und immer wieder eifrig danach Ausschau halten.

Im größten Pekinger Kaufhaus erstehen wir Sekt und Kaviar, um im Hotel meinen Geburtstag zu feiern. Der Kaviar schmeckt recht merkwürdig, eher wie „Wagenschmiere", meint Christel. Und so stellen wir ihn auf den Balkon vor unserem Zimmer. Vielleicht steht er heute noch da, denn die Chinesen sind sehr ehrlich und stehlen nichts. Sie sind ganz schön „nachtragend": Hat man irgendwo etwas vergessen oder stehengelassen, laufen sie einem auch lange Strekken hinterher und händigen dann strahlend das Verlorene aus.

Um den Kaviar und den Sekt kaufen zu können, benötigen wir natürlich chinesisches Geld. Mit Hilfe von Co-Film tauschten wir in einer Bank unser Geld in eine spezielle Ausländerwährung um. Sie wurde eingeführt, um Schwarzmarktgeschäfte mit Einheimischen von vornherein zu unterbinden. Wir stellten fest, daß die Ausländer-Währung wie der normale chinesische Renmimbi Yuan in 10 Jiao und 100 Fen unterteilt ist.

Der erste Weg am nächsten Tag führt uns gleich in den Zoo. Co-Film hatte uns selbstverständlich schon angemeldet und machte uns mit dem Direktor bekannt. Stolz zeigt er uns seinen Freund, einen Schwarzschnabelstorch *Ciconia boyciana*, der sehr selten geworden ist. Um so erstaunter sind Christel und ich, als der Zoodirekter eine Handbewegung macht und der Storch mit dem schwarzen Schnabel und den roten Hautpartien prompt den Hals zurücklegt und laut klappert. Diese höchst persönliche Beziehung zwischen dem Direktor und dem Storch hat eine besondere Bewandtnis: Adebar wurde vom Direktor persönlich aufgezogen, als er noch nicht flügge in den Pekinger Zoo kam. Winkt der Direktor ihm zu, antwortet der Storch mit Bewegungen, die zu seinem Balztanz gehören und Zuneigung ausdrücken.

Die Liebe der Chinesen zu Tieren ist daran abzulesen, daß es nirgendwo in der Welt so eifrige Zoobesucher gibt wie in China. Die Chinesen haben die Bedeutung der Tiere erkannt und schützen sie in 65 großen, abgeschirmten Naturreservaten. Und die Zeiten, wo sie Störche jagten, um aus ihren Beinen Eßstäbchen anzufertigen, sind heute undenkbar: Der Storch wird jetzt streng geschützt!

Im Pekinger Zoo sehen wir zum ersten Mal auch einen Großen Panda, der in China als nationales Symbol gilt, und den wir später in freier Wildbahn anzutreffen hoffen. Eine andere Attraktion für uns war die Gobi- oder Graukatze *Fedis bieti*, die für die europäische Wissenschaft erst Ende des vorigen Jahrhunderts entdeckt wurde. Es war ein naturforschender Prinz von Orleans, der sie am Rande der Steppenregion nach Tibet hin zum ersten Mal gesehen und beschrieben hat. Sie ist so selten, daß man kaum etwas von ihrer Lebensweise kennt, und die Zoobesucher ahnen kaum, welche Rarität sie da vor sich haben. Es ist die einzige Wüstenkatze, die in Gefangenschaft lebt.

Der Pekinger Zoo bietet noch etwas Einmaliges. Hier hat ein Gold-Takin-Weibchen ein Junges geboren. Mit Recht sind alle sehr stolz auf dieses Ereignis, denn bei der Seltenheit der Gold-Takine *Budercas t.taxicolor* ist jedes Exemplar, das auf die Welt kommt, von unschätzbarem Wert. Die Menschen, die in seiner Heimat, dem

Gold-Takin *Budorcas t. taxicolor* im Zoo von Peking.

Gobi- oder Graukatze *Felis bieti* im Pekinger Zoo.

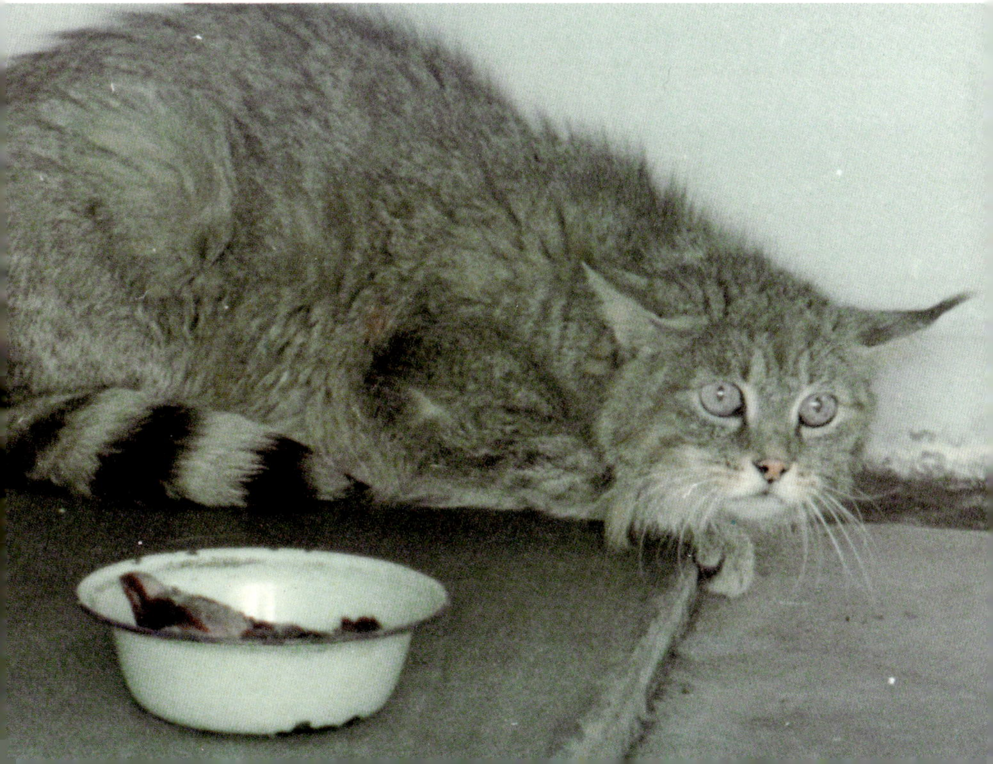

Tschinglingschan-Gebirge, leben, nennen den Gold-Takin auch „Goldenes Rind", wegen seines goldfarbenen Fells. Der Takin lebt in Bambuswäldern und unzugänglichen Felsregionen und kommt kaum jemals tiefer ins Tal als auf 2 000 Meter. Er ist verwandt mit Gemsen und Moschusochsen und von kräftiger, gedrungener Gestalt.

Wir brauchten natürlich keinen Eintritt zu bezahlen, um in den Pekinger Zoo zu kommen. Aber auch alle diejenigen, die kleiner als 1,20 Meter sind, haben freien Eintritt. Eine entsprechend angebrachte Meßlatte läßt sie am Zooeingang kostenlos in diese Wunderwelt der Tiere schlüpfen. Denn nach der Kulturrevolution hat sich in der Einstellung der Chinesen zu den Tieren ein abrupter Wandel vollzogen: Schon im Kindergarten werden die Kleinen mit dem Tier- und Naturschutz vertraut gemacht.

Wir waren nach China gekommen, um uns zuerst einmal hinreichend über die einzigartige Tierwelt im Reich der Mitte zu informieren. Denn zu Hause waren wir kaum fündig geworden. Es gab praktisch keine Informationen über die vielgestaltige chinesische Tierwelt. Dafür gibt es mehrere Ursachen: China, mit seinen 9,6 Millionen Quadratkilometern das drittgrößte Land der Erde, ist fast so groß wie Europa und reicht in der Nord-Süd-Ausdehnung von Hamburg bis hinunter in den Senegal (Afrika), in der West-Ost-Ausdehnung von Lissabon in Portugal bis annähernd nach Teheran im Iran. Natürlich spielt auch die mangelnde Erschließung in diesem riesigen Land eine große Rolle, und die Tatsache, daß der allergrößte Teil der Bevölkerung Chinas in einem Sechstel des Landes lebt, nämlich an der Ostküste. Dort münden die großen Ströme, so der Gelbe Fluß und der Jangtzekiang, die mit ihrem angeschwemmten Lößboden eine Lebensgrundlage für die Bewohner schaffen.

Das Reich der Mitte bietet nicht nur wegen seiner immensen Fläche, sondern auch wegen seiner vielgestaltigen Landschaften einer großen Fülle unterschiedlichster und zum Teil sehr seltener Tiere einen Lebensraum.

Zu Hause waren wir trotz eifrigen Suchens lediglich auf eine Veröffentlichung über Chinas Tierwelt gestoßen: ein Sonderheft der Zeitschrift für Säugetierkunde vom Juli 1938. Titel: „Über die Großsäuger Setchuans, Sikongs und Osttibets, bearbeitet nach Dr. Ernst Schäfers Tagebüchern und Trophäen von der ersten und zweiten Brooke-Dolan-Expedition der Acad. of National Scientific of Philadelphia".

Der Zoobesuch in Peking gab uns einen ersten Überblick über in China vorkommende Tierarten. Um uns weiter zu informieren, suchten wir Professor Dr. CHENG TSO-HSIN auf, den Chef-Ornithologen der chinesischen Akademie der Wissenschaften in Peking.

Ende der 70er Jahre veröffentlichte er eine Reihe von Büchern über die chinesische Fauna. Er war uns von Dr. WOLFGANG GRUMMT, stellvertretender Direktor des Tierparks von Berlin/DDR, empfohlen worden.

Professor Cheng ist über 80 Jahre alt. Die Begegnung mit ihm wird für Christel und mich zu einem großen Erlebnis. Denn der Professor ist der einzige, der uns hilfreiche Hinweise geben kann. Wie er uns gleich erzählt, ist der gesamte Mittelbau der chinesischen Wissenschaftler, die sich mit der Fauna beschäftigten, nicht mehr vorhanden. Grund dafür ist die Kulturrevolution, die in der Erforschung der „unnützen Fresser" keinen Sinn sah und nur noch Nutztiere leben lassen wollte.

Professor Cheng enttäuschte uns nicht, denn er gab uns in seiner liebenswürdigen, hilfsbereiten Art eine Fülle wertvoller Informationen. Er machte uns auf den Qinghaisee mit seinen großen Kolonien an Streifengänsen, Kormoranen und Tibetmöwen aufmerksam, erinnerte sich an eine Reiherkolonie in der Nähe von Shanghai, die er 1946 besucht hatte und riet uns, auf die Mandschurenkraniche bei Zhalong und die Weißlippenhirsche an den Berghängen zum tibetischen Hochland zu achten.

Da wir wußten, daß wir alle unsere Informationen über die chinesische Tierwelt mosaikartig zusammensetzen mußten, waren wir Professor Cheng besonders dankbar. Bewegt verabschiedeten wir uns von diesem großen alten Mann der Wissenschaft und brachten unsere Hoffnung zum Ausdruck, ihn eines Tages wiederzusehen.

Als wir ein erstes Resümee unseres Besuches im Pekinger Zoo und bei Professor Cheng zogen, kam Christel und mir der Gedanke: So viel Glück kann eigentlich kein Mensch haben, alle diese Tiere, den Panda, die Wüstenkatze, den Gold-Takin, die Tibetmöwen und die Rotkopfkraniche, in ihrem ursprünglichen Lebensraum zu filmen. Und wir dachten auch an das zweihöckerige Wildkamel, das in der riesigen Wüstenlandschaft der westchinesischen Provinz Xinjiang lebt und dort überaus selten geworden ist . . .

Shanghai, 6100 Quadratkilometer groß und mit annähernd 14 Millionen Einwohnern eine der größten Städte dieser Erde, ist eine Stadt der Parks und Gärten. Im Fu-Xing-Park bilden die Blätter der Bäume einen so dichten Baldachin, daß das Tageslicht kaum hindurchdringt. Der Schriftsteller Lu Xun (Lu Hsün), der von 1881 bis 1936 lebte, und der bedeutendste Anreger der kulturellen Erneuerung Chinas im 20. Jahrhundert war, wird durch ein Grabmal in einem eigens ihm gewidmeten schönen Park geehrt. Besonders eindrucksvoll ist auch der Garten des Mandarins Yu, den eine Drachenmauer umgibt.

Und für uns waren natürlich der Zoo und das Naturkundemuseum von großem Interesse. Aber obwohl wir wiederholt nach den Reiherkolonien, die Professor Cheng genannt hatte, fragten, konnte man uns keine genaue Auskunft darüber geben.

Deshalb besteigen wir am nächsten Tag im Hafen von Shanghai eine Motordschunke. Wir fahren auf dem Huanpu-(Whangpoo-)Fluß, der den Hafen von Shanghai bildet und nach etwa 30 Kilometern in den Jangtzekiang (Chang-Jiang-Fluß) mündet.

Wir tauchen ein in eine reizvolle Landschaft. Dschunken mit bizarren Segeln gleiten vorüber, die Ufer sind gesäumt mit Weiden- und Pappelgruppen. Im Hintergrund liegen Dörfer mit Maulbeer-Hainen und smaragdgrünen Reisfeldern, deren leuchtende Farben zum trüben Wasser des Flusses kontrastieren.

Ständig suchen wir mit Ferngläsern die Inseln ab, denen wir begegnen. Aber nirgendwo entdecken wir auch nur eine Spur der Vogelkolonien mit Nachtreihern und Meeresvögeln, von denen Professor Cheng uns erzählt hatte.

Wir wenden uns an Zhang Ce, er fragt den Steuermann des Schiffes. Aber auch Wang Lei, wie seine Kameraden ihn nennen, kann uns nicht weiterhelfen, obwohl er der Älteste an Bord ist und diesen Fluß seit über 20 Jahren befährt: von Reihern weiß er nichts. Und so, wie wir Professor Cheng nie wiedergesehen haben, so sehen wir auch nichts von der Kolonie der Vögel im riesigen Delta des Jangtzekiang.

Ein wenig versöhnt uns die Landschaft, die uns umgibt. Die Ufer des gewaltigen Flusses sind kaum noch zu sehen und in der Ferne des Chinesischen Meeres verschwimmen Wasser- und Himmelsblau zu einer einzigen Einheit.

Szenenwechsel:

Wir lassen uns im Strom der Menschen treiben und bleiben plötzlich wie gebannt vor einem geräumigen Käfig stehen. Hier im Zoo von Kanton gibt es ein „Juwel“, den Goldstumpfnasenaffen *Rhinopithecus roxellanae*. Über eine Stunde genießen wir den Anblick und die eleganten Bewegungen dieses seltenen Exemplares. Werden wir ihn draußen in freier Wildbahn wiedersehen und ohne Gitterstäbe filmen können?

Wir können uns kaum vom Goldstumpfnasenaffen trennen. Doch wir wissen, daß nicht weit entfernt eine andere Rarität auf uns wartet, der Milu *Elaphurus davidianus*. Er lebte früher in den

---

Rechte Seite oben: Goldstumpfnasenaffe *Rhinopithecus roxellanae* im Zoo von Kanton: Würden wir ihn auch im Freiland finden?

Unten: Einst lebte er in den kaiserlichen Gärten, heute ist er an zwei Orten Chinas wiedereingebürgert: Milu oder Davidshirsch *Elaphurus davidianus*.

kaiserlichen Gärten von Peking und ist heute in größerer Anzahl nur noch in den Parkanlagen des Herzogs von Bedford in England und in einigen Zoologischen Gärten und Wildparks in Europa anzutreffen. Im Jahr 1986 wurden von Großbritannien aus die ersten Milus nach China zur Wiedereinbürgerung auf die Reise gebracht. Die alte und nun wieder neue Heimat der Tiere sind vorerst der Nan-Haixi-Milu-Park bei Peking und das Da-Feng-Gebiet in der Jianpu-Provinz.

Ermüdet vom langen Zoobesuch kehrten wir in unser Hotel mit Namen „Ziegenstadt" zurück. In dessen Innenhof gab es viele Teiche mit Unmengen von Fröschen, die mit ihrem lauten Quaken ein unaufhörliches Nachtkonzert veranstalteten.

Am nächsten Morgen standen wir schon mit „den Hühnern auf", um in rund vier Stunden zum Dorf Xinhuen zu fahren. Zhang Ce hatte herausgefunden, daß es dort eine Insel mit einer Nachtreiher-Kolonie und vielen Enten gab. Wir trafen allerdings nur noch die vorjährigen Nester der Nachtreiher an und erfuhren im Dorf, daß die Reiher immer im Juni brüten.

Am folgenden Tag hieß es Abschied von Zhang Ce und Wu Fengming zu nehmen. Angesichts der Rührung unserer Begleiter auf dem Bahnhof von Kanton fiel uns die Trennung sehr schwer. Und obwohl es in einem chinesischen Sprichwort heißt: „Kommst Du das erste Mal nach China, bist Du ein Fremder. Bei einem zweiten Besuch bist Du ein Bekannter, und kommst Du zum dritten Mal, bist Du ein Freund", hatten wir das Gefühl, schon Freunde gefunden zu haben.

Von Kanton aus, dem südlichen Tor Chinas, fuhren wir knapp 200 Kilometer mit dem Zug durch den „Bambusvorhang" ins reiche Hongkong. Für das kommunistische China ist Hongkong wie eine Peking-Ente, die goldene Eier legt, denn hier macht das Reich der Mitte seine Geschäfte mit dem Westen.

Geschäftiges Treiben in Hongkongs Straßen. Unser Weg führt uns ausnahmsweise nicht in den Zoo oder in ein Naturkundemuseum, sondern zur „Mandarin"-Filmkopieranstalt. Hier treffen wir mit der Direktion folgende Vereinbarung: 1. Wenn nötig, erhalten wir fehlendes Negativ-Material. 2. Unsere Negativ-Proben werden schnellstens entwickelt und ebenfalls per Luftfracht nach Peking geschickt.

Auf dem langen Rückflug von Hongkong über Bangkok und Dehli nach Deutschland hatten wir viel Zeit, über die ganze Fülle an Eindrücken, Begegnungen und Ereignissen nachzudenken. Und obwohl Christel und ich uns fast erdrückt fühlten von den ausgefüllten Tagen in China, wußten wir, daß wir erst am Anfang unseres „langen Marsches" standen und zurückkehren würden.

姓名 克莱默
Name
国籍 西德
Nationality
护照~~或居留证~~号码 F7356140
Passport No. or Residence Certificate No.
偕行人 夫人
Accompanied by
旅行地点 齐齐哈尔市
Places to travel
额尔古纳左旗
西宁市
有效期至 1983年 5 日止
Valid until yr dy
交通工具 飞机 火车 汽车
Means of transportation: Plane Train Car
1983年 2 日
yr dy
加签
Endorsements

Unser langer Marsch mündete natürlich auch in Papier: Hier die Reisepapiere, ohne die wir uns gar nicht im Lande hätten fortbewegen dürfen.

Unterwegs mit Zhang Ce

Eineinhalb Jahre später trafen wir wieder in Peking ein, dieses Mal im Herbst. Denn wir wollten China bei unserer zweiten Vorbereitungs-Reise zu einer anderen Jahreszeit erleben als bei unserer ersten Reise, die im März stattfand: Mit den Jahreszeiten ändern sich die Lichtverhältnisse, die Verhaltensweisen der Tiere, die klimatischen Bedingungen; es ändert sich die ganze Atmosphäre einer Landschaft. Und natürlich mußten wir uns auf diese verschiedenen Bedingungen mit unserer Expeditions- und Kameraausrüstung einstellen.

Der lange Zeitraum zwischen unseren beiden Vor-Reisen nach China hatte gleich mehrere Gründe. Wir waren in der Zwischenzeit damit beschäftigt, mit Wissenschaftlern zu korrespondieren, Informationen aller Art über China auszuwerten und die zweite Reise vorzubereiten. Und es hatte auch einen personellen Wechsel an der Spitze von Co-Film gegeben: Li Wei Kung war Nachfolgerin des bisherigen Direktors Shen Zhihua geworden.

Große Freude beim Wiedersehen auf dem Pekinger Flughafen: Unser Produktionsleiter Zhang Ce kommt strahlend auf uns zu und schüttelt uns die Hände. Er hat einen neuen Dolmetscher mitgebracht: Zhang Cheng, der uns ab jetzt begleiten wird. Eine offizielle Erklärung für diesen Wechsel wird uns nicht gegeben, doch erklärt uns Zhang Ce später, der robuste Zhang Cheng sei den Strapazen der geplanten Expedition besser gewachsen als der ältere und feingliedrige Wu Feng-ming.

Von Peking aus starten wir am nächsten Tag mit einer russischen Iljuschin-Maschine nach Harbin, Hauptstadt der Provinz Heilongjiang (Heilungskiang) und größte Stadt im Nordosten Chinas.

Harbin hat eine bewegte Vergangenheit. Es wechselte mehrmals seinen „Besitzer", entwickelte sich von einem kleinen Fischerdorf zur heutigen 2-Millionen-Stadt mit bedeutender Industrie und wird deswegen auch „fernöstliches Ruhrgebiet" genannt.

Ursprünglich gab es hier nur einen „Platz zum Fischetrocknen", wie die Übersetzung für Harbin lautet. Doch der Bau der Transsibirischen Eisenbahn durch die Russen schuf die Ausgangsbasis für Harbins Entwicklung. 1894 schloß nämlich die Mandschu-Regierung in Peking mit den Russen einen Vertrag zum Bau der ostchinesischen Eisenbahn, einer Verlängerung der „Transsib". Harbin wurde zu einem bedeutenden Verkehrsknotenpunkt, und seine Wirtschaft nahm einen stürmischen Aufschwung.

Die Stadt wurde nach und nach russisch und nannte sich bald Charbin. Als nämlich 1917 in Rußland die große Revolution ausbrach, flohen viele „Weißrussen", die sich der roten Machtergreifung entziehen wollten, nach Harbin, wo es bereits eine bedeutende Kolonie von russischen Siedlern gab. Sie hatten sich von Harbins Entwicklung anlocken lassen. Der Einfluß der Russen in dieser Zeit läßt sich heute noch an den Häusern und Gebäuden der Stadt ablesen.

Als die Japaner ihre Hand nach China ausstreckten, wurde auch Harbin japanisch, von 1932 bis 1945, als die chinesischen Bürgerkriegsparteien die geschlagenen Japaner vertrieben. 1946 zogen dann die siegreichen chinesischen Kommunisten ein. Die russische Bevölkerung entschloß sich daraufhin für den sowjetischen Kommunismus und kehrte in die UdSSR zurück.

In Harbin werden wir auf dem Flugplatz von Mitarbeitern des Instituts für Forstwirtschaft empfangen. Dann folgt die Fahrt in die Stadt, die zwei Stunden dauert! Unterwegs sehen wir hochbeladene Lkw, auf den Feldern arbeiten Bauern und es begegnen uns viele Einheimische auf Fahrrädern.

Der Boden ist schon gefroren, die Temperaturen liegen knapp über null Grad, unsere pelzgefütterten Wintermäntel schützen uns vor dem eisigen Wind.

Wir erreichen den Mittelpunkt von Harbin, vor uns liegt ein großer Platz mit alten Häusern und dem Hotel, wo mein Onkel, Oskar Prause, 1926 Silvester gefeiert hat. Er war Direktor in der größten Tuch-Fabrik Harbins, von 1925 bis 1927. Wir hatten in unserem Gepäck eine ganze Reihe von vergilbten Fotos, die er damals aufgenommen hatte. Aber außer dem Hotel und dem Museum konnten wir keine anderen Gebäude aus der damaligen Zeit wiederfinden. – Das alles ist lange her und wir waren natürlich nicht nach Harbin gereist, nur um die Wirkungsstätte meines Onkels aufzusuchen. Uns interessierten vielmehr die Mandschuren- sowie die Weißnackenkraniche *Grus japonensis* und *vipio*, die hier, in der ehemaligen Mandschurei, ihre Brutreviere haben.

Zunächst aber bleiben wir noch in Harbin, um Informationen über die Kraniche zu sammeln. Nach unserer Ankunft beziehen wir unsere Zimmer im vierten Stock des Hotels, das gerade renoviert wird. Viele Räume sind leer, nur das obere Stockwerk ist bewohnbar und extra für uns reserviert.

In der Nacht gibt es den ersten Schneesturm, er rüttelt heftig an den Fenstern, die wir mit Zeitungspapier abdichten, um dem eisigen Wind den Weg zu versperren.

Am nächsten Morgen ist der Schnee schon wieder weggetaut, doch es ist bitterkalt, der Himmel leuchtet in tiefem Blau. Nicht weit vom Hotel gibt es eine Eisbahn, auf der viele kleine und größere Chinesen ihre Runden drehen. Denn Harbin ist nicht nur eine bedeutende Industriestadt, sondern auch ein bekannter Wintersportort und besonders berühmt wegen der Eis-Skulpturen, die die Einwohner im Februar, dann, wenn es so richtig „knackt", geschickt aus großen Eisstücken formen. Anschließend werden diese Kunstwerke mit Wasser übergossen – und dann leuchten sie durchsichtig-blau in der Sonne.

Unser Ziel am Morgen ist aber nicht die Eisbahn, sondern das Naturkundemuseum von Harbin. Eine riesige Landkarte der Mandschurei macht uns gleich die Schwierigkeit unseres Unternehmens klar: Wie wollen wir in diesem unendlichen Gebiet den Mandschurenkranich finden, wie kommen wir an seine Brutplätze heran?

Das Naturkundemuseum von Harbin ist bekannt wegen des ausgestellten „Mandschurischen Dinosauriers". Er wurde 1902 als erster chinesischer Dinosaurier in der Provinz Heilongjiang entdeckt. Das chinesische Volk nennt das Riesentier „furchtbarer Drache".

Obwohl wir wußten, daß die Kraniche längst der kalten Provinz Heilongjiang den Rücken gekehrt und in den warmen Süden Chinas geflogen waren, machten wir uns an einem frühen Sonntagmorgen voller Erwartung auf den langen Weg in das Kranich-Schutzgebiet von Zhalong. Das bedeutet zunächst aber einmal eine sechsstündige Bahnfahrt nach Quiquihar, wo wir am Abend eintreffen. Die Einheimischen sehen hier nur selten einen Weißen, und so werden wir von allen Seiten mit verlegenem Erstaunen gemustert.

Da es für Nicht-Chinesen in Quiquihar kein Hotel gibt, werden wir im Gästehaus der Stadt untergebracht: Uns stehen Wohnzimmer, Schlafzimmer und Bad, alle gut geheizt, zur Verfügung. Wir essen ganz allein in einem Einzelraum, während Zhang Ce und Zhang Cheng und unsere beiden Harbiner Begleiter in einem Saal zusammen mit vielen anderen Landsleuten ihr Essen an einem großen runden Tisch einnehmen. Von der langen Bahnfahrt ermüdet, gehen wir früh schlafen.

Am nächsten Morgen wartet schon um acht Uhr ein Jeep vor dem Gästehaus. Er bringt uns in zweistündiger Fahrt zur Kranich-Forschungsstation am Rande des Schutzgebietes. Herzliche Begrüßung durch Wu Changkun, den Leiter des Schutzgebietes, und den Kranichspezialisten Xu Thielin. Wir hatten eine ganze Liste von Fragen mitgebracht und Zhang Cheng kam mit dem Übersetzen kaum nach: Wann kommen die Kraniche wieder? Wann beginnen sie mit der Brut? Wann schlüpfen die Jungen? Welche Tiere gibt es noch in diesem Gebiet? Wie groß ist es? Wie viele Kraniche waren beim letzten Mal da? Müssen wir Beobachtungshütten bauen? Wie nah kann man an ein Nest herankommen? Wie können wir im Sumpfgebiet unsere Kameras aufstellen? Wie viele Boote stehen zur Verfügung? Welche Kleidung ist angebracht? Welche Lebensmittel müssen wir mitbringen, wieviel Benzin für die Boote? Usw., usw. . .

Und eine Frage ging uns ständig durch den Kopf: Würden wir in dem sumpfigen Schutzgebiet überhaupt einen sicheren Stand für uns und unsere schwere Ausrüstung finden?

Auf dem Rückweg fragten wir uns immer wieder: Wie sollten wir in dieser unendlichen Schilf-Wüste jemals auch nur einen einzigen Kranich aufspüren? Zumal man uns auch noch sagte, daß auf eine Million Chinesen nur ein einziger Kranich kommt!

Rückflug von Harbin nach Peking. Zhang Ce, unser Produktionsleiter, ist traurig. Er hatte die Gelegenheit unseres Aufenthaltes in der Stadt und im Kranich-Schutzgebiet genutzt, um endlich wieder seine alte Mutter in Harbin zu besuchen. Fünf Jahre war er nicht mehr zu Hause gewesen, und er war überglücklich, seine Verwandten zu sehen. Aus Peking hatte er einige Geschenke mitgebracht, und er übernachtete ausnahmsweise nicht im bequemen Hotel, sondern in seinem Elternhaus.

Zhang ist inzwischen zu einem guten, verläßlichen Freund geworden. Bei unseren Gesprächen mit ihm erfahren wir, daß er 1940 in Harbin geboren wurde. Er kann sich noch daran erinnern, daß seine Eltern Harbin als russische Stadt, als Charbin, erlebten. Zhang war früher Balletttänzer, er gehörte dem chinesischen Staats-Ballett an und bereiste auch das Ausland. Später wechselte er ins Filmgeschäft und wurde Produktionsleiter. Er ist mit einer Balletttänzerin verheiratet, hat ein Töchterchen und wohnt in Peking.

Um Zhangs Freude zu begreifen, ein paar Tage in Harbin sein zu können, muß man wissen, daß die Chinesen nicht einfach im Land herumreisen dürfen. Jede Fahrt mit dem Zug, mit einem Auto, muß extra beantragt werden. Ungewöhnlich für uns, dabei verständlich. Denn bei einer Bevölkerung von über einer Milliarde Menschen und einem schwachen Verkehrsnetz kann sich jeder leicht vorstellen, was passieren würde, wenn sich täglich -zig Millionen Einwohner Chinas auf eine Reise begeben würden.

In Peking angekommen, erstatten wir zunächst einmal Bericht über unsere Nordreise und informieren uns über Chengdu, unsere nächste Station. Außerdem dauert es, wie immer, eine Weile, bis alle notwendigen Formalitäten erledigt sind. Ein ganz besonderes Anliegen tragen wir der Co-Film-Direktorin Li Wei Kung vor: Wir bitten um die Erlaubnis, hoch oben im Norden Chinas, an der Grenze zur UdSSR, die Ewenken mit ihren Rentieren filmen zu dürfen. Li Wei Kung hört sich unseren Wunsch höflich an und verspricht eine Prüfung. Mehr nicht.

Große Hoffnung, die Ewenken wirklich sehen zu können, haben wir nicht. Denn der Produktionsleiter Song Shengli in Harbin, der uns auf unsere eindringlichen Fragen, welche Tiere noch im hohen Norden leben, auf die Rentiere der Ewenken aufmerksam gemacht hatte, winkte gleich ab: „Nicht einmal wir kommen da hin!“

Nachdem wir jede Minute unseres Peking-Aufenthaltes intensiv genutzt hatten, da für uns in China immer die Parole galt: „Zeit ist Geld!“, flogen wir nach Erhalt der Genehmigung nach Chengdu. Zhang Ce freut sich wieder unbändig, denn für einen normalen Chinesen ist es unmöglich, mit dem Flugzeug zu reisen. Die raren Plätze werden ausschließlich von Funktionären und politisch hochstehenden Persönlichkeiten in Beschlag genommen.

Auf dem zweieinhalbstündigen Flug nach Chengdu arbeiten wir noch einmal unsere Informationen über die Stadt durch. Sie ist die Hauptstadt der Provinz Szetchuan und hat eine 2200jährige Geschichte. Traditionell ist die Seidenbrokatweberei in Chengdu, der „Brokatstadt“, beheimatet. Du Fu, ein berühmter Dichter der

Tang-Dynastie, lebte hier um 760 n.Chr., ein schöner Tempel erinnert noch heute an ihn. Chengdu wird auch noch „Hibiskusstadt“ genannt, weil König Meng Chang im 10. Jahrhundert hier Hibiskusbäume pflanzen ließ. Christel war ganz begeistert von den Chrysanthemen, die in den schönsten Farben überall leuchteten.

Für uns hat aber die Stadt am Jinjiang-Fluß noch eine ganz besondere Bedeutung. Hier gibt es einen Zoologischen Garten, der Durchgangsstation für Pandabären ist, auch die Pandas „Schätzchen“ und sein später gestorbenes Weibchen „Himmelchen“ waren hier, bevor sie nach Berlin kamen.

Am Morgen nach unserer Ankunft machten wir uns gleich auf in den Zoo. Wie immer hatte uns Peking dort angemeldet, und wir wurden bereits von Direktor Ding Yaohua erwartet, der alle unsere Fragen präzise beantworten konnte. Kein Wunder, denn der Große Panda lebt ja in der Provinz Szetchuan, und im Chengduer Zoo gibt es eine spezielle Station mit großen Erfolgen beim Züchten des schwarz-weißen „Bambusbären“, wie der Panda auch genannt wird. Und Ding Yaohua konnte uns wertvolle Tips auf unsere Fragen hin geben, wo es vielleicht die Chance geben könnte, einen Panda in freier Wildbahn zu finden. Besonders interessant waren für uns auch die neuesten Forschungsergebnisse über das Ernährungs-, Fortpflanzungs- und Wanderverhalten dieses einzigen Vegetariers unter den Raubtieren.

Unser so erfolgreicher Aufenthalt in Chengdu wurde allerdings von einer Lungenentzündung überschattet, die Christel sich wegen des rapiden Klima-Umschwungs zuzog. Während es nämlich bei unserem Abflug in Harbin Ende November bitterkalt war, herrschten im tropischen Chengdu Temperaturen von fast 30 Grad plus. So wird ein Besuch im Krankenhaus von Chengdu unumgänglich. Dort wird Christel zunächst durchleuchtet, nach ganz altmodischer Art. Der Arzt trägt beim Durchleuchten eine Bleischürze und dreht meine Frau ständig von links nach rechts, damit er eine Diagnose stellen kann. Bei der Behandlung sind die Ärzte sehr vorsichtig und sorgsam und von ausgesuchter Höflichkeit, denn Europäern gegenüber gilt es ganz besonders, das Gesicht zu wahren.

Das Krankenhaus von Chengdu ist bei unserem Besuch völlig überbelegt, aber sehr sauber. Christel erhält schließlich einen „ganzen Koffer voll“ verschiedenster Heiltees und genaueste Anweisungen, wann sie welchen zu trinken hat. Und es heißt: „Bitte kommen Sie morgen noch einmal wieder!“

Wir nutzen die Gelegenheit zu weiteren Recherchen und begeben uns in den Wangjianglou-Großpark, bekannt wegen seines großen Bambuswaldes mit über 120 Bambusarten. Für uns ist das sehr aufschlußreich, ist doch der Panda ein Bambus-Fresser ersten Ranges.

Christels Lungenentzündung bessert sich, doch sie heilt nicht ganz aus, und sie muß sich zu Hause noch weiter behandeln lassen.

Zurück nach Peking und nach Deutschland. Dort werteten wir wieder alle Informationen unserer zweiten Vor-Reise aus. Peking wollte überdies für unsere dritte Reise, die eigentliche Film-Expedition, einen genauen Plan. Der war nötig für die verschiedenen Drehgenehmigungen. So gab es immer eine allgemeine Erlaubnis von Peking und noch eine andere spezielle des jeweiligen Distrikts, in dem wir Aufnahmen machen wollten.

Wir machen uns an die Arbeit und entwickeln ein detailliertes Programm für jeden Tag. Wegen der Abhängigkeit von Wetter und Organisation und der Frage: Werden wir überhaupt die Tiere finden, die wir aufnehmen wollen?, müssen wir sehr beweglich sein und Alternativen einplanen. Die Versendung der Fracht mit der zugehörigen Aufstellung der Zoll-Listen beschäftigte uns ebenso intensiv. Und vor allem mußte mit der Fluggesellschaft die Abmachung getroffen werden, daß unser Negativ-Material vor dem Abflug für 24 Stunden in die Druckkammer kommt und nicht durchleuchtet wird.

In der Zwischenzeit halten wir mit Peking wöchentlich Kontakt. Telegramme gehen hin und her, wir sprechen per Telefon miteinander und schreiben viele Briefe. Auch unseren Wunsch, die Ewenken und ihre Rentiere filmen zu dürfen, tragen wir immer wieder vor.

Schließlich gilt es noch, die Bedenken der Chinesen wegen Christels Unterbringung während der Expedition zu klären. Denn in den Gebieten, wo wir filmen wollten, gab es natürlich nur bescheidene Unterkünfte. Aber da für uns immer schon das Prinzip galt, Anpassung an Land und Leute, ist Peking mit unserer Antwort zufrieden: „Wir kommen der Tiere wegen nach China. Wir wissen, daß dort, wo es Tiere gibt, Hotels nicht vorhanden sind. Aber das sind für uns Kleinigkeiten, an denen unsere Expedition nicht scheitern darf!“

Grünes Licht und roter Wein

Nachdem wir so klargestellt hatten, daß wir jede Unterkunft akzeptieren würden, kam drei Wochen vor dem festgelegten Abflugtermin grünes Licht aus Peking. In Frankfurt starteten wir bei sechs Grad über Null. Auf unserem langen Flug sprachen wir immer wieder davon, daß Peking sich bei aller Großzügigkeit über einen Punkt ausgeschwiegen hatte: unseren Wunsch, die Ewenken mit ihren Rentieren zu filmen.

Am 1. Mai kamen wir in Peking bei Sonnenschein und 24 Grad plus nachmittags an. Außer schönstem Wetter herrschte auch noch

Feiertagsstimmung – und das nahmen wir als gutes Omen für unsere Filmexpedition.

Wir verließen als erste die Maschine mit viel Handgepäck. Wen würde Co-Film zu unserer Ankunft schicken? Plötzlich entdeckte Christel Zhang Ce und Zhang Cheng, die uns von weitem zuwinkten. Eine herzliche Begrüßung folgte.

Zhang Ce fragte: „Wie war der Flug?“ – „Danke, sehr gut!“ – „Sind Sie müde?“ – „Ein wenig“!‘

Dann fragten wir: „Was ist mit unserer Ausrüstung?“ (Wir hatten sie bereits vor sechs Tagen per Luftfracht vorausgeschickt.) Zhang Ce schmunzelte und schaute Zhang Cheng an, der nur ein feines Lächeln zeigte.

Wir hakten nach: „Steht es noch beim Flugplatz-Zoll?“ – „Abwarten“, lächelte Zhang Ce.

Wir fahren zum Hotel. Die beiden Zhang begleiten uns nach oben. Christel und ich schauen uns erfreut an: Wir haben wieder dasselbe Zimmer, Raum 5011, in dem wir auch schon bei unseren ersten beiden Vorreisen gewohnt haben. Co-Film hat uns dieses Zimmer wieder extra reservieren lassen, damit wir uns wohlfühlen, wie Zhang Ce uns erklärt.

Wir öffnen die Tür und sind sprachlos. So etwas haben wir in 35 Jahren auf zahllosen Tierfilm-Expeditionen noch nie erlebt: Da stehen doch tatsächlich unsere 38 Metall-Koffer mit ihren 446 Kilo fein säuberlich ausgerichtet. In diesem Moment merken wir, was für einen Einfluß Co-Film hat und daß wir in guten Händen sind. Denn in fast allen anderen Ländern hatte sich die Zollabfertigung unserer Ausrüstung wegen der Formalitäten endlos hingezogen.

Der entscheidende Moment für uns kam aber erst noch: Die offizielle Unterzeichnung des Vertrages, der sämtliche Formalitäten unserer Film-Expedition bis ins kleinste Detail regelte. Seine Bedeutung kam auch darin zum Ausdruck, daß unsere chinesischen Partner zur Unterzeichnung den „Verbotenen Palast“ in Peking auswählten.

In der Präambel des Vertrages heißt es:

„Um den Kulturaustausch und die Freundschaft zwischen den beiden Völkern der Volksrepublik China und der Bundesrepublik Deutschland zu vertiefen, ist die chinesische Film-Co-Produktions-Gesellschaft (Co-Film Peking genannt) bereit, der Kramer-Film-Produktion der Bundesrepublik Deutschland bei den Dreharbeiten der 35-mm-Tierfilm-Serie unter dem Titel Abenteuer Tierwelt im Reich der Mitte zu helfen.“

Danach folgen sechs Seiten mit allen Angaben.

Wir unterschrieben einen Vertrag in chinesisch, englisch und deutsch.

Nach der Unterzeichnung im goldgelben Eßzimmer des letzten Kaisers im „Verbotenen Palast“ stießen wir mit unseren chinesischen Partnern auf das gute Gelingen unseres Unternehmens an. Mit rotem Wein. Die Farbe rot gilt in China als Glückssymbol.

Und wir fühlten uns in diesem Augenblick besonders glücklich, weil wir die ersten überhaupt waren, die die Erlaubnis für eine derartige Film-Expedition in China bekamen.

拍片日程表

时间	内容
五月二十日	北京 —— 哈尔滨
二十一日	到哈尔滨动物园拍白唇鹿 到黑龙江省博物馆拍猛犸象和鸭嘴恐龙古化石
二十二日	到哈尔滨市青年宫门前拍白色天鹅雕塑 到哈尔滨市工艺美术厂拍工艺美术品“丹顶鹤”
二十三日	哈尔滨 —— 齐齐哈尔
二十四日	齐齐哈尔 —— 呼盟额左旗
二十五日 二十六日	到敖鲁古雅乡拍驯鹿
二十七日	额左旗 —— 齐齐哈尔
二十八日 二十九日 三十日	到扎龙自然保护区拍丹顶鹤
三十一日	回齐齐哈尔
六月 一日	到青年养鹿场拍梅花鹿
二日	齐齐哈尔 —— 哈尔滨
三日	哈尔滨 —— 北京

Der Drehplan für einen Tag: Ästhetik einer für uns fremdartigen Schrift.

Auf jeder Feder ein Auge

„Lob den Menschen, die die Vögel schützen,
Strafe denen, die die Tiere töten!“

(Spruch an der Wand eines Fischerhauses in Zhalong)

„Da sind sie!“

Drei Tage haben wir gesucht, sind drei Tage lang mit dem Boot durch die unendliche Schilfwüste von Zhalong gefahren. Kilometerweit Schilf, Riedgras und Binsen, unterbrochen von bunten Wildblumen. – Wo sind die Kraniche?

Tse-chin, seine mongolischen Gesichtszüge sind von Wind und Wetter gezeichnet, bringt unser schwerbeladenes Boot mit kräftigen Stößen im knietiefen Wasser voran. Dabei benutzt er äußerst geschickt eine lange Stange zum Staken.

„Da sind sie!“ Christel deutet aufgeregt zum Horizont. Sie hat durch das Fernglas Mandschurenkraniche *Grus japonensis* entdeckt. Für die Chinesen sind es Rotkopfkraniche. Der lateinische Name des Kranichs stammt vom deutschen Zoologen P. L. S. MÜLLER, der 1776 in Japan diesen Vogel zum ersten Mal entdeckte. Er nannte den Vogel *Ardea (Grus) japonensis*, weil er meinte, der Kranich gehöre zur gleichen Gattung wie der Reiher. Spätere Forschungen kamen zu anderen Ergebnissen.

Tse-chin bremst lautlos das Boot ab, von rechts nähern sich die Kraniche, sie fliegen in geringer Höhe über das Schilf, der Klang ihrer Schwingen vermischt sich mit dem Surren der Kamera.

Wir haben Glück. Die Mandschurenkraniche sind bereits zurückgekehrt, aus dem Winterquartier des Mittel- und Unterlaufes am Jangtzekiang, über 2000 Kilometer entfernt, im warmen Süden Chinas, wo sie von Oktober bis zum April die kalte Jahreszeit überbrücken. Wir sind genau zur rechten Zeit gekommen. Das Boot wendet, und wir fahren vorsichtig den Kranichen nach, die hier im Feuchtgebiet – von Tümpeln nur so übersät und von vielen Flüßchen durchzogen – einen idealen Lebensraum haben. Das Naturschutzgebiet Zhalong in der Provinz Heilongjiang, südöstlich von Quiquihar und am Unterlauf des Wuyuer („schwanzloser Fluß“) gelegen, ist das erste Naturschutzgebiet aus Schilf und Sumpf in China. Der Wuyuerfluß entspringt im Kreis Tieli am Südhang des Xiaolinganleng-Gebirges. Auf seinem Weg durch das Naturschutzgebiet verliert er nach und nach sein Bett und bildet einen breiten Sumpf. Dadurch entstand ein idealer Lebensraum für Mandschurenkraniche, reich an Pflanzen und Wassertieren.

Über eine Stunde suchen wir noch weiter, doch unsere Kraniche sind verschwunden. Haben sie sich irgendwo niedergelassen?

Naturschutz-Spruch an einem Fischerhaus (s. Übersetzung am Anfang des Kapitels): Wo gibt es bei uns solche konstruktiven Wandparolen?

Jetzt war es höchste Zeit für uns, umzukehren, um noch rechtzeitig vor Einbruch der Dunkelheit unser Quartier am Rand des Kranichschutzgebietes zu erreichen. Von weitem stieg uns schon ein verlokkender Duft in die Nase. Unser Koch Lu You wartete bereits ungeduldig auf uns, denn er hatte ein wunderbares Essen mit mehreren Gängen vorbereitet. Auch Zhang Ce hatte eine Überraschung, die er uns vor dem Essen noch schnell mitteilte: Um uns zu unterstützen, waren zwei Mitarbeiter der Forschungsstation beauftragt worden, auf der anderen Seite des Schutzgebietes nach Kranichen zu suchen. Dabei entdeckten sie ein Kranichpaar, das damit beschäftigt war, sein Nest zu bauen.

So stand unser Plan für den nächsten Tag fest: Die beiden Mitarbeiter errichten für uns und unsere Kamera im Sumpfgebiet eine feste, 1,60 mal 2,20 Meter große Plattform mit einer Schilfhütte. Das Kameraversteck soll dem Nest möglichst nahe sein, bleibt aber außerhalb der Fluchtdistanz der Kraniche. Wir selbst wollen da weitersuchen, wo wir aufgehört hatten.

Nachdem unser Programm für den nächsten Tag feststand, kamen wir endlich dazu, unseren Hunger zu stillen. Wie immer prüfen wir nach dem Abendessen unsere gesamte Ausrüstung. Die Kamera und die Objektive werden gesäubert, die Spannung der Akkus wird gemessen und neues Negativ-Material in die Kassetten eingelegt.

Natürlich hatten wir uns vor Beginn unserer Expedition durch Stichproben in Peking davon überzeugt, daß unser Rohfilm beim Umladen auf den ausländischen Flughäfen nicht durchleuchtet worden war. Und ein gutes Gefühl hatten wir auch bei dem Gedanken, daß in einem klimatisierten Raum unseres Pekinger Hotels eine komplette Ersatzteil-Ausrüstung lagerte.

Nach der Überprüfung unserer Geräte gingen wir schlafen. Die Nacht war nur kurz, unsere innere Spannung ließ uns keine Ruhe finden, und als Zhang Ce gegen 3 Uhr morgens an die Tür klopfte, um uns zu wecken, waren wir bereits auf den Beinen und bei Sonnenaufgang wieder im Schilfgebiet.

Dieses Mal sind wir mit zwei Booten unterwegs. Im ersten sitzen der Kranichspezialist Xu Thielin und Christel, ich folge im zweiten mit der gesamten Filmausrüstung. Wir erreichen die Stelle, wo wir am Abend vorher die Suche abgebrochen hatten, und fahren weiter in die Schilfwüste hinein. Während der langen Fahrt stellen wir fest, daß die Wassertiefe im Schilfgebiet sich dauernd ändert.

Eben hatten wir noch einen Meter Wasser unter dem Boot, jetzt ist es kaum noch knietief und wird immer seichter, so daß wir auf Grund laufen. Wir ziehen die Gummihüftstiefel an und gehen zu Fuß weiter. Die Bootsmänner bleiben bei den Booten und der Ausrüstung zurück.

Xu Thielin geht voran, der federnde Boden des tückischen Sumpfgebietes gibt bei jedem Tritt nach, wir kommen nur schwer weiter. Nach einer halben Stunde sind die Boote und die Männer aus unserem Blickfeld verschwunden.

Die Sonne brennt erbarmungslos auf uns herab, kein Baum, kein Strauch gibt Schatten, und auch der letzte Wind, der stetig das Schilf wiegt, bringt keine Linderung. Unablässig verfolgen uns Hunderte von Moskitos, bei jedem Schritt fürchten wir, im Sumpf zu versinken. Xu Thielin zögert und macht ein paar Schritte nach rechts und links, bleibt stehen. Jetzt weiß auch er nicht mehr weiter. Und in diesem Moment überfällt mich die Erinnerung an Spitzbergen, wo wir 1962 auf der Suche nach Eisbären und Moschusochsen um Haaresbreite im Moor verschwunden wären. Damals waren wir uns der Gefahr nicht bewußt, und aus Christels Gesichtsausdruck glaube ich herauslesen zu können, daß auch sie gerade an Spitzbergen denkt.

Jemand zupft mich am Ärmel, Xu Thielin deutet rückwärts. Von ihm auf dem Hinweg zusammengebundene Schilfhalme bewähren sich in dieser kritischen Situation als Wegweiser.

Zunächst gehen wir ein Stück zurück, dann biegt Xu nach rechts ab, hier ist der Boden viel fester. Unvermittelt fliegt vor uns ein Mandschurenkranich auf.

Xu dreht sich um und zeigt nach vorn: Weniger als 20 Meter von uns entfernt hat ein Paar sein Nest gebaut.

Und wieder haben wir Glück, im Nest liegen zwei Eier. Für uns ist es wie ein Wunder, daß wir in diesem über 200 Quadratkilometer großen Gebiet ein Nest von etwa einem Meter Durchmesser mit zwei Eiern gefunden haben. Sie sind olivbraun und haben eine dunkelbraune ungleiche Fleckung. Ihre Größe entspricht in etwa Christels Faust.

Zurück zu den Booten. In einer größeren Entfernung sehen wir durch die Ferngläser den Kranich, der vorhin aufgeflogen ist. Uns ist bekannt, daß der Kranich außer den Menschen fast keine Feinde hat, denn die anderen Vögel und selbst der Adler meiden ihn. Doch wenn er angegriffen wird, attackiert er zunächst die Augen seines Gegners.

Wieder im Quartier angekommen, erzählten wir von unserem Fund und baten Yu Thielin um ein Kameraversteck auch beim zweiten Nest.

Erst nach dem Abendessen kamen die beiden Mitarbeiter der Forschungsstation zurück. Sie berichteten: „Das Versteck beim ersten Nest ist nun fertig. Wir haben eine große Arbeit geleistet, nicht nur mit den Händen, sondern auch mit dem Kopf. Unsere Bewegungen beim Bau der Schilfhütte waren ruhig und wir haben den nötigen Abstand zum Nest gewahrt. Die Kraniche sind zwar oft abgeflogen, aber sie sind immer wieder gekommen, haben Nistmaterial mitgebracht und weiter am Nest gebaut.“ Und sie betonen: „Der Beobachtungsplatz ist gut gewählt, die starke Holzplatte sorgt dafür, daß der Boden absolut standsicher ist.“

Für uns waren das erfreuliche Nachrichten und so verloren wir keine Minute und waren, als der neue Tag kam, schon wieder mit zwei Booten unterwegs.

Die beiden Mitarbeiter bringen uns mit der gesamten Ausrüstung zum Versteck im Schilf. Bevor sie wieder abfahren, vereinbaren wir, daß sie uns um 17 Uhr abholen und ein Boot für uns zurücklassen. Es soll 400 Meter von unserer Hütte entfernt ankern und uns die Chance einer Rückkehr zur Station bieten, falls plötzlich irgendeine Gefahr auftritt. Nachdem wir die schwere Kamera-Ausrüstung in die Schilfhütte geschleppt haben, kehren unsere beiden Helfer um und sind bald nicht mehr im Schilfdickicht zu sehen.

Jetzt sind wir ganz allein. Zufrieden stellen wir fest, daß unsere Angaben genauestens beachtet wurden. Es gibt in der Schilfhütte nicht nur eine Öffnung für das 1,50 Meter lange Teleobjektiv, das zum Nest hin zeigt, sondern auch viele kleine Durchblicke, durch die wir nach allen Seiten hin filmen können.

Der feste Holzboden ist stabil genug, um unsere schwere Ausrüstung zu tragen: Die Kamera mit dem Stativ und die Tele-Optik, die mit ihrer Stütze allein schon 10 Kilo wiegt.

Hinter uns geht groß und glutrot die Sonne auf, es scheint wieder ein schöner Tag zu werden.

Jetzt habe ich das Nest im Sucher, von den Kranichen ist nichts zu sehen. Christel und ich sehen uns sorgenvoll an. Wurden sie etwa doch durch die Arbeiten an der Hütte erschreckt und bauen jetzt irgendwo im Schilf ein neues Nest?

Aber wir haben gelernt, Geduld zu haben. Um die tote Zeit zu überbrücken, losen wir mit Hilfe eines Geldstücks aus, wer schlafen darf, und wer wachen muß. Dieses Mal habe ich Glück, ich setze mich auf den Holzboden und entspanne mich, während Christel mit dem Glas pausenlos den Himmel absucht.

Eine Stunde vergeht, die Sonne steigt höher, nichts geschieht. Da stößt Christel mich an: „Karl-Heinz!" Sofort bin ich an der Kamera, und habe auch schon einen Kranich im Bild.

Er ist wunderschön anzusehen, von erhabener Schönheit, schreitet stolz und ruhig umher, im Schnabel trägt er Nistmaterial. Jetzt bleibt er kurz stehen, geht dann zwei Schritte nach rechts und beugt den Kopf tief hinab, um geschickt mit dem Schnabel das Nistmaterial in das fast fertige Nest einzuarbeiten.

Aus heiterem Himmel landet der zweite Kranich mit gestrecktem Hals und gespreizten Flügeln. Laut rufend nähert er sich dem Nest, und seine durchdringenden Balzrufe werden sofort vom Partner erwidert. Diese Rufe sind so laut, daß sie noch in einer Entfernung von drei bis vier Kilometern zu vernehmen sind. Daher kommt auch das alte chinesische Sprichwort: „Den Ruf des Kranichs aus dem Schilfland hört man noch im Himmel!"

Die lauten Trompetenstöße verdankt der Kranich seiner Luftröhre, die sehr dick und über einen Meter lang ist. In der Form einem Waldhorn ähnlich, verläuft sie vom Nacken nach unten in die erweiterten Hohlräume des Brustbeines.

Durch Rufe und Aufforderungen zum Tanz macht nun der Kranich dem Partner den Hof, mit den Flügeln schlagend, umtanzt er ihn, und bald wird auch dieser von der Erregung angesteckt.

Die Kamera surrt unaufhörlich, und die Kassetten werden laufend gewechselt. Christel achtet auf den Ton – und das Richtmikrofon erhält einen Schutz, damit der zunehmende Wind die Aufnahme nicht stören kann.

Unsere „Schilfhütte“ bei den Mandschurenkranichen *Grus japonensis* im Schutzgebiet von Zhalong.

Der Hochzeitstanz der Mandschurenkraniche.

Vor uns tanzen jetzt diese herrlichen Vögel ihren Hochzeitstanz. Völlig fasziniert verfolgen wir ihre hohen Sprünge, hören ihre Rufe, die wie Trompeten schallen, und beobachten, wie sie aus lauter Lebensfreude Nistmaterial in die Luft schleudern. Ihr dichtes Gefieder glänzt in der Sonne, strahlend leuchtet ihr roter Kopfschmuck; deshalb wird dieser Vogel von den Chinesen Rotkopfkranich genannt. Beim Hochzeitstanz verhalten sich Männchen und Weibchen völlig gleich, machen die gleichen Bewegungen, stoßen die gleichen Rufe aus.

Der Tanz ist beendet, die Kraniche ordnen jetzt sorgfältig ihr Gefieder, das beim Balztanz heftig in Unordnung geraten ist. Endlos sind sie damit beschäftigt, denn sie sind sehr scheu und überaus vorsichtig und wollen jede Sekunde bereit sein, auf und davon zu fliegen, wenn Gefahr droht. Die Chinesen sagen: „Kraniche haben auf jeder Feder ein Auge!“ So wachsam sind sie!

Mit seinem Hochzeitstanz hat unser Paar auch sein Revier abgesteckt: Hier ist unser Platz, hier wohnen wir! 4 bis 12 Quadrat-Kilometer ist es groß, die Nester liegen zwei bis vier Kilometer auseinander. Kein Eindringling wird in diesem Gebiet, ihrem Eigentum, geduldet. – Nun herrscht wieder Ruhe. Während ein Kranich am Nest baut, steht der andere daneben und schaut zu. Wie auf ein Kommando hin erheben sie sich und fliegen davon, ein Zeichen für uns, ein wenig auszuruhen und zu essen. Der Koch hatte uns Tee und kaltes Huhn mit Reis eingepackt, und wir spürten auf einmal, wie hungrig wir waren.

Aber auch nach unserem kleinen Mahl blieb es still. Waren die Kraniche auf Futtersuche? Wir nahmen ihr Nest genauer in Augenschein. Durch unsere Gläser konnten wir erkennen, daß es aus trockenem Schilfrohr gebaut und mit Blättern, Ried und Binsen ausgekleidet ist. Das Nest dient nicht als Behausung, sondern nur zum Eierlegen und Brüten. Die Weibchen legen innerhalb von zwei Tagen zwei Eier. Deshalb nahmen wir an, daß es sich bei unserem Paar um Spätbrüter handelt, deren Eier aus irgendwelchen Gründen beim ersten Mal vernichtet worden waren. Denn trotz aller Sorgfalt der Eltern kann es vorkommen, daß durch ein Unwetter oder andere Unglücksfälle die Eier oder die Brut vernichtet werden. Natürlich können auch hier lebende Raubtiere die Eier stehlen.

Die Natur hat es so eingerichtet, daß in einem solchen Fall das Kranichweibchen zum zweiten Mal Eier legen kann.

Stunde um Stunde floß dahin und wir hörten in der ungeheuren Stille im Schilf auf einmal menschliche Stimmen. Das konnten nur unsere beiden Helfer sein. Wir waren erstaunt, wie schnell der Tag vergangen war, denn in der unendlichen Einsamkeit hatten wir jegliches Zeitgefühl verloren.

Zu unserer großen Freude sahen wir Zhang Ce und Zhang Cheng. Sie waren mitgekommen, um uns beim Tragen der schweren Ausrüstung behilflich zu sein.

Auf dem Weg zur Station liegt ein kleines Dorf. Hier am Rande der Schilfwüste leben etwa 70 Menschen, ehemalige Fischer, die aber heute in den Reusen nur wenige Fische für ihren eigenen Bedarf fangen. Ihre Haupteinnahmequelle ist das Schilf, das sie im Winter, wenn der Sumpf fest zugefroren ist, abernten und zu den Zellulosefabriken transportieren.

Als wir eine der altertümlichen Reusen passieren, nimmt gerade ein Mann Fische heraus. Es sind Silberkarauschen *Cavassius auratus*, die wilde Stammform des Goldfisches, wir können sie abkaufen.

An der Station angelangt, schwenkt Zhang Ce schon von weitem den Fisch, und der Koch kam gleich heran, nahm die Beute in Empfang und verschwand damit in seiner „Küche". Sie bestand aus einem wackeligen Tisch mit einem kleinen Petroleumherd darauf, einem Wok (großer Kochtopf) und einer Pfanne. Die beiden Mitarbeiter der Forschungsstation, die den ganzen Tag in der Nähe des zweiten Nestes beschäftigt waren, hatten dieses Mal schlechte Nachrichten für uns: Der Unterstand bereitete einige Schwierigkeiten, sie hätten ihr Bestes gegeben, doch im sumpfigen Schilfmoor lange Zeit nach einer geeigneten Stelle für die Plattform suchen müssen. Und deshalb seien sie nicht so gut vorangekommen wie sie gehofft hatten. Wenn aber alles glatt laufe, könne der Bau morgen abgeschlossen werden.

Am Abend dachten Christel und ich uns Bezeichnungen für unsere Nester aus: Das erste nannten wir einfach „Tümpelnest", da es in der Nähe einer größeren Wasserstelle lag, das zweite tauften wir zu Ehren des Kranichspezialisten Xu Thielin, der es aufgrund seiner Erfahrung und seiner Spürnase entdeckt hatte, „Xu-Nest".

In der Morgendämmerung des nächsten Tages krochen wir schon wieder in unsere Schilfhütte am „Tümpelnest". Wir waren voller Erwartung, was uns das Kranichpaar an diesem Tag bieten würde. Zuerst wurde aber wieder gelost, und dieses Mal konnte sich Christel zunächst ein wenig ausruhen, ich hielt Wache, Kamera und Ton sind bereit.

Die Stunden vergehen, und unvermittelt wie immer sind die Kraniche am Nest, bauen abwechselnd emsig weiter daran, als wüßten sie, wie wichtig es ist, daß die Brut gedeiht. Denn hundert Mandschurenkraniche haben im Jahr nur 15 Nachkommen – und das ist nicht gerade viel! Wie gut ist es da, daß die Kraniche in China nun endlich streng geschützt werden, vor allem ihre Brutplätze.

Wie am Vortage stoßen unsere beiden Kraniche urplötzlich ihre Trompetenrufe aus. Ein Partner schreit „Koo-Koo-Koo“ und der andere antwortet mit „Koko-Koko-Koko!“ Beide tanzen jetzt mit ausgebreiteten Flügeln, einer der beiden, vielleicht das Männchen, gibt laute Schreie von sich. Und jetzt kommt der einzige Moment, wo wir die beiden unterscheiden können. Das Weibchen geht in die Hocke, breitet seine Flügel am Boden aus und legt seine weißen Schwanzfedern auf die Seite. Jetzt springt das Männchen mit gespreizten Flügeln auf den Rücken des Weibchens und vollzieht in wenigen Sekunden die Paarung.

Direkt danach lösen sich die beiden wieder voneinander, recken ihre Hälse steil in die Luft und stoßen schrille Schreie aus, die wie ein Triumph klingen.

Danach putzen sie ihre Gefieder mit größter Sorgfalt, und ab jetzt können wir sie nicht mehr auseinanderhalten: Sie sind von gleicher Größe und Gestalt, und ihre Verhaltensweisen unterscheiden sich, vom Augenblick der Paarung abgesehen, nicht.

Ich schwenke die Kamera in die unendliche Schilf-Einsamkeit. Nur langsam läßt unsere Spannung nach und weicht einem großen Glücksgefühl. Wir können noch immer nicht fassen, daß wir die Chance hatten, eine Paarung zu filmen.

Mit ruhigen und bedächtigen Bewegungen überprüfen wir dann Kamera und Ton und stellen mit Erleichterung fest, daß wir alle Aufnahmen „im Kasten“ haben. Um die Kraniche nicht zu erschrecken, achten wir besonders darauf, metallene Geräusche zu vermeiden, wie sie durch das Aneinanderschlagen von Kassetten und Filmbüchsen leicht entstehen können.

Der übrige Tag verläuft ruhig. Die Mandschurenkraniche unterbrechen hin und wieder den Bau ihrer Kinderstube und beweisen sich durch elegante Balztänze ihre Zuneigung: Wir sind ein Paar, wir gehören zusammen! Und sie machen sich so ausdauernd und mit so viel Gefühl den Hof, als wollten sie sagen: Dieses Mal muß unsere Brut gelingen!

Wir bewundern ihre Hingabe und ihre anmutige Gestalt, ihren schön geschwungenen Hals, die langen Beine, das weiße Gefieder und ihre in der Sonne hellrot glänzenden Kronen und sind uns sicher, daß sie für uns zu den schönsten Vögeln gehören.

Auf dem Rückweg zur Station verschlechterte sich das Wetter, starker Wind kam auf und wurde allmählich zum Sturm. Und als wir am nächsten Morgen in der Dämmerung aufstanden, war alles grau um uns herum, und es regnete in Strömen. Bei diesem Wetter war natürlich an ein Drehen nicht zu denken, und so mußten wir unseren Plan vom Vorabend, aus dem Kameraversteck am „Xu-Nest“ zu filmen, aufgeben.

Eigentlich kam uns dieser Regentag nicht ungelegen, denn Christel wollte sich um unsere Wäsche kümmern, und ich hatte eine Menge Fragen an unseren Kranichspezialisten Xu Thielin. Auch unser Dolmetscher Zhang Cheng konnte endlich wieder in Aktion treten. Wir drei saßen in einem kleinen Raum der Forschungsstation gemütlich beisammen, und Xu erzählte uns alles, was er über die Mandschurenkraniche wußte. Wegen ihrer schönen Gestalt und ihres würdevollen Auftretens ist die Literatur voll von Legenden um den Kranich. Schon im Mittelalter wird er als Begleiter der Unsterblichen beschrieben, die er in die Ewigkeit begleitet. Daher wird der Kranich in China auch als „Kranich der Unsterblichkeit" bezeichnet. Diese Beschreibung stammt aus einem Geschichtsbuch aus dem 8. bis 5. Jahrhundert v. Chr. Es berichtet von einem Fürsten, den eine so große Liebe zu einem Kranich erfaßt hatte, daß er ihn als Würdenträger behandelte und ihm ein eigenes Gehalt zahlte. Für Reisen stellte er ihm auch eine eigene Sänfte zur Verfügung. Dieses Gebahren des Fürsten erregte Neid bei seinen Hauptleuten und Soldaten, sie forderten: „Wenn dem Kranich soviel Ehre angetan wird, dann soll er auch in den Krieg ziehen!"

In der Ming-Dynastie (1368–1644) wurde der Kranich zur Herstellung von Arzneien gezüchtet: Sein Blut galt als Medizin bei Blähungen und als Labsal für Kranke. Für eine gute Sehkraft verwendete man sein Gehirn, und seine Eier dienten als Heilmittel gegen Pocken. Zur Stärkung wurden auch seine Knochen benutzt.

Zwischen diesen Erzählungen leerten wir viele Tassen Tee, und Xu kam dann auf die Neuzeit zu sprechen: Nur hier im Schilfland von Zhalong haben die Mandschurenkraniche noch ihre Brutplätze. Ihre anderen angestammten Lebensräume in China wurden trokkengelegt und dann kultiviert. So sind diesen herrlichen Vögeln im riesigen Reich der Mitte ganze 200 Quadratkilometer als Brutstätte geblieben. Der Glaube, daß sie Glück bringen, brachte ihnen selber nur Unglück. Die Chinesen fingen die Jungvögel, um sich Glück ins Haus zu holen. Diese Unsitte hat entscheidend dazu beigetragen, daß der Kranich selten geworden ist. Auch kamen früher, als Zhalong noch nicht Schutzgebiet war, viele Leute hierher, um Eier zu sammeln.

Trotz dieser schönen Geschichten, die uns sehr fesselten, wollten wir von Xu auch wissen, ob es noch andere Kraniche in diesem Gebiet gebe: „Ja, in diesem Jahr haben wir auch schon Weißnakkenkraniche *Grus vipio* beobachtet. Ein Nest konnten wir aber noch nicht ausmachen. Hier gibt es aber auch noch den Mönchs-Kranich *Grus Monacha*, den Nonnenkranich *Grus leucogeranus* und den Jungfernkranich *Anthropoides virgo*. Von allen diesen Vögeln haben wir in diesem Jahr noch kein Nest entdeckt. Sie kommen aber auch sehr selten in diesem Gebiet vor", meinte Xu.

Bei einem Blick nach draußen stellten wir fest, daß der Regen aufgehört hatte, die Sonne drang allmählich durch die abziehenden Wolken. Doch für uns war es leider zu spät, um am „Xu"-Nest zu filmen. So ganz ungenutzt wollten wir den Tag auch nicht verbringen. Nachdem Christel unsere Wäsche an einer provisorischen Leine mehr recht als schlecht befestigt hatte, kletterten wir auf einen Lkw, um in der Umgebung noch ein paar Aufnahmen zu machen. Unsere Begleiter aus Harbin, Song Shengli und Du Qinglin, kamen ebenfalls mit uns, und wir erreichten nach kurzer Fahrt eine kleine Fischeransiedlung. Uns bot sich ein friedliches Bild: Acht Häuser waren um einen Ziehbrunnen herum angeordnet. Nicht weit davon dösten zwei Hunde, und ein älterer Mann besserte sein Netz aus.

An der Rückwand eines Hauses standen große weiße Schriftzeichen, die mir Zhang Cheng übersetzte: „Lob den Menschen, die die Vögel schützen, Strafe denen, die die Tiere töten!" Mit einem Kameraschwenk wollte ich einen Eindruck von der Siedlung vermitteln. Während ich die nötigen Vorbereitungen für die Aufnahmen traf und Christel den Ton vorbereitete, hörten wir in unserem Rücken Stimmen, die lauter und lauter wurden. Aufgeregt sprach Song Shengli aus Harbin mit Zhang Ce, gestikulierte und redete beschwörend auf ihn ein. Zhang Ce hob abwehrend seine Hände und kam auf mich zu. Er bat uns, mit dem Filmen noch etwas zu warten. – „Warum sollen wir warten?", fragten wir erstaunt. Zhang Ce: „Die Leute aus Harbin meinen, es wäre nicht gut, wenn die Zuschauer im Ausland diese ärmlichen Fischerhäuser in der Provinz Heilongjiang sehen würden!"

Wir waren da mit Zhang Ce ganz anderer Meinung, denn die Häuser waren trotz ihres einfachen Äußeren sehr sauber und ordentlich.

Um die Gemüter der beiden Harbin-Begleiter zu beruhigen, wiesen Christel und ich darauf hin, daß es in unserem Vertrag mit Co-Film heißt: „Sollten Differenzen bei der Filmarbeit aufkommen, so sollten diese durch freundliche Konsultationen beider Seiten gelöst werden."

Dieser Hinweis lockerte schon ein wenig die angespannte Atmosphäre, und schließlich war es der weitgereiste Zhang Ce, der diplomatisch und klug den Fall löste: Die Fischerdörfer in allen Ländern der Erde sähen so aus wie hier in Zhalong, meinte er zu den beiden Begleitern aus der Großstadt – und sie gaben schließlich lächelnd ihre Zustimmung für meinen Kameraschwenk.

Beobachtungen am „Xu-Nest“

Langsam und bedächtig erhebt sich der Vogel, schaut mit dem Kopf nach unten, stochert ein wenig in der Nestmulde und wendet die beiden Eier, wobei er sorgsam darauf achtet, daß sich beide nicht berühren, sondern in einem kleinen Abstand voneinander liegenbleiben. Danach läßt er sich sacht wieder zum Brüten nieder. Ich verfolge gespannt jede seiner Bewegungen durch das 1200-mm-Teleobjektiv und beobachte, wie er jetzt sein Gefieder schüttelt. Dadurch will er sicherlich die Eier in die richtige Brutlage bringen. Ein paar Schilfhalme werden geordnet, dann steckt er den Schnabel ins Gefieder und ruht.

Erst jetzt merken wir, daß sich unser Holzuntergrund ein wenig zur linken Seite hin geneigt hat. Zum Ausgleich verlagern wir das Gewicht unserer Ausrüstung nach rechts. Dieser Umbau hat den brütenden Kranich nicht gestört, ab und zu unterbricht er seine Ruhepausen, steht auf, tritt an den Nestrand, putzt sich, dreht die Eier wieder, damit sie an allen Stellen gleichmäßig erwärmt werden und auch der Embryo nicht anklebt. Dann läßt er sich wieder nieder.

Etwa 30 Tage dauert die Betreuung der Eier, Männchen und Weibchen wechseln sich beim Brüten und Bewachen des Nestes ab.

Sollte das die Ablösung sein? Der gerade gelandete Kranich schreitet auf das Nest zu, schnell erhebt sich sein Partner. Beide heben Kopf und Hals schräg nach oben und stoßen zur gleichen Zeit Begrüßungsrufe aus. Nachdem sie verklungen sind, baut der abgelöste Partner ein wenig am Nest und macht einen Schritt zur Seite. Jetzt nimmt der andere Vogel seinen Platz ein. Nach dieser langen Szene der Brutablösung war die Kassette leer, und ich schalte die Kamera aus. Erst jetzt merkte ich, daß durch ein Astloch im Boden der Plattform langsam Wasser drang. Eigentlich war es an der Zeit, unseren Unterstand zu verlassen, aber wir konnten uns einfach nicht dazu entschließen: Wie würden die Kraniche reagieren, wenn wir am hellen Tag aus unserem Versteck herauskommen?

Würden wir dann vielleicht nie mehr die Gelegenheit haben, ein brütendes Paar am Nest zu filmen?

Also blieben wir. Unsere Gummistiefdel schützten uns vor dem langsam steigenden Wasser, und unsere empfindlichen Ausrüstungsgegenstände stapelten wir auf den wasserdichten Metallkoffern für Kamera und Stativ. Ich legte cine neue Kassette ein, und es konnte mit der Filmarbeit weitergehen.

Bei unserem Paar hatte sich nichts geändert. Doch während wir im Wasser standen, war das Nest der brütenden Kraniche vollkommen trocken, und mir fiel bei diesem Vergleich ein, was uns ein alter Fischer in der Siedlung erzählt hatte: Die Kraniche schichten ihre Nester so, daß sie in keinem Jahr vom Höchstwasserstand erreicht werden. Als wüßten sie im voraus, wie hoch das Wasser jedesmal steigt.

Der beim Brüten abgelöste Partner stand noch immer unweit des Nestes, putzte sich und reckte ab und zu seinen langen Hals über die weite Schilfebene, um Ausschau zu halten.

Mit einem Mal läuft er einige Schritte nach vorn, breitet seine Flügel aus und fliegt auf. Sein langer Hals ist nach vorn gestreckt, damit der Luftwiderstand verringert wird, seine Beine halten die Balance. Ja, wer so fliegen könnte wie der Kranich! Und wir fühlten uns für unser langes Ausharren im nassen Versteck belohnt und waren mit diesem wunderschönen Tag voll zufrieden.

Am Abend beschlossen wir, unsere beiden Nester nicht mehr aufzusuchen, denn die Kraniche sollten in völliger Ruhe ihre Jungen ausbrüten. Wir wollten bis zum Schlüpfen der Küken warten, um sie dann zu filmen.

Für die nächsten Tage nahmen wir uns vor, Kraniche bei der Futtersuche zu beobachten und eine gemischte Vogelkolonie im dichten Schilfbestand aufzunehmen, von der uns Xu Thielin erzählt hatte.

Um die Kolonie mit dem Boot zu erreichen, wären wir einen halben Tag unterwegs gewesen. Also luden wir unsere Boote auf den Stations-Lkw und fuhren zunächst auf einer befestigten Straße. Danach ging es über Stock und Stein am Rande des Schutzgebietes entlang, und wir kamen an einem kleinen Wäldchen vorüber. Hier hatte der Sturm gewütet und viele Bäume umgeknickt. Xu Thielin, der mit mir auf der Ladefläche bei den Booten saß, schlug heftig auf das Dach des Führerhauses, worauf der Fahrer sofort anhielt. Unser Kranichspezialist hatte nämlich das von einem Baum heruntergewehte Nest eines Schwarzschnabelstorchs *Ciconia boyciana* entdeckt. Wir erinnerten uns sofort an den Schwarzschnabelstorch in Peking, den Freund des Zoodirektors. Sobald der Direktor dem Storch zuwinkte, legte der den Hals nach hinten und begann laut zu klappern.

Leider hatten wir nicht das Glück, hier in Zhalong den Nestbesitzer zu sehen. Das wäre für uns eine Sensation gewesen, denn der Schwarzschnabelstorch ist in freier Wildbahn eine unglaubliche Rarität. Fast zwei Stunden fuhren wir dann am Rande des Schutzgebietes entlang und kamen bald an ein kleines Flies. Dort wurden unsere Boote zu Wasser gelassen. Zunächst kamen wir gut weiter, doch als etwa eine halbe Stunde vergangen war, wurde das Schilf dichter und unser Tempo immer langsamer.

Silberreiher *Egretta garzetta.*

So machten wir zunächst mal eine kleine Pause, ruhten uns aus und tranken erfrischenden Tee aus großen Thermosflaschen. Um die Mücken zu verscheuchen, steckten sich unsere Begleiter Zigaretten an, ein furchtbares Kraut, das die Mückenschwärme nur wenig beeindruckte. Halb benebelt dösten Christel und ich ein und waren auf einmal hellwach, als sich ein vielstimmiges Vogelgeschrei erhob: Dort hinten mußte unsere Vogelkolonie liegen!

Xu schätzte, wir wären noch etwa einen Kilometer entfernt, und so ging es weiter. Wir kamen ein ganzes Stück voran, doch dann half alles Staken nicht mehr, die Boote blieben im schlammigen Untergrund stecken.

Wir erhoben uns und konnten jetzt durch unsere Gläser deutlich über das Schilf hinweg eine große Ansammlung verschiedener Nester sehen. Um für unser Kamera und das Tele einen festen Stand zu erreichen, wurden die Boote mit Holzstangen aneinandergebunden.

In der Kolonie herrschte ein reger Flugbetrieb, an der rechten Seite hatten Silberreiher *Casmerodius albus* und Seidenreiher *Egretta garzetta* ihre Nester von unten aufgestockt wie ein Hochhaus – für sie die einzige Möglichkeit, ein Nest zu bauen, denn am schwankenden Rohr können sie nicht befestigt werden.

Löffler *Platalea leucorodia* standen teils in ihren Nestern, teils hatten sie sich darauf niedergelassen. Die Kinderstube der wunderschönen Purpurreiher *Ardea purpurea* befand sich auf der linken Seite der Kolonie. Gut geborgen in der Endlosigkeit der unzugänglichen Schilfwälder können sie hier ihren Nachwuchs großziehen. Und gäbe es einen Schönheits-Wettbewerb in der Vogelwelt, die Reiher gehören ganz bestimmt zu den aussichtsreichsten Kandidaten: Zwei grazile Stelzenbeine tragen den schlanken, nach hinten abfallenden Körper, ein langer geschmeidiger Hals mit einem schmalen Kopf und einem spitzen Schnabel machen die Gestalt des Reihers vollkommen. Blendendweiß ist das Gefieder des Silber- und Seidenreihers, voll farbiger Pracht das Federkleid des Purpurreihers; es leuchtet in vielen Nuancen von Kastanienbraun und rötlich bis zum flammenden Purpur.

Nicht zur Familie der Reiher zählen die Löffler, sie gehören zu den Ibisvögeln. Weiß ist auch ihr Gefieder, nur der Schnabel, der ihnen ihren Namen gab, ist lang und an der Spitze löffelartig verbreitet. Es sind bezaubernde Geschöpfe, sie stehen so stolz auf ihren Nestern wie Prinzessinnen.

Die Kolonie bot durch die Kamera einen Anblick wie ein Tollhaus: Vögel landeten und brachten Nistmaterial herbei, andere flogen ab oder bauten an den Nestern oder kamen auch schon mal mit dem Nachbarn ins Gehege, dem sie lautstark ihre Meinung sagten. Und dennoch war zu sehen, daß sie einen gewissen Abstand voneinander hielten.

Da die Kolonie so weit von der Forschungsstation entfernt lag, war Xu Thielin seit einem Jahr nicht mehr hier gewesen. Jetzt wollte er die Gunst der Stunde nutzen, und er versuchte ganz allein, näher an sie heranzukommen. Aber nach 15 Metern versanken seine Gummistiefel immer tiefer im Morast, Xu hob bedauernd die Arme und gab auf. Für die Kolonie ist diese Unzugänglichkeit ein Segen, denn so kann sie nicht von Menschen gestört werden.

Es sei denn, eines Tages würde das Gebiet trockengelegt ... Für uns hieß es zunächst einmal Abschied vom Naturschutzgebiet zu nehmen. Denn bis zum Schlüpfen der jungen Kraniche würde noch einige Zeit verstreichen, und wir wollten sie nutzen, um uns in Harbin zu erkundigen, ob dort endlich die von uns so sehnsüchtig erwartete Filmerlaubnis für die Ewenken vorlag.

Xu Thielin, der Kranichspezialist, gab uns das Versprechen, jeden Tag die beiden Nester zu beobachten. Falls ein Junges geschlüpft sei, werde er uns sofort benachrichtigen: „Bis das zweite Küken das

Licht der Welt erblickt, werden 48 Stunden vergehen. Wenn Sie sich umgehend auf den Weg zu uns nach Zhalong machen, haben Sie eine große Chance, dabei zu sein, wenn das zweite Junge sich aus dem Ei befreit!" Bevor wir nach Harbin aufbrachen, wuchteten wir unsere Ausrüstung auf den Beobachtungsturm in der Nähe der Station. Oben entdeckten wir einen Kranich, der nur wenige hundert Meter entfernt auf Futtersuche ging. Er war jetzt noch zu weit weg, als daß wir ausmachen konnten, wie er seine Nahrung aufnimmt. Doch nach 20 Minuten kam er näher, und mit Hilfe unseres großen Teleobjektives konnte ich ihn genau erkennen. Mit dem Schnabel im seichten Wasser stochernd, hob er auf einmal einen Klumpen aus Morast und Pflanzenteilen hoch, schwenkte ihn dann hin und her, drückte ihn ins Wasser, als ob er ihn waschen wollte, aber ohne etwas zu finden. Nach einiger Zeit ließ er den Klumpen fallen und ging mit langen Schritten weiter nach vorn. Dann stand er bewegungslos da, stieß blitzschnell mit seinem Schnabel ins Wasser und spießte einen kleinen Fisch auf.

Soviel Jagdglück hat der Kranich selten. Gewöhnlich stehen zarte Knospen und Wasserpflanzen und deren Wurzeln, Würmer, Insekten und Schnecken auf seinem Speiseplan. Auch Frösche verschmäht er nicht! Damit er diese Leckerbissen besser verdauen kann, soll er manchmal auch Steine und Erde zu sich nehmen. Nach einiger Zeit schien unser Kranich nicht mehr so recht fündig zu werden, er flog auf und davon.

Im Zug nach Harbin hatten wir dann genügend Zeit, um über unsere Erlebnisse im Schutzgebiet nachzudenken. Mit Zhang Ce verabredeten wir, daß er von Harbin aus mit Peking spricht und sich dort noch einmal wegen der Filmerlaubnis bei den Ewenken für uns einsetzt.

Nur von Quiquihar aus konnten wir ohne einen allzu großen Aufwand an Zeit, Geld und Energie zu den Nomaden mit ihren Rentieren gelangen. Später von einem im Süden Chinas gelegenen Drehort die Reise zu den Ewenken anzutreten, wäre sinnlos.

Gleich nach unserer Ankunft in Harbin telefonierte Zhang Ce mit Peking. Die Verbindung kam überraschend schnell zustande, schon nach 15 Minuten. Wir alle saßen zusammen in einem Vorraum unseres Hotels und hörten Zhang Ce zu, der laut ins Telefon sprach. Wir sahen gespannt unseren Dolmetscher Zhang Cheng an, der eine Hand hob und so um Geduld bat. Zhang Ce hatte noch nicht den Hörer auf die Gabel gelegt, da begann Cheng mit der Übersetzung: „Zhang Ce hat mit dem Finanzdirektor Huang Guang von Co-Film gesprochen (Er hatte übrigens am selben Tag wie ich Geburtstag, und wir hatten zusammen in Peking gefeiert!). Er hat ihm zuerst berichtet, unsere Filmarbeit in Zhalong sei sehr erfolgreich. Alles sei auch sehr harmonisch verlaufen, jetzt sei eine kleine Wartezeit eingetreten, die wir hier in Harbin besser als in Zhalong überbrükken können. Dort sehe Xu Thielin jeden Tag gewissenhaft nach den Nestern und werde uns umgehend beim Schlüpfen des ersten Kükens benachrichtigen."

Wir konnten diese lange Vorrede kaum abwarten. Aber Zhang Cheng kostete seine Rolle lang und genüßlich aus. Er machte eine lange Pause und holte zunächst einmal Luft: „Die Erlaubnis für die Filmarbeit bei den Ewenken gestaltet sich nicht sehr einfach. Zunächst einmal muß das Außenministerium seine Genehmigung geben. Das sei bereits erfolgt, aber jetzt müssen Ihre Wünsche noch eine Reihe von Instanzen durchlaufen: Der Nationale Volkskongreß muß zustimmen, der lokale Volkskongreß und die lokalen Volksregierungen aller Ebenen und sogar die Militär-Kommission befassen sich zur Zeit mit Ihrem Antrag. Erst wenn alle ihre Erlaubnis erteilt haben, können Sie fahren." Christel und ich sahen uns enttäuscht an. Unsere Mienen hellten sich ein wenig auf, als Zhang Cheng fortfuhr: „Huang Guang weiß, daß die Zeit drängt, und er hat sein Versprechen gegeben, sich jetzt noch intensiver und mit allen in seiner Macht stehenden Mitteln dafür einzusetzen, daß bald eine Entscheidung fällt!"

Also hieß es wieder einmal: Abwarten und hoffen.

Zhang Ce wollte versuchen, während unseres Harbinaufenthaltes einen Besuch in der Harbiner Kunstgewerbefabrik zu arrangieren. Die Zeit des Wartens bedrückte ihn wenig, konnte er doch in Harbin jeden Tag seine Familie besuchen und viele Stunden mit ihr verbringen.

Eines Morgens, es muß so gegen 8.30 Uhr gewesen sein, klopfte es an unser Hotelzimmer. Die Tür war offen, und Zhang Ce kam ganz aufgeregt herein. Gerade eben sei ein Anruf aus Quiquihar gekommen, ein Küken sei geschlüpft.

Ab jetzt ging alles sehr schnell, und wir hatten Glück, denn schon in zwei Stunden fuhr ein Zug. Wir beeilten uns, zum Bahnhof zu kommen. Zhang Ce löste die Fahrkarten für uns – sechsmal nach Quiquihar –, und dann setzte sich die Lok in Bewegung. Obwohl wir unserem Ziel jetzt immer näher kamen, waren wir doch in Sorge: Würden wir rechtzeitig kommen und das Schlüpfen des zweiten Kükens aufnehmen können? Die Zeit verging quälend langsam, immer wieder blickte ich auf die Uhr, doch Zhang Ce erwies sich wieder einmal als guter Freund und meinte, Xu Thielin habe schon rechtzeitig Bescheid gegeben.

Besichtigung einer Kunstgewerbefabrik in Harbin: Aus gesammelten Gänsefedern werden kunstvoll stimmungsreiche Kranichbilder gefertigt.

Ein wolliges Bällchen

Endlich kam der Bahnhof von Quiquihar in Sicht. Xu Thielin begrüßte uns stolz und freudig und teilte uns mit: „Das Paar am ‚Tümpelnest' ist nun auch mit dem Brüten beschäftigt. Es bewacht das Nest und entfernt sich immer seltener. An meinem Nest ist schon ein Junges geschlüpft – und vielleicht ist auch das zweite Ei offen.

Wir konnten es kaum erwarten, wieder ins Schilfgebiet zu kommen, schon um 1 Uhr in der Nacht erreichten wir unser „Xu-Nest".

Es sieht nach Regen aus, schwere Wolken überziehen den Himmel. Wir blicken angestrengt durch unsere Nachtgläser, und als unsere Augen sich an die Dunkelheit gewöhnt haben, sehen wir einen

Kranich, der groß und breit auf dem Nest sitzt, den Kopf nach hinten gebeugt, den Schnabel in den Rückenfedern verborgen. Sein Partner steht nahe dabei auf einem Bein. Sicher befinden sich das Küken und das zweite Ei – oder das bereits geschlüpfte zweite Junge – unter dem warmen Federkleid des Kranichs.

Als Christel auf die Uhr zeigt, es ist 3.30 Uhr, beginnt es heftig zu regnen. Wir bedecken uns und die Ausrüstung mit einer großen Plastikhülle, machen es uns so bequem wie möglich und versuchen, ein wenig Schlaf nachzuholen. Gegen 6 Uhr ist es mit dem Regen hell geworden. Irgendwann haben wir bemerkt, daß unsere beiden Mitarbeiter von der Station unseren Aufenthalt in Harbin dazu genutzt haben, die Plattform unseres Kameraverstecks am „Xu-Nest" ein wenig höher zu legen. Wenigstens dringt durch das Astloch im Boden kein Wasser mehr.

Am Nest gibt es keine Veränderung. Der wachende Vogel steht jetzt auf zwei Beinen ganz nahe am Brutplatz und ist eifrig mit der Gefiederpflege beschäftigt. Uns bietet sich ein Anblick voller Harmonie, und wir sind gern bereit, den sprichwörtlichen Redensarten der Chinesen Glauben zu schenken, die von einer lebenslangen Treue der Kranichpaare sprechen: Sie kennen keine Trennung, und selbst wenn ein Partner stirbt, bleibt der verlassene allein. Auch sollen sich Kraniche niemals mit Verwandten paaren.

Inzwischen ist es 8 Uhr geworden, der Regen hat aufgehört, und kraftvoll strahlt die Sonne hinter den nach Westen abziehenden Wolken hervor. Wie immer habe ich die Kraniche im Bild. Nun liegt auch das Nest im Sonnenschein, und gerade, als ich denke, nun könnte endlich der von uns so langerwartete große Augenblick kommen, bewegt sich etwas im Nest: Unter den Deckfedern des Altvogels schaut vorsichtig ein Küken hervor und blickt direkt in die Kamera. Langsam und noch etwas unsicher klettert es hervor – und jetzt steht ein wolliges Bällchen im Licht der Sonne, herrlich anzusehen.

Mit schon geöffneten Augen unternimmt es seine ersten Gehversuche, steht in seiner kleinen Größe ganz oben auf dem Nestrand und zeigt sich in seinem gelbbraunen, weichen Daunenkleid, das in der Mitte des Rückens dunkler und an Bauch und Brust heller ist. Hellgelb bis auf die Spitze leuchtet der kleine Schnabel, der Hals ist lang, und die kräftigen Füße von gelbgrauer Farbe bewegen sich langsam vorwärts. Denn der Kleine kann schon sechs bis zehn Stunden nach seiner Geburt auf eigenen Beinen stehen: Kraniche sind Nestflüchter!

Was ist aber mit dem zweiten Ei? Der Altvogel erhebt sich behutsam und verläßt mit zwei großen Schritten den Nestbereich, schüttelt ein wenig sein Gefieder zurecht. Auch sein Partner ist zur Seite getreten, wir haben jetzt freien Blick in die Kinderstube und erleben noch ein Wunder: Neben einer aufgebrochenen Eierschale steht, schon getrocknet im Gefieder des Altvogels, ein Brüderchen oder Schwesterchen unseres ersten Kükens.

Bis zum Ausschlüpfen mußte es hart arbeiten: Zunächst einen Riß in die Eiinnenseite picken, dann unter vielen Mühen am stumpfen Ende des Eis den Riß zu einem winzigen Loch erweitern. Vielleicht sah es jetzt schon ein wenig vom Licht der Welt und fühlte sich ermutigt, mit heftigem Hacken das Loch nach und nach zu vergrößern, bis endlich ein Stück Schale aufbrach und das Kleine die Enge des oliv-braunen Eis verlassen konnte. 20 Stunden und mehr mußte sich das Küken abrackern, ohne jede Hilfe der Eltern. Nach sechs Stunden hatte es sich von den Strapazen des Schlüpfens erholt und bewegte sich schon selbst.

Wieder läuft die Kamera. Das Erstgeborene hat sich inzwischen schon weit vorgewagt, ist vom Nestrand herabgestiegen und geht im Moorgras dicht am Nest auf Entdeckungsreise. Das Neugeborene dagegen hat noch weitere Hürden zu nehmen. Umständlich und auf wackeligen Beinchen arbeitet es sich zielstrebig zum Nestrand vor, als wolle es sagen: Nichts wie heraus hier nach der langen Anstrengung! Doch der erste Versuch, den Nestrand zu erklimmen, mißlingt, und das Küken bleibt schließlich stehen.

Obwohl die Jungen sehr schnell selbständig werden und voller Unternehmungslust ihre kleine Welt entdecken, sorgen die Alten weiter für sie und passen auf, daß ihnen nichts geschieht. Die Aufzucht erfolgt in der Nähe des Nestes, und unter Führung der Eltern lernen sie bald, sich ihr Futter selber zu suchen: Kleine Fische, Krabben, Insekten und Kaulquappen. Je größer die Kinder werden, um so weiter dringen sie in den Schilfwald vor, aufmerksam von den Eltern in die Mitte genommen.

Die Jungen können übrigens anfangs schwimmen, später verlieren sie diese Fähigkeit. Ihre Eltern müssen in der Zeit der Aufzucht zu Fuß gehen, denn sie geraten in die Mauser und verlieren ihre Schwungfedern. So sind sie gezwungen, mit dem Nachwuchs am Boden zu bleiben – und können so immer in seiner Nähe sein. Mit ihren langen Hälsen haben sie den weiten Überblick, der ihren Winzlingen mit den kurzen Beinen noch fehlt. Raubtiere, die vom Himmel her oder auf dem Boden lauernd die Kinder bedrohen, vertreiben die Eltern mit kräftigen Schnabelhieben, die selbst Menschen schlimmste Wunden zufügen können.

Noch ein oder zwei Wochen wird es dauern, bis sich dic Streifzüge der kleinen Familie bis an den Rand des Schilfgebietes ausdehnen. Ende September können die Jungen fliegen und werden dann an Gestalt ihren Eltern immer ähnlicher. Zu unterscheiden sind sie dann nur noch durch die dunkleren Federn und das blassere Rot der Krone.

Vier Jahre wird es dauern, bis sie selbst eine Familie gründen können.

Für uns ist die Zeit rasend schnell vergangen, jetzt ist es wieder 3.30 Uhr, aber Nachmittag. Viele Stunden konnten wir die Kranichfamilie beobachten und mit den unterschiedlichsten Optiken ihr Verhalten filmen. Uns ist bewußt geworden, wie einmalig und wertvoll dieses Schutzgebiet mit seiner ursprünglichen Landschaft ist. Denn im Vergleich mit anderen, nur zeitweise überfluteten Schilf- und Moorgebieten bietet das im Wasser liegende Zhalong mit seinem weichen, tiefen Schlamm und üppigen Schilf das ganze Jahr über Schutz und Geborgenheit: ideale Lebensbedingungen für die Kraniche und für die gesamte hier lebende Tier- und Pflanzenwelt.

Und deshalb hoffen wir inständig, daß Pläne, am Rande des Schutzgebietes eine Zellulose-Fabrik zu bauen, fallengelassen werden. An die Gerüchte, unter dem gesamten Gebiet gebe es riesige Gasvorkommen, mögen wir erst gar nicht denken. Viele Meter Film haben wir von den prächtigen Kranichen gedreht. Morgen werden wir schon nicht mehr hier sein – und zum letzten Mal filmen wir unsere Familie, während die Sonne langsam versinkt. Die Eltern stehen auf dem Nest und strecken ihre Hälse zum Himmel, vollführen immer wieder die gleichen Bewegungen und lassen ihre hellen, trompetenartigen Rufe erschallen.

Und wieder einmal erweisen sich diese wahrhaft königlichen Vögel als unsere Glücksbringer. Als wir am Abend müde und hungrig zur Station zurückkehren, leuchten uns die Gesichter von Zhang Ce und Zhang Cheng entgegen – und selbst die meist verschlossenen Mienen von Song Shengli und Du Qinglin aus Harbin hellen sich auf. Stolz und voller Freude reden alle auf uns ein, die Neuigkeit zu überbringen: Die große Genehmigung für die Ewenken sei vor wenigen Stunden aus Peking über Harbin eingetroffen! Zhang Ce habe sofort reagiert, den ganzen Tag über gearbeitet, keine Mühen gescheut und schon sämtliche Vorbereitungen für unsere lange Reise in den hohen Norden getroffen. Die Nacht über waren wir vollauf damit beschäftigt, unsere Ausrüstung zu säubern und zu verpacken. Als es Morgen wurde, halfen uns alle Mitarbeiter der Station, unser umfangreiches Gepäck in die Autos zu verladen. Der Abschied kam viel zu schnell. Xu Thielin bat uns, wir möchten wiederkommen und auch die anderen Kraniche aufnehmen. Er versprach, er werde uns weiterhin über die beiden Kranichfamilien auf dem laufenden halten und ausführliche Berichte an Co-Film in Peking schicken.

Endlich der lange ersehnte Bruterfolg am „Xu-Nest“: Schon nach sechs bis zehn Stunden kann der kleine Mandschuren-Kranich auf eigenen Beinen stehen.

Wir bedankten uns bei allen Mitarbeitern der Station für die gute Zusammenarbeit und Betreuung. Dann setzten sich die Autos in Bewegung, wir winkten lange und verließen wehmütig das Schutzgebiet der Mandschurenkraniche, die uns soviel Glück gebracht hatten.

Sogar ihr Gott ist ein Rentier

„Sagst Du's mir, so vergesse ich es.
Zeigst Du's mir, so merke ich es mir vielleicht.
Läßt Du mich teilhaben, so verstehe ich es.“

(Chinesisches Sprichwort)

Das einspurige Gleis verliert sich in der Weite des Landes, wir kommen nur langsam voran. Aber das ist für uns nicht wichtig, denn Stunde um Stunde nähern wir uns unaufhörlich unserem großen Ziel: den Ewenken mit ihren Rentieren.

Unser rollendes Haus besteht aus einem Waggon mit vier abgeschlossenen Abteilen und einem Extra-Wagen mit Küche und geräumigem „Speise-Salon“: vier Tische für jeweils vier Personen finden dort Platz.

Christel und ich bewohnen mit Zhang Ce und Zhang Cheng ein Abteil von nur zwei Meter Länge sowie zweieinhalb Meter Breite und Höhe. Das zweite teilen sich unsere beiden Begleiter aus Harbin mit zwei Polizisten, die zu unserem Schutz mitreisen. Dann folgen zwei Zweier-Abteile mit unserem Arzt und dem Schaffner sowie dem Koch und seinem Assistenten.

Die alte Dampflok zieht aber außerdem noch 22 Waggons für den Holztransport hinter sich her sowie einen Wagen für die Holzarbeiter, das Bahn-Personal und zwei Dienstreisende in geheimer Kommandosache.

Zwei Tage lang war dieser Zug unsere Behausung, hier unterhielten wir uns und lasen, schauten aus dem Fenster, aßen und tranken, wuschen uns in dem winzigen Waschabteil neben der engen Toilette und wurden vom Schaffner Tag und Nacht umsorgt. Er servierte pausenlos heißen Tee, sorgte für die Bettwäsche, säuberte Toilette und Waschraum, kümmerte sich um die Dampfheizung und die Beleuchtung.

Wir sitzen in unserem Abteil und blicken in die unendliche Weite. Da geht die Tür auf, und der Schaffner bringt uns zur Begrüßung heißen Jasmintee, den wir genießerisch in uns hineinschlürfen. Der Zug kann wegen des unsicheren Untergrundes nur im Schneckentempo, etwa 30 bis 40 km/h, fahren. 875 Kilometer sind es von Quiquihar nach Mongui (Innere Mongolei), der Endstation unserer Bahnreise. In Mongui erwarten uns die Ewenken. Wir befinden uns jetzt noch in der Provinz Heilongjiang. Weiße Fronten von Birkenwäldern wechseln sich mit Fichten und Graslandschaften ab, dann folgen Moorflächen. Diese weite mandschurische Wildnis läßt uns die räumliche Enge Europas völlig vergessen.

Unser Holzzug windet sich jetzt schwerfällig und mühsam durch einige Kurven, die tiefschwarze Flugasche der Lok setzt sich sacht auf den weißen Birken ab.

Der Schaffner holt uns aus unseren Träumen, durch sein energisches Klopfen an die Tür: Zeit zum Mittagessen. Christel und ich dürfen an einem Vierer-Tisch allein Platz nehmen, die beiden „Zhang-Zwillinge“, wie wir Zhang Ce und Zhang Cheng heimlich nennen, setzen sich uns gegenüber, zusammen mit Song Shengli und Du Qinglin. Nachdem wir Platz genommen hatten, stellten wir erfreut fest, daß der Speisewagen bedeutend ruhiger fuhr als unser Waggon, sicherlich hatte er eine besondere Federung. Zhang Cheng erhob sich, ging zum Koch in die Küche und kam dann mit der

Speisenfolge zurück: „Es gibt gebratenen Flußfisch, dann geschmorten Chinakohl und Huhn mit Bambussprossen, Schweinefleisch süßsauer und zum Abschluß eine Suppe mit Schweinefleisch-Klößchen, Karotten und Gurken. Zum Trinken können Sie Rot- oder Weißwein, Bier, Mineralwasser oder Tee haben!“ Zhang Chengs Schilderung, aber noch mehr der verführerische Duft aus der kleinen Küche ließ uns das Wasser im Mund zusammenlaufen. Nach dem reichhaltigen und schmackhaften Mahl bedankten wir uns bei Li Yu Xiang und seinem Assistenten mit Handschlag. Ein Trinkgeld geben wir den beiden wohlweislich nicht, denn das wäre eine große Beleidigung für sie.

Die Arbeit und die Aufregung der letzten Tage, aber bestimmt auch das umfangreiche Essen, ließen uns schnell einschlummern. Auch die beiden Zhangs waren sehr müde, und als wir nach und nach aufwachten, war es schon 18 Uhr. Das gleichmäßige Rollen der Räder hatte uns einen tiefen Schlaf beschert. Sofort war unser Schaffner mit heißem, erfrischenden Tee zur Stelle, und Zhang Cheng sah in seine Landkarte und sagte nach einer Weile: „Hier in dieser Gegend ist 1902 Chinas erster fossiler Dinosaurier gefunden worden.“

Allmählich wurden die Orte, die wir passierten, immer kleiner, schließlich tauchten ab und zu nur noch einige kleine Siedlungen auf, und der Zug erreichte den kleinen Bahnhof mit Namen Yilaha.

Wir nahmen Kohle und Wasser auf, und unser Koch suchte sorgfältig Lebensmittel und Gemüse aus, die ein Händler auf dem schmalen Bahnsteig darbot. Wir nutzten den Aufenthalt, um uns die Beine zu vertreten und frische Luft zu schöpfen, und kauften getrocknete Sonnenblumenkerne von einem der Bauern, die nahe an den Zug herankamen, was in der Stadt streng verboten ist. Die beiden Dienstreisenden wurden von zwei Soldaten mit einem Jeep abgeholt. Sie stiegen nach kurzer Begrüßung ein, der Soldat am Steuer gab Gas und lenkte das Fahrzeug in die Wildnis, wo es verschwand.

Aber auch danach ging es noch nicht weiter, denn wir mußten auf den Gegenzug warten, denn nur hier in Yilaha gab es ein Ausweichgleis. Nach etwa eineinhalb Stunden ertönten plötzlich drei Pfiffe, und in der Ferne sahen wir den Gegenzug, der sich dem Bahnhof näherte und dann zum Stillstand kam.

Der Schaffner gab uns ein Zeichen, unser Zug setzte sich schnaufend in Bewegung. Langsam wurde es dunkel, und in der Dämmerung wirkte die herbe und unaufdringliche Schönheit der Landschaft besonders intensiv auf uns. Die Birkenwälder wurden dichter und traten näher an die Gleise heran.

Als wir uns zum Abendessen niedersetzen, ist es schon Nacht geworden. Wieder hat Li Yu Xiang gezaubert und ein herrliches Mal bereitet. Im Speisewagen ist es gemütlich und mollig warm, der Schaffner hat die Heizung angestellt, denn draußen ist es nur noch knapp über null Grad.

Unser Schaffner bereitet inzwischen unsere Betten vor, nimmt das Bettzeug aus Fächern über dem Gang, wo auch einige unserer Gepäckstücke Platz finden. Kamera und Teleobjektiv haben wir sorgsam unter den Sitzen verstaut.

Die oberen Liegeflächen in unserem Abteil waren bereits weiß überzogen und mit Decken belegt, sie mußten nur heruntergeklappt werden. Die Liegen sind schmal und nicht einmal zwei Meter lang. Dazu fehlen bei den oberen Betten sogar Sicherungen gegen das Herausfallen. Weil ich immer einen unruhigen Schlaf habe, darf ich unten schlummern und Christel über mir. Auf der anderen Seite schliefen die Zhang-Zwillinge; die Enge der Schlafflächen störte sie nicht, denn zu Hause müssen sie mit vielen Personen auf kleinstem Raum leben.

Unsere beiden Begleiter bewährten sich wieder einmal hervorragend, denn sie verhielten sich in dieser Zwangsgemeinschaft zurückhaltend und korrekt. Gleich zu Beginn unserer Expedition hatten wir klargestellt, daß Christel völlig gleichberechtigt ist und keine Ausnahme bildet. Zhang Ce und Zhang Cheng waren klug und taktvoll genug, um unseren Standpunkt zu respektieren.

Früh am Morgen schien die Sonne in unser Abteilfenster. In der Nacht hatten wir bei dem Ort Nenjiang die Provinz Heilongjiang verlassen. Jetzt befanden wir uns schon in der Inneren Mongolei. Eine kleine Häusergruppe verschwindet in der Ferne, und spätestens jetzt findet Zhang Cheng auf den Landkarten keine Orte mehr.

Nach einem guten Frühstück genießen wir wieder die Natur, die langsam an unserem Fenster vorbeizieht. In vielen Vertiefungen und auch zwischen den winterharten Birken schimmern Schneereste. Der Winter hier oben ist lang: von Oktober bis Ende April überzieht er das Land. Die Bahnlinie ist dann oft unter meterhohen Schneewehen begraben, und wenn die Menschen in den wenigen Siedlungen in Not geraten, muß Militär die Schienen freischaufeln.

Aber jetzt ist die Macht des Winters gebrochen, Birken stehen im zarten Grün, dazwischen leuchten Flächen mit lilafarbenen Azaleen, gelben Märzbechern und weißen Buschwindröschen.

Zum letzten Mal auf dieser Fahrt genießen wir Li Yu Xiangs Kochkünste, denn gegen 16 Uhr sollen wir in Mongui eintreffen. Beim Essen erklärt uns Zhang Cheng in allen Einzelheiten, weshalb wir so lange auf die Genehmigung für die Ewenken warten mußten: Die Ewenken ziehen im chinesisch-russischen Grenzgebiet umher, und der Grenzverlauf konnte bis heute noch nicht genau festgelegt werden. Die schwierigen Gespräche mit den Russen über die genaue Grenzziehung in den Flußgebieten des Amur und des Ussuri schleppen sich dahin und sind immer noch nicht beendet. 1969 kam es hier zu blutigen Auseinandersetzungen, daher die Vorsicht der chinesischen Behörden.

Inzwischen waren wir im Besitz derartig vieler Genehmigungen, daß wir Zhang Ce lächelnd baten, er möge doch für uns eine besondere Sondergenehmigung zur Einsicht in alle unsere Genehmigungen erwirken. Selbst die Ewenken mußten ihre Zustimmuing für unseren Besuch geben.

Endlich, es war kurz nach 16 Uhr, rollte unser Zug in die kleine Endstation Mongui. Die Ewenken bereiteten uns einen „großen Bahnhof". Die beiden Ortsvorsteher, Bürgermeister und Bürgermeisterin, waren in Begleitung zehn weiterer Ewenken und einiger Leute aus der Siedlung mit einem großen und einem kleinen Bus gekommen, um uns zu begrüßen. Wir schüttelten zahllose Hände, und dann begann der Bürgermeister mit seiner Ansprache: „Wir sind hier, um Ihnen die Grüße aller Ewenken zu bringen. Unsere Herzen sind mit großer Freude erfüllt, denn noch nie sind Menschen aus einer so großen Ferne gekommen, um die Außenwelt teilnehmen zu lassen an unserem Leben mit den Rentieren in der Natur dieses herrlichen und weiten Landes!" Großer Beifall folgte den Worten des Bürgermeisters, die von drei Dolmetschern weitergegeben wurden: Zunächst vom Ewenken-Dolmetscher an Song Shenglin aus Harbin, dem Zhang Cheng zuhörte. Er übersetzte sie schließlich für uns ins Deutsche. Das dauerte natürlich eine Weile, und dann stieß mich Zhang Ce unauffällig an und bedeutete mir, ich möge ebenfalls einige Worte an unsere Gastgeber richten. Zhang Cheng übersetzte meine kleine Ansprache: „Auch wir sind sehr glücklich und froh, hier bei Ihnen als Gäste weilen zu dürfen und Ihre für uns so unbekannte Welt kennenzulernen und filmen zu dürfen. Dafür möchten wir uns bei Ihnen noch einmal ganz herzlich bedanken!" Wieder gab es großen Applaus, und der Bürgermeister kam auf mich zu und drückte mir kräftig die Hand.

Nun folge das letzte Stück unserer langen Fahrt zu den Ewenken. Wir fuhren durch die mit schönen Lärchen geschmückte Landschaft des Daxiingxanlieng-Gebirges und erreichten schließlich die Ufer des „Großen Flusses", dem wir eine Stunde lang folgten. Der Fluß machte seinem Namen alle Ehre, denn wegen der Frühjahrsschneeschmelze führte er Hochwasser und war stark angeschwollen. Als wir eine kleine Pause einlegten, weil unser Fahrzeug aus einem mitgeführten Reservekanister aufgetankt werden mußte, stellten Christel und ich fest, wie vollkommen die Natur hier war: Eine große Stille umgab uns, die vom Rauschen des Flusses noch verstärkt wurde. Und der Urwald aus hochaufragenden oder mit Moos bezogenen gestürzten Lärchen bot ein Bild voller Harmonie.

Nach drei Stunden erreichten wir die letzte Ansiedlung der Ewenken, die aus Lehmziegeln erbaut war und den Namen „Oluguya" trug. Ein Gemeindehaus, ein Magazin, elf Häuser für das Personal – Holzfäller und Waldarbeiter – sowie eine winzige Schule für den Winter bildeten diese kleine Niederlassung unmittelbar an der chinesisch-russischen Grenze. Auch eine Krankenstation war vorhanden, sie bestand aus einem einzigen großen Raum von vier mal sieben Metern Größe. Er war für uns freigemacht und extra frisch in hellblauer Farbe gekälkt worden. Mitten im Zimmer standen die Betten, putzig hergerichtet wie zur Hochzeit: roséfarbene Tagesdecken, Paradekissen aus bunter Seide und viele gehäkelte Deckchen verschönten die Schlafstätte. Auf dem Tisch an der Wandseite lag ein mit vielen farbigen Blumen besticktes Tuch, darauf eine hellrote Glasvase mit schlankem Hals, aus der drei Plastik-Nelken ragten. Den Boden bedeckten große Rentierfelle, die Wände waren mit einem Spiegel und drei Landschaftsbildern dekoriert. Eine nackte Glühbirne erleuchtete den Raum. Ihre Helligkeit schwankte ständig, da ihr Strom von einem Generator erzeugt wird, der nur schwach zu hören war.

Nachdem wir unser persönliches Gepäck abgestellt hatten, erfrischten Christel und ich uns ein wenig, gossen heißes Wasser aus einer Kanne in eine große Schüssel und wuschen Hände und Gesicht. Auch an Handtücher hatten unsere Gastgeber gedacht.

Im Zimmer war es mollig warm, und Christel entdeckte sogar gestrickte Hausschuhe. Sie schlüpfte gleich hinein und zeigte mir lachend mein Paar, das einige Nummern zu klein war.

Da ich keine Heizquelle sah, wunderte ich mich über die angenehme Wärme und ging neugierig der Sache nach. Mit den Handflächen fühlte ich, daß alle Innenwände unseres Zimmers gleichmäßig erwärmt waren. Als ich auf den Flur trat, entdeckte ich zu meiner größten Überraschung einen Wandofen, von dem aus u. a. auch unser Raum beheizt wurde: Die heiße Luft zirkulierte innerhalb der doppelwandigen Lehmmauern unseres Raumes. Nach dieser Entdeckung fütterte ich den Ofen mit einigen dicken Holzscheiten, denn draußen war es frostig kalt. Kaum war ich wieder im Zimmer, klopfte es an der Tür: Über Zhang Cheng und die anderen Dolmetscher ließ die Bürgermeisterin anfragen, ob alles zu unserer Zufriedenheit gerichtet sei. Ihre Landsleute hätten sich die größte Mühe gegeben, unser Zuhause so angenehm wie möglich zu gestalten, jeder habe irgendeinen Gegenstand zur Ausschmückung des Raumes gebracht. Ganz besonders stolz war die Bürgermeisterin auf die eigens für uns gebaute Außen-Stehtoilette. Sie bat Christel und mich nach draußen und zeigte uns diese Errungenschaft: Sie war mit Holz überdacht, hatte solide Außenwände und bot Extra-Abteile für Männer und Frauen.

Nachdem wir uns für alle Annehmlichkeiten herzlich bedankt hatten, zogen wir uns schnell in unsere mollige Unterkunft zurück.

„Hier hat noch niemand filmen dürfen!"

Um 5 Uhr in der Frühe brachen wir mit einem Militär-Jeep für 12 Personen auf. Sein Allrad-Antrieb brachte uns im weglosen und unebenen Gelände gut voran, doch mußten wir ab und zu anhalten, um alte gefallene Bäume aus dem Weg zu räumen. Kreuz und quer fuhren wir durch die unendlichen Wälder, immer auf der Suche nach befahrbaren Schneisen. Mit uns im Jeep befanden sich die beiden Zhang, Song Shenglin und zwei Ewenken, die schon gestern bei unserer Begrüßung in der „Oluguya"-Siedlung dabei waren. Ein anderer Ewenke war extra aus dem Lager gekommen, um uns den Weg dorthin zu zeigen. Nach einer Stunde erreichten wir unser Ziel. Heute wollten wir noch nicht filmen, sondern an Ort und Stelle alles ansehen und besprechen. Schlafen sollten wir hier draußen in der Wildnis im Zelt, um den Alltag der Ewenken hautnah mitzuerleben.

Der Wagen hält, wir steigen aus. Kein Wind weht, doch es ist bitterkalt. Der große Augenblick ist gekommen, vor uns liegt ein Bild voller Harmonie: Aus einem der drei Zelte im Hintergrund steigt blauer Rauch in die klare Luft, friedlich stehen oder liegen Rentiere um die Behausungen herum und lassen sonderbare Laute in allen Höhen und Tiefen ertönen: „Ä-ä-ä-ä-ä-ä-ä-ä!" Wir bewegen uns nicht, stehen ganz still da und sind erfüllt von dem Gefühl, in einer anderen Welt zu sein. Unvergeßlich ist für uns die erste Begegnung mit dieser fremden Volksgruppe der Ewenken, die noch hier in der Wildnis des Nordens herumzieht.

Jetzt schlagen Hunde an, und aus einem der Zelte kommt eine Familie heraus, ein Ehepaar mit einem älteren Sohn und einer etwa 20jährigen Tochter. Auch aus den anderen Zelten kommen Ewenken auf uns zu. Drei Familien leben hier in dieser großen Freiheit unter ungewöhnlichen Lebensbedingungen. Und nur dadurch, daß sie zueinanderstehen und fest zusammenhalten, können sie die Bedingungen und Gefahren der unerbittlichen Natur meistern. Ruhig und friedlich betrachten sie uns, geben uns die Hand. Sie machen einen ausgeglichenen Eindruck, ihre Gesichter sind durch Wind und Sonne gegerbt, von vielen Falten durchzogen und von mongolischem Einschlag. Ihre Gestalt ist klein und robust.

Die Ewenken sind eine nationale Minderheit im großen Vielvölker-Staat China. Während die Han-Chinesen mit etwa 90 Prozent die Mehrheit stellen (das sind fast eine Milliarde Menschen!), bestehen die nationalen Minderheiten aus 56 ethnischen Gruppen. Es sind, um nur einige zu nennen, die Uguren, Tataren, Usbeken, Kasachen, Hui, Kirgisen, Tajiken und Olunchen.

Die Bezeichnung „Ewenken" wurde von ihnen selbst gewählt und heißt auf tungusisch „Menschen mit großen Bergen und Wäldern". Ihre Stammesherkunft geht auf den alten Stamm „Shiwei" am oberen und mittleren Lauf des Heilong-Flusses in der Nördlichen Wei-Dynastie (386–534) und auf den Stamm „Ju" im Waldgebiet nordöstlich des Baikalsees in der Tang-Dynastie zurück. Die Sprache der Ewenken gehört zur tungusischen Sprachgruppe. Es gibt drei Dialekte, aber keine Schrift. Der größte Teil der Ewenken bekennt sich zum Schamanismus, wenige zum Lamaismus und zur russisch-orthodoxen Kirche.

Es gibt nur etwa 18 000 Ewenken. Bei einer jährlichen Zunahme der chinesischen Bevölkerung um 18 Millionen Menschen wird deutlich, wie verschwindend klein die Volksgruppe der Ewenken ist. Ein Glück, daß der chinesische Staat diese Minderheiten achtet und schützt. So darf eine Ewenken-Familie vier Kinder haben und schon in jungen Jahren heiraten. Nicht ohne Grund, denn die Kindersterblichkeit in der harten Natur ist sehr groß.

Im übrigen China bekommt die Frau erst mit 25 Jahren die Heiratserlaubnis und der Mann erst mit 28 Jahren. Nach der Heirat dürfen sie nur ein Kind haben. Die strengen Geburten-Kontrollen wurden eingeführt, um die Versorgung der chinesischen Bevölkerung für die Zukunft zu sichern. Bekommt ein Paar ein zweites Kind, wird es hart bestraft: Die Lebensmittel- und Kleiderzuteilungen des Staates werden drastisch gekürzt, und das zweite Kind erhält keinen Platz im Kindergarten . . .

Das Oberhaupt der drei Ewenkenfamilien hier inmitten der Natur ist schmal, aber kräftig. Voller Stolz zeigt uns der Mann die Herde der drei Familien, es sind fast 750 Rentiere. Der Name des Ren oder Rentieres *Rangifer tarandus* kommt vom skandinavischen „rensdyr" und dem englischen „reindeer". Wir betrachten die schönen Tiere aus der Nähe, die keineswegs scheu sind, wie wir annehmen. Vor uns liegt ein Muttertier, wir gehen in die Hocke, das

Wir hatten es geschafft – wir durften bei den Ewenken filmen, den Rentier-Nomaden der chinesischen Taiga: Ewenkenfrau bei der Vorbereitung an der Kochstelle.

Junge steht nur drei Meter entfernt, es kann höchstens einige Tage alt sein. In diesem Moment steht das Alttier auf, und wir erkennen vier Zitzen und noch zwei weitere, die allerdings verkümmert sind. Die Trächtigkeitsdauer der Tiere beträgt 220 Tage, der Nachwuchs besteht aus einem (selten zwei) Jungen. Fünf bis sechs Monate ernährt die Mutter das Kleine. Schon vom zweiten bis zum 20. Lebensjahr können Renkühe Kälber bekommen. In der Regel werden Rentiere 15 Jahre alt, einige wenige leben zwei Jahrzehnte. Damit sie sich möglichst gut entwickeln können und schnell erstarken, werden die Kälber in der Regel schon im Frühjahr bei zurückgehender Kälte gesetzt. Die Natur hat das weise eingerichtet, denn nach der Schneeschmelze liefert die Taiga das kräftigste Futter. Die Mütter sind darauf angewiesen, damit sie ausreichend Milch für die Kleinen haben.

Wir gehen langsam in der schon wärmenden Sonne weiter, um die Tiere und das Lagerleben in Ruhe zu betrachten. Hier und da ist die Landschaft mit kleinen Schneeresten gesprenkelt, die aber schon von Sonne, Regen und Nebel angefressen sind. Bald werden sie dahinschmelzen, endgültig.

Hier in der Taiga tauen immer nur die obersten Bodenschichten auf, darunter sitzt der Permafrost, der verhindert, daß das Tauwasser in den Boden abläuft: So entstehen Moore und Sumpfgebiete.

Vor uns können wir einen starken Renhirsch betrachten. Er hat sein Haupt hoch aufgerichtet und zeigt uns seinen prächtigen Kopfschmuck. Jetzt beugt er seinen Kopf mit den schweren, langen und vielendigen Geweihstangen langsam nach unten und beginnt zu äsen – ohne von uns auch nur die geringste Notiz zu nehmen. Sein Haarkleid ist dicht und weiß, seine Körperlänge mißt rund zweieinhalb Meter, und der höchste Teil des Rückens ragt 1,30 Meter hoch.

Zhang Cheng übersetzt für uns: Bis zwölf Kilo schwer kann das Geweih werden. Und ein ausgewachsener Renhirsch bringt bis zu 180 Kilo auf die Waage. Rentiere unterscheiden sich von allen anderen Hirschen dadurch, daß Männchen und Weibchen beide ein Geweih tragen. Die Kühe sind kleiner als die Männchen und haben einen zierlicheren Hals.

Am Kopf haben die Hirsche, von Haaren verdeckt, eine kurze Voraugendrüse. Damit setzen sie ihre Duftmarken ab, die für den Zusammenhalt des Rudels sorgen.

Nicht weit von uns ziehen etwa 60 kräftige Rene vorüber, sicher suchen sie neue Weideflächen. Dieser dahinschreitende wandelnde Wald mit seinen vielästigen Kronen beeindruckt uns tief. Die Stimmen der Tiere, ihr ä-ä-ä-ä-ä, erfüllt die Luft um uns herum. Und als wir ruhig dastehen und diese Szenerie mit Auge und Ohr verfolgen, mischt sich plötzlich ein von uns noch nie vernommenes, merkwürdiges Geräusch in die Laute der Tiere. Natürlich wollen wir sofort wissen, um welches Phänomen es sich hier handelt und wenden uns an Zhang Cheng. Er fragt einen in der Nähe stehenden Ewenken und übersetzt: Beim Gehen erzeugen die Ren-Füße ständig Knackgeräusche. Viele wandernde Tiere kündigen sich so über weite Entfernungen an. Die Füße der Rene haben sich den besonderen Umweltbedingungen ausgezeichnet angepaßt: Ihre breiten Hufe besitzen eine große Standfläche und sind durch eine Spannhaut weit spreizbar. Dadurch sind sie in der Lage, auch auf vereisten Flächen und über versumpftes Moorgelände zu gehen. Außerdem hat die Natur sie mit langen und kräftigen Nebenhufen ausgerüstet, die bis zum Boden herabreichen. So wird ihre Standfestigkeit noch erhöht, ein Einsinken verhindert und die Fortbewegung erleichtert.

Wir gehen weiter, Christel ist die ganze Zeit damit beschäftigt, alles das, was wir sehen und hören, in ihrem kleinen roten Notizbuch festzuhalten. Alle unsere Fragen wurden uns von den Ewenken ohne Scheu beantwortet und von Zhang Cheng, wie wir annehmen, korrekt übersetzt.

Unsere besondere Aufmerksamkeit erregten auch die außerordentlich lebhaften Fellfärbungen der Rene. Eingehend musterten wir sie und stellten dabei fest, daß es aschgrau getönte und schiefergraue bis schwarze Tönungen gibt, hellweiße, die bis ins gelbliche gehen und erdbraune. Auch Schecken mit verschiedenen Fleckungen und fast weiße Tiere kommen vor.

Neben uns steht ein Muttertier, es ist an einem dünnen abgeschlagenen Lärchenbaum angebunden. Das Junge bleibt so bei der Mutter und läuft nicht weg, da es ständig nach ihrer Milch giert. Die Mutter besitzt alle eben genannten Farben in den verschiedensten Übergängen, nur ihr Gesicht ist ganz schwarz. Ihr Junges steht daneben und ist einfarbig hellweiß. Selbst das Jungtier hat schon ein dichtes Fell, das einen hervorragenden Wärmeschutz bietet. Wie wir erfahren, können sich die Tiere den widrigsten Wetterverhältnissen anpassen: In der tiefverschneiten Landschaft ist selbst die beißende Kälte und auch der schneidendste Sturm nicht in der Lage, den Körper des Rens zu erreichen. Der besonders dichte Pelz aus langen, in sich gewellten luftgefüllten Grannenhaaren (borstenartige Spitzen bei Pelzen) schützt das Ren in idealer Weise. Zweimal im Jahr wird das Fell im Einklang mit dem großen Temperatur-Wechsel zwischen dem Sommer mit seinen 30 Grad und dem Winter mit minus 50 Grad gewechselt.

Aus einem Wagen wird das aus Oluguya mitgebrachte Essen geholt. Nun sitzen wir alle um das Lagerfeuer herum und genießen den heißen Tee aus den riesigen Thermos-Behältern. Der Reis mit kleinen Stückchen Schweinefleisch, Ei und Gemüse wird zuvor noch über dem Lagerfeuer aufgewärmt. Unsere Mahlzeit spülen wir mit einem Schnaps herunter, der stark und selbstgebrannt ist und keinen Namen trägt. In der freien, weiten Natur schmeckt es uns besonders gut, und wir alle bieten ein friedliches Bild, wie wir da um das Feuer sitzen und uns trotz der langwierigen Übersetzungen doch so gut verstehen. Am nächsten Tag wollen wir die drei Ewenken-Familien in unsere Filmarbeit über die Rentiere mit einbeziehen und ein wenig von ihrem Leben mit den Tieren zeigen, ihre ganz andere Welt, die durch einen Lebensrhythmus bestimmt wird, der uns fremd ist, uns aber ebenso fasziniert wie ihre Lebens- und Glaubensinhalte.

Geister und Unholde

Die Ewenken sind Anhänger einer Natur-Religion, bei ihnen dreht sich alles um die Rentiere. Sogar ihr Gott Malu ist ein Rentier. Er spielt in ihrem Leben eine besonders große Rolle. Gebote und

Gebräuche werden streng befolgt, und in ihrem täglichen Dasein gibt es viele Verbote, deren Mißachtung Unglück über die Herde bringt. So dürfen zum Beispiel Geschirre und Leinen der Rentiere nie über Kreuz gelegt werden. Auch befindet sich hinter jedem Zelt eine „Gottzone", die verheiratete Frauen nicht passieren dürfen, wohl aber Jungfrauen und Männer.

Jeder Ewenke hat ein Lieblingstier, das groß und stark ist und ein riesiges Geweih besitzt. Er behandelt es besonders gut, und wenn er stirbt, wird auch sein Lieblingstier getötet und mit ihm begraben. Ein alter Brauch verlangt das so.

Obwohl die Ewenken in unserem modernen Zeitalter leben, übt doch ihre Umgebung, die unendliche Einsamkeit, einen großen Einfluß auf sie aus. Vor allem die Alten haben noch ihren Glauben und können sich nicht von den geehrten und gefürchteten Göttern, Geistern und Unholden befreien, und das wird wohl so lange bleiben, wie die Ewenken mit ihren Tieren durch die endlosen Weiten ziehen. Beim Lagerfeuer gestern hatten wir gehört, daß morgen abend in Oluguya ein großes Fest steigen soll: Es wird extra ein Ren geschlachtet, und die Ewenken deuten listig-lächelnd an, es werde recht lustig werden.

Das Ren wird übrigens von uns bezahlt, so wie die Ewenken auch Geld von uns bekamen, damit wir sie filmen konnten. In dieser Nacht steht für uns ein Zelt im Lager der Ewenken bereit. Drinnen brennt ein Feuer und verbreitet außer Wärme einen beißenden Rauch. Auch unsere Ausrüstung ist hier untergebracht. Die drei Familien werden in zwei Zelten schlafen, mit uns übernachten Zhang Ce und Zhang Cheng. Unsere anderen Begleiter kehren noch am Abend nach Oluguya zurück, morgen werden sie uns dann schon am späten Nachmittag für das große Fest abholen. Wir werden danach in Oluguya bleiben, denn für eine Rückkehr zu dem Zeltlager der Ewenken wird es angesichts der versprochenen Fröhlichkeit viel zu spät werden.

Aber noch ist es nicht so weit. Wir nehmen am Abend wieder am Lagerfeuer Platz. Große glühende Birkenstücke verbreiten eine angenehme Wärme, die Sonne geht goldrot zwischen den hohen Stämmen des Waldes unter, und wir sind sicher, daß es morgen wieder einen hellen und schönen Tag für unsere Arbeit geben wird. Wir sitzen am knisternden Feuer, es wird viel erzählt, und wir erfahren, daß Ewenken und Rene nicht immer so untrennbare Begriffe waren wie heute.

Ursprünglich waren die Nomaden keine Rentier-Züchter und -Halter. Als Jäger und Fischer streiften sie durch die Wälder. Später versuchten sie, Wildrene einzufangen und zu züchten und sich so neben dem Fischfang und der Jagd eine weitere Existenzgrundlage zu schaffen. Heute haben sie ein Recht auf Weidegrund, und es wurden für sie sogar eigene Schulen gegründet. Geraten sie einmal in Not, können sie mit gleicher Hilfe rechnen wie jeder andere Staatsbürger auch.

Immer noch brennt das Feuer hell und hoch, es ist inzwischen dunkel geworden, und wir bemerken auf einmal, wie die Rene von der Futtersuche zurückkommen, sich für die Nacht um die Zelte scharen, sich ins weiche Moos sinken lassen und gemächlich wiederkäuen. Sie suchen bei den Menschen Sicherheit, und ihr Bedürfnis nach Geselligkeit erleichtert das Hüten der Tiere. Wir stellen an diesem Abend auch fest, wie zufrieden die Ewenken sind: Sie haben ihren ganzen Reichtum um sich versammelt, und ihre tiefe Beziehung zu den Renen drückt sich darin aus, daß sie sehr gut zu ihnen sind: Niemals haben wir gesehen, daß ein Ewenke ein Tier stieß oder schlug.

Langsam war das Lagerfeuer heruntergebrannt, aber wir spürten noch die Wärme, und die Restglut erhellte mit ihrem diffusen Rot gespenstisch die Umgebung. Das Oberhaupt der Ewenken zeigte uns die Schlafplätze im Zelt. In der Mitte brannte ein Feuer, und von Zeit zu Zeit werden stocktrockene Holzscheite nachgelegt. Der Rauch zieht oben durch eine Öffnung ab. Inzwischen waren die Ewenken mit uns so richtig warm geworden, und erst recht nach den gemütlichen Runden um das Lagerfeuer begegneten sie uns mit einer herzlichen und grenzenlosen Gastfreundschaft.

Während alle zum Schlafen die Zelte aufsuchten, blieben Christel und ich noch einige Zeit allein am Lagerfeuer sitzen. Zunächst hörten wir um uns herum noch Geräusche, sie kamen von den Tieren, die in unserer Nähe dicht bei den Zelten in großer Geborgenheit lagen oder standen. Dann herrschte eine einzigartige Stille, in der nur das leise Singen des Waldes zu hören war, und wir fühlten uns in eine fremde Welt versetzt, auf einen weißen Flecken auf der Landkarte oder eine Insel, die weit entfernt liegt vom Lärm der Zivilisation. In dieser unberührten Natur hier haben wir nirgendwo auch nur die Spur menschlichen Unrats gefunden: kaum vorstellbar auf unserer so verschmutzten Erde.

Schließlich verlöscht die letzte rote Glut des Feuers, und wir spüren jetzt die Müdigkeit, kriechen im Zelt unter die molligen Rentierfelle und schlummern bald tief und fest. Aber nach kurzer Zeit werde ich schon wieder wach, irgendwo heult schaurig ein Wolf, und ein oder zwei Hunde antworten ihm, ich weiß nicht, ob ich wache oder träume. Jetzt bellt ein Hund ganz nah, dann ist es wieder still. Das Zelt ist voller Rauch, ich muß ein paarmal heftig husten und werde dabei vollends wach. Ein Blick auf die Uhr: Fünf nach zwei. Ich rolle mich zusammen und schlafe wieder ein. Doch bald ist die

Nacht vorüber, denn Christel wird eineinhalb Stunden später hustend wach, der starke Rauch im Zelt läßt uns nicht mehr schlafen. Schnell schlagen wir das Tuch am Eingang zurück, und schon strömt herrlich frische Luft ins Zelt und läßt uns tief durchatmen. Draußen geht ein sanfter Regen nieder. Zhang Ce und Zhang Cheng haben nichts von allem bemerkt und schlafen ungerührt und tief weiter –, und einer von beiden schnarcht dabei dezent vor sich hin. So endete unsere erste Nacht in einem Ewenken-Zelt. Und die Aussicht, am Abend wieder in Oluguya schlafen zu können, stimmte uns wegen der rauchfreien Unterkunft dort sehr froh. Nachdem wir im Zelt noch etwas die frische Luft genossen und ein wenig vor uns hingedöst hatten, kam allmählich die Sonne wieder durch. Wir erhoben uns endgültig, denn es stand uns wieder einmal ein harter Arbeitstag bevor, und wir mußten wie immer die Zeit nutzen. Vor allem deshalb, weil wir gestern gehört hatten, daß der jetzige Weideplatz nicht mehr lange Nahrung gebe und die Ewenken bald weiterziehen und neue Weidegründe suchen müßten.

Wie uns Zhang Cheng beim Frühstück (es gab Tee mit Milch vom Ren, Fladenbrot und getrocknetes Renfleisch) mitteilte, hatten zwei Ewenken schon vor unserem Aufstehen in aller Stille ein Ren für den festlichen Abend geschlachtet und das Fleisch schon nach Oluguya gebracht. Wir waren froh darüber, daß wir beim Töten des Tieres nicht dabei waren, ließen uns aber mit Hilfe von Zhang Cheng erklären, wie die Ewenken das handhaben. Die Form ist immer die gleiche: Zwei Ewenken treten langsam an das ausgewählte Tier heran und sprechen ruhig und mit gedämpfer Stimme. Sie führen es an einen abseits gelegenen Platz, und mit einem gekonnten, blitzschnellen Messerstich ins Genick befördern sie das Ren, das lautlos zu Boden fällt, ins Jenseits. Dann wird es aufgebrochen und zerlegt. Kaum hatten wir unser Frühstück beendet, machten wir unsere Aufnahmegeräte einsatzbereit. Die sonderbaren Stimmen der Tiere, ihr ääääääää, waren jetzt wieder von allen Seiten zu hören. Dazwischen erklang ein feines Stimmchen, schrill und unaufhörlich. Wir schauen umher und können die Stimme bald dem richtigen Tier zuordnen: Es ist ein Junges, vielleicht schon zwei Wochen alt. Es ist ganz weiß und läuft voller Ungeduld hin und her.

Zwei Gewehre für einen Ewenken

Jetzt können wir mit dem Filmen beginnen, denn gerade hat ein Ewenken-Mädchen damit begonnen, die Mutter des schreienden Kälbchens zu melken. Sie hat mehr Milch, als sie zur Ernährung ihres Jungen benötigt. Das Mädchen nimmt nur ein wenig Milch ab, denn für das Kleine muß ja noch genügend übrigbleiben. Das laut rufende kleine Kalb muß warten, bis das Mädchen mit dem Melken fertig ist.

Mit der Milch bringen die Ewenken etwas Abwechslung in ihren recht eintönigen Speiseplan, Rentiermilch ist ein wertvolles Produkt und fettreicher als Kuhmilch (4 Prozent), der Fettanteil liegt bei 22 Prozent. Nach dem Abmelken ist das vierzitzige Gesäuge der Mutter noch halb voll, sie ruft jetzt laut ihr Junges, das sofort herbeistürzt und gierig zu trinken beginnt.

Das Mädchen geht mit dem gefüllten kleinen Emaillegefäß zu einer großen Kanne und schüttet die Milch hinein. Danach sucht sie sich das nächste Muttertier zum Melken. Das Kälbchen trinkt immer noch, und obwohl es gerade vorhin nicht schnell genug zur Mutter eilen konnte, fand diese doch noch Zeit, es kurz zu beschnuppern. Die Bindung zwischen Mutter und Kind ist sehr eng, und es kommt kaum einmal vor, daß eine Mutter ihr Kind nicht erkennt. Der Geruch ist für sie wahrscheinlich ein unverwechselbares Kennzeichen. Fremde Junge werden in aller Regel nicht geduldet und weggestoßen. Unter den Renen gibt es allerdings vereinzelt Weibchen, die versuchen, anderen die Kälber abspenstig zu machen.

Während das Junge trinkt, stößt es der Mutter mit dem Mäulchen ins Euter. Das schmerzt nicht, regt aber die Milch-Produktion an. Die Rentiere können ihren Nachwuchs bis in den Spätherbst stillen. Im Frühjahr allerdings, vor dem Setzen des nächsten Kalbes, werden die jetzt schon groß gewordenen Kälber vom Muttertier energisch vertrieben.

Vor seinem Zelt säubert gerade das Ewenken-Oberhaupt sein Gewehr. Ein so ungewöhnlich lebender Volksstamm in der großen Volksrepublik China muß schon so seine Sonderrechte haben. Denn während es den anderen Chinesen verboten ist, eine Waffe zu tragen, darf hier jeder Familienvater zwei Gewehre besitzen, zum Schutz gegen Wölfe und Raubwild und zur Jagd. Die Männer lieben es sehr, auf die Jagd zu gehen und somit dem Alltag im Zeltlager für ein paar Stunden zu entgehen. Ihre Hütehunde sind ihre ständigen Begleiter; es sind nicht große, aber stämmige, robuste Tiere. Ihre Abstammung war nicht eindeutig, für uns waren sie intelligente Mischlinge. Sie gehen mit auf die Pirsch und bewachen die Herde.

Rentiere fühlen sich in einer großen Herde am wohlsten, die Hunde brauchen sie daher gar nicht zusammenzuhalten, denn die Rene wissen, daß der Herdenverband der beste Schutz vor Raubtieren ist, die kaum die Chance haben, in den Kreis der Tiere einzubrechen. Die jungen Rentiere müssen natürlich besonders geschützt werden, denn der Wald steckt voller Gefahren. Die Wölfe, diese „Räuber im grauen Pelz", sind die schlimmsten Feinde der Ewenken; sie greifen in großen Rudeln die Herde an und nähern sich an kalten Wintertagen sogar den Häusern von Oluguya. Auch der größte Tiger, der Mandschurische- oder Amurtiger, wurde von den Ewenken schon dabei beobachtet, wie er die Herde umschlich. Er soll ein Gebiet von 80 mal 40 Kilometern beanspruchen. Immer seltener ist die Begegnung mit ihm geworden. Die offiziellen Bestandzahlen werden mit 150 bis 200 Tieren angegeben. Wer aber soll sie denn in diesen oft urwaldähnlichen Wäldern und in den unendlichen Weiten gezählt haben? Es gibt ja noch nicht einmal brauchbare Landkarten von diesen Gebieten! Auch bis zu den Ewenken ist die Kunde von den in China für den Tiger erlassenen Maßnahmen durchgedrungen. Und dennoch, so wußte Zhang Ce zu berichten, soll er wegen seines herrlichen Fells und seiner Knochen, die als heilkräftig gelten, immer noch gejagt werden.

Zum zusätzlichen Schutz ihrer Tiere könnten die Ewenken Fallen wie Tellereisen, Federspanner usw. stellen, doch das Risiko, daß dabei eines ihrer Tiere getötet wird, ist einfach zu groß. Die größten Feinde der Rene selbst sind Schmarotzer, Milliarden plagender und blutsaugender Mücken. Deshalb führen die Ewenken im Frühjahr ihre Tiere zu deren Schutz aus den tiefer gelegenen Winterstandräumen in die höher reichenden, möglichst offenen und vom Wind beständig durchwehten Gebiete.

Gerade habe ich einen großen Kameraschwenk rund um das ganze Lager gefahren, da macht Christel durch ihr Fernglas eine Entdekkung. Schnell rufen wir das Oberhaupt der Ewenken herbei. Er schaut durch das Glas und bestätigt unsere Vermutung: In der Ferne grasen einige Wildrene. Ich setze sofort das Teleobjektiv auf die Kamera, und schon habe ich die Tiere, durch unzählige Baumstämme hindurch, groß im Bild. 25 Rene zähle ich, die langsam äsend weiterziehen. Gehör und Witterung der sehr scheuen Wildlinge sollen ausgezeichnet sein. So verzichten wir auf eine Annäherung, denn dann wären sie sofort verschwunden. Geraten zahme Rene zwischen die Ungezähmten in der freien Natur, so verwildern sie und gehen ihrem Besitzer verloren. Denn auch die Rene der Ewenken zeigen immer noch wilde Eigenschaften oder Merkmale. Es ist schon vorgekommen, daß sich in der Brunftzeit die Wildren-Hirsche unter die zahmen gemischt haben. Die Ewenken sehen das gerne, tragen doch die Wildlinge dazu bei, daß frisches Blut in die Herde kommt.

Wildrene unternehmen große Wanderungen, oft bedingt durch Nahrungsmangel, starke Mückenplagen oder durch die Brunft. Sicher ziehen sie dabei immer wieder über die nahe chinesisch-russische Grenze hin und her.

Die hochentwickelte Form des Gemeinschaftslebens und das soziale Verhalten machen das Ren zu einem interessanten Tier. Das weibliche Leittier hält stehend Wache; wenn es müde ist, erhebt sich eine andere Kuh und übernimmt sofort die Ablösung. Das Ren wandert ständig im Rudel, nur alte Hirsche trifft man zuweilen allein an. Jüngere Tiere bilden manchmal kleinere Gruppen und ziehen für sich umher. Inzwischen verwende ich ein noch stärkeres Tele bei der Beobachtung der Wildrene. Es sind jetzt etwa 70 Tiere, die ein wesentlich dunkleres Fell haben als die zahmen um uns herum. Auch Junge sehe ich, und langsam verschwinden sie in die schwer zugängliche bergige Landschaft.

Als ich die Kamera einpacke, treffen wie verabredet die Wagen aus Oluguya ein, um uns rechtzeitig abzuholen. Die Kamera nehme ich mit; Stativ, der größte Teil des Negativ-Materials, Objektive und Akkus bleiben, in Koffern gut geschützt, im Ewenken-Lager zurück. Das Oberhaupt und seine Frau und ein anderer Lager-Ewenke begleiten uns nach Oluguya, die übrigen müssen leider zurückbleiben.

Dieses Mal, so stelle ich fest, fahren wir einen anderen Weg. Ich bemerke es an einigen prägnanten Bildern, die mir vom Hinweg her wegen ihrer Schönheit und Eigenartigkeit noch im Gedächtnis haften geblieben sind: Es fehlt der Übergang von einem endlosen Birkenwald zu einem grünen Lärchenwald. Auch ein kleiner Fluß, dem wir im geringen Abstand lange folgten, taucht nicht wieder auf. Durch das Geräusch des Wagens und das ständige Schalten der Gänge auf dem unwegsamen Untergrund hindurch konnten wir ab und zu das helle Klingen von Äxten und die schrillen Sägen von Holzfällern hören. Ganz erschrocken sahen Christel und ich uns an: Das hatten wir hier wirklich nicht vermutet, doch auch in China steigt der Bedarf am Rohstoff Holz ständig. Und so werden selbst die hiesigen so abgelegenen Reviere als wertvolle, ergiebige Quellen genutzt.

Die anspruchslose Birke ist besonders kostbar und wird zu Furnier und Sperrholz verarbeitet. Auch ist der Glaube verbreitet, daß Krankheiten, an denen Menschen leiden, auf die Birken übertragen werden können. Im Saft und in der Rinde seien viele Heilkräfte verborgen. Bei Rheuma, Gicht, Nierenleiden, Wassersucht, Ausschlag und Krätze werden Rinde, Knospen und Blätter als Heilmittel verwandt.

Die hier überwiegend vorherrschende Amur- oder Goldlärche *Pseudolarix amabilis* ist luft-hungrig, begnügt sich aber mit einem mageren Boden. Kein anderer Baum gedeiht unter ähnlichen Kältebedingungen, und sein hartes Holz wird als Baustoff sehr geschätzt. Glücklicherweise wird der Holzeinschlag hier oben im Norden dadurch gebremst, daß keine Flüsse zum Flößen der Stämme vorhanden sind. Vielmehr muß das geschlagene Holz mühsam mit Pferden und Traktoren aus dem Wald geschleppt und dann auf Lastwagen nach Oluguya transportiert werden. Anschließend folgt dann noch die weite Strecke mit der Holzbahn nach Harbin in die Sägewerke. Ein langer Weg, der eine schnelle Rodung der Wälder verhindert.

„Alle Tage ist kein Sonntag“

Das Fest in Oluguya war großartig und wäre ein Extra-Kapitel wert – nur hatte es wenig mit Tieren zu tun. Bei ausgiebigem Essen und Trinken wurde die deutsch-chinesische Freundschaft gefestigt. Zu fortgeschrittener Stunde singen die ansonsten wortkargen Ewenken ihre wehmütigen und getragenen Lieder, die vom Leben mit den Rentieren in der Freiheit und der schönen Natur erzählen. Auch wir werden aufgefordert, etwas zum Besten zu geben. Alles lauscht gebannt, als Christel „Am Brunnen vor dem Tore“ vorträgt. Sicherlich nicht, weil sie (nach unseren Maßstäben) gut singt; vielleicht, weil ihre Stimme einfach eigenartig klingt für die Ewenken. Auch ich werde nicht verschont, und mir fällt gerade noch „Alle Tage ist kein Sonntag“ ein! Wieder Beifall und wieder ein Schluck aus dem Glas ...

Morgens ging alles wieder sehr schnell über die Bühne: Aufstehen, frühstücken, dann Rückfahrt ins Lager der Ewenken. Unsere vom Vorabend schweren Köpfe ließen die Fahrt durch die Wildnis nicht gerade zu einem Genuß werden, aber als wir im Lager eintrafen, fühlten wir uns durch die freundliche Begrüßung der Ewenken für die Strapazen der Fahrt entschädigt: Wir hatten das Gefühl, als gehörten wir zu ihnen und seien lange fortgewesen.

Für die Qualität unserer Aufnahmen spielt das Wetter eine wichtige Rolle, und so waren wir sehr glücklich über den strahlenden Sonnenschein. Dieses Mal entfernen wir uns etwa 250 Meter vom Lager und stellen unsere Kamera auf einer kleinen Anhöhe auf. Unser Drehplan für heute lautet: „Filmische Beobachtung der Rene bei der Futtersuche und -aufnahme“. Im weiten Rund waren die Tiere um das Lager verstreut, sie mußten sich jetzt immer mehr entfernen, um den Boden nach Nahrung abzusuchen. Während des Fressens sind sie besonders vorsichtig. Nie äsen sie an einem Hang, an dem sich gegen den Wind unbemerkt ein Feind heranschleichen kann. Die Landschaft muß nach der Windseite übersehbar sein, damit sie Gefahren schon von weitem wittern können.

Jetzt habe ich ein Tier bei der Futteraufnahme im Sucher. Es hat den Kopf zu Boden geneigt und bewegt sich langsam hin und her. Dabei werden die auf einer dicken Lage gewachsenen Flechten aufgenommen. Für die Rene sind diese Flechten, im Gegensatz zu fast allen anderen Huftieren, eine wichtige Pflanzengruppe. Sie werden von ihnen gut verdaut und aufgeschlossen; eine Art heißt sogar Rentierflechte. Im Frühjahr bieten die Flechten allein nicht genügend Nährstoffe. Männchen wie Weibchen bilden jetzt ihre Geweihe aus, und sie wählen nun, wo alle Bäume und Sträucher frische Triebe haben und es reichlich Futter gibt, nur die wohlschmeckendsten Kräuter, zarte Triebe, Buschzweige, Pilze, Zwergbirken, Blütenpflanzen und Gräser aus und fressen sich auf Vorrat schon einmal eine Reserve für den langen harten Winter an. Damit die Rene ihn gut überstehen, haben sie sich auch der Kälte hervorragend angepaßt. So werden die im Winter unter hohem Schnee liegenden Flechten, Blätter, Kräuter und Gräser mit den Vorderläufen und oft sogar mit Hilfe der Geweihe freigescharrt und bloßgelegt. Selbst die Schnauze wühlt dabei noch mit. Stampfend und grabend treibt das Tier schmale Gänge in den Schnee, um weitere Nahrungs-Quellen zu erschließen. Jetzt habe ich Gelegenheit, schöne Szenen der liebevollen Betreuung und Pflege einzufangen, die das Kind von der Rentiermutter erfährt. Nach allen Seiten hin wird das Junge, das etwa acht Tage alt ist, von der Mutter abgeleckt und gesäubert. Dadurch wird auch die Kotabgabe angeregt. Etwas weiter davon entfernt haben sich mehrere Kühe und Hirsche zum Wiederkäuen niedergelegt. Es erfolgt immer im gleichen Rhythmus und unterscheidet sich nicht von unseren Kühen. Die Nahrung wird noch einmal hochgewürgt. Bei den Rentieren dauert dieser Vorgang länger, da das Futter sehr viel härter ist und sie sonst die vielfältige Kost nicht verdauen könnten. Das Oberhaupt der Ewenken nähert sich uns und fragt, ob wir heute mit den Aufnahmen fertig sind: „Die Tiere entfernen sich weiter und weiter vom jetzigen Lagerplatz, und es ist sehr schwierig, den Standort aufrecht zu erhalten." Als das Lager ausgesucht wurde, war nicht zu übersehen, wieviel Futter für die Tiere vorhanden sein würde, zumal in dieser Gegend große geschlossene Flächen mit verschiedenen Flechtenarten und Pflanzenstoffen nicht vorhanden waren. Am nächsten Tag müßten sie mit ihren Renen weiterziehen und ihre Zelte hier abbrechen, teilte uns das Oberhaupt mit.

Da es aus rein organisatorischen Gründen nicht gut möglich war, den Ewenken weiter zu folgen, überlegten wir und kamen zu dem Entschluß, daß uns noch genügend Zeit blieb, um unseren Drehplan abzuschließen. Das Auflösen des Lagers, das Verladen von Hab und Gut sowie das Weiterziehen der Herde zu neuen Weidegründen bot sich uns als Abschluß unseres Films geradezu an. Zunächst gingen wir zum Lager zurück, denn wir wollten die Frauen beim Brotbacken beobachten und die Zubereitung von Renfleisch aufnehmen.

In dem einfachen, aus Felssteinen errichteten Ofen knistern schon Lärchenholzscheite, als ich meine Kamera aufbaue. Die Frau am Herd formt einen Laib Brot mit der Hand. Der Teig besteht aus Mehl, Wasser und einer Portion Treibmittel. Das Mehl muß bei anderen Völkern, die das Glück haben, in klimatisch günstigen Zonen zu leben, gekauft oder eingetauscht werden. Natürlich gegen Rentier-Produkte. Die Frau am Herd ist Mutter von vier Kindern und hat täglich viele Aufgaben zu bewältigen: Sie backt Brot und kümmert sich um die Familie, achtet auf die jungen Rene und erledigt die Hausarbeiten. Diese Ewenkenfrau, die ich gerade vor mir habe, ist etwa 45 Jahre alt, wie ich schätze, sie wirkt gesund, ist kräftig und hat ein rundes Gesicht. Ihre Haare sind dunkel, und ihre schmalen, tiefdunklen Augen sehen fast mongolisch aus. Ihr Gesicht ist sonnenverbrannt und ihre Haut ledern.

Einige Meter weiter befindet sich eine zweite Brennstelle, über dem offenen Feuer hängt ein großer, schwarzberußter Kessel. Darin wird Fleisch gekocht. In einem weiteren Topf siedet heißes Fett. Zwischen einigen Lärchenstämmen ist ein Seil gespannt, daran hängen Fleischstücke in verschiedenen Größen zum Trocknen. Das ausgelassene Fett und das Trockenfleisch dienen als Vorrat. Es werden möglichst wenig Rentiere geschlachtet, damit die Herde groß bleibt. Die Frau am Ofen lächelt uns an und streckt uns Becher mit Tee und warmes Fladenbrot entgegen. Von einer Rentierkeule schneidet sie große Stücke ab, reicht sie herüber und fordert uns ständig nickend und gestikulierend auf, es uns schmecken zu lassen. Das zarte und feinfaserige Fleisch, das mit den heimischen Kräutern zusammen gekocht wurde, ist außerordentlich wohlschmeckend. Zum Schluß schenkt uns die Ewenkin noch einen Markknochen zum Abschlecken: Für die Nomaden eine Delikatesse ganz besonderer Art. Wie wichtig das Ren für die Nomaden ist, zeigt die Tatsache, daß es an diesem Tier eigentlich nichts gibt, was nicht als Rohstoff gebraucht würde. So ist die Haut der geschlachteten Tiere von großem Wert. Eine besondere Methode der Gerbung wenden die Ewenken nicht an, die Lufttrocknung genügt. Das Fell dient zur Kleidung für alle Jahreszeiten, vor allem im Winter als Pelz. Ferner für Schuhe, Hosen, Kittel, Felldecken und zur Zeltbespannung. Sogar Kinderpuppen sind aus feinem Fell gefertigt.

Auch andere nützliche Gegenstände stammen vom Ren: Aus Därmen, Sehnen und Knochen werden Schnüre, Seile und Nähmaterial sowie Werkzeuge hergestellt. Und die schönsten und weichsten Lederhandschuhe entstehen aus Rentierhaut.

Ernte für die Potenz

Am Nachmittag stand uns noch ein besonderes Ereignis bevor: Wir konnten das Absägen der Bastgeweihe bei zwei Tieren filmen. Die Geweihe waren für den Verkauf im Magazin von Oluguya bestimmt.

Gerade jetzt im Frühjahr wächst das Geweih, und man nennt es in diesem Zustand Bastgeweih. Dessen Bildung beginnt nach dem ersten Lebensjahr. Im Inneren wird Knochen-Substanz aufgebaut, außen ist es mit einer weichen, stark durchbluteten Haut umgeben, dem Bast. Wie es heißt, hängen die Geweih-Formen mit der Anpassung an die jeweilige Umwelt zusammen. Im Bau bietet das Geweih viele Besonderheiten: Art, Größe, Massigkeit und Reichtum, seine Gliederung und Aufrichtung und Verzweigungsart spielen für den Verkauf eine große Rolle. Und natürlich auch das Gewicht, das bis zu 12 Kilogramm betragen kann.

Ein Ren fegt sein Geweih, jedes Jahr wird ein neues geschoben.

Warum werden die frischgebildeten Geweihe nun abgesägt? Bastgeweihe gelten nicht nur bei den Chinesen in aller Welt als Stärkungsmittel, im gesamten asiatischen Raum gibt es viele Menschen, die glauben, es stärke die Potenz. Für ein durchblutetes Geweih von bester Qualität erhalten die Ewenken immerhin bis zu 1 300 DM. Ist ein Geweih verknöchert, so hat es keine Wirkung und daher keinen Preis. Das Absägen der Geweihe erfolgt nach altem Brauch nur nachmittags ab 16 Uhr. Das hat durchaus seinen Sinn, denn der Blutdruck im Geweih soll dann besonders niedrig sein. Zwei dicke Lärchenstämme werden mit einer Zwischenstange aus Holz in der Kopfhöhe des Tieres miteinander verbunden. Vier Ewenken und das Oberhaupt führen das erste Tier ruhig an die Stange, sein Kopf liegt jetzt darüber, es wird festgenommen und gehalten. Der Augenblick ist gekommen, ich bin filmbereit. Im Sucher sehe ich das Tier nah und groß, ich gehe noch näher heran, denn ich will das Absägen genau verfolgen. Dabei werde ich das Gesicht des Ren im Blick behalten, denn man hatte uns gesagt, es würde keinen großen Schmerz empfinden. Es macht einen völlig ruhigen Eindruck. Die Blutgefäße im Bastgeweih werden jetzt sorgfältig mit Schnüren abgebunden. Ein junger Ewenke hält eine kleine scharfe Säge in der

Hand und trennt sehr gekonnt und schnell etwa 6 Zentimeter oberhalb der Rosenstöcke hintereinander die Geweihstangen ab. Ich bemerke, daß sich beim Absägen die Augen des Tieres nicht ängstlich verändern, es bleibt völlig ruhig. Die beiden Schnittstellen bluten etwas. Sofort wird ein blutstillendes, antiseptisches Pulver aufgestreut, und die Schnüre, mit denen die Gefäße abgebunden sind, werden noch einmal straff nachgezogen. Nachdem auch das zweite Tier „abgeerntet" worden ist, bleiben die Rene noch eine Weile angebunden stehen, damit die Schnittstellen noch einmal behandelt werden können, falls das nötig ist.

Als wir vor der Abfahrt nach Oluguya nach den angebundenen geweihlosen Tieren sahen, waren sie schon wieder irgendwo in der großen Herde verschwunden. Nur ihr kostbares Geweih lag neben uns im Wagen.

Am nächsten Tag mußten Mensch und Tier weiterziehen, denn wenn täglich so viele Mäuler fressen, ist auch der größte Weidegrund einmal erschöpft. Irgendwann am späten Morgen, so wird uns berichtet, wollen die Ewenken das Lager auflösen. Unser Zug sollte am Nachmittag um 17 Uhr Oluguya wieder verlassen, denn wir wollten direkt von den Ewenken aus zum Bahnhof fahren. Zeitig nach dem Frühstück findet eine große Abschiedszeremonie statt: Wann kommt ihr wieder? Bleibt gesund! Schickt uns Fotos! So geht es hin und her, und wir schütteln viele Hände, und es waren viele Gesichter dabei, die wir vorher nie gesehen hatten.

Als wir im Lager bei den Rentieren eintreffen, herrscht Aufbruchstimmung. Es ist das erste Mal, daß die neugeborenen Kälber eine Wanderung miterleben. Wir müssen uns beeilen, damit wir vom Aufbruch möglichst viel filmen können. Säuberlich werden die schweren Zelte zusammengelegt und verschnürt, die Stangen aus Holz bleiben zurück. Der Tragesattel und die Last eines Rens kann bis zu 40 Kilo schwer sein, und die Tiere sind imstande, vier bis fünf Stunden an einem Stück damit voranzuschreiten. Auf die kräftigen Rentierbullen, die als Lasttiere dienen und zum Reiten, wird der gesamte Besitz der Ewenken gleichmäßig verteilt. Es ist nicht viel Hausrat, den die Familien mit sich führen, und sie haben auch keine Schätze mitzunehmen: Die Herde ist ihr beweglicher Schatz. Damit nicht irgendein Teil verlorengeht, werden die Traglasten auf den Rücken der Rene fest verschnürt.

Rechte Seite oben: Ernte für die Potenz: Bastgeweihe gelten im gesamten asiatischen Raum als potenzsteigerndes Mittel. Beim Abtrennen des Geweihs nach altem Brauch empfindet das Tier offensichtlich keinen Schmerz.

Unten: Aufbruchstimmung bei den Ewenken: Wie lange werden sie noch als Nomaden leben können?

Dann löschen die Männer sorgfältig die stets brennenden Feuer mit Wasser, damit keine Waldbrände entstehen. Unrat aufsammeln müssen sie nicht, denn der ist ihnen fremd.

In Zukunft will die chinesische Regierung die Ewenken ansiedeln, um ihnen ihr schweres Leben in der Wildnis zu erleichtern. Immer mehr Ewenken gewöhnen sich daran, erst einmal im Winter das Lager zu verlassen und in Siedlungen zu wohnen, wo auch ihre Kinder zur Schule gehen können. Das ist der Anfang vom Ende, und eines Tages werden sie dann eben nicht mehr durch ihre Waldheimat ziehen, in der sie heute noch trotz aller Mühsal frei und glücklich sind.

Jetzt kommt Leben in die Herde, der Wandertrieb erwacht. Wir haben uns von allen Ewenken herzlich verabschiedet und uns für ihre Gastfreundschaft bedankt. Ein Lächeln huscht über ihre Gesichter.

Die Hunde umkreisen die Herde mit größter Aufmerksamkeit, sie passen auf der Wanderung besonders auf die Jungen auf, damit keines verlorengeht. Jetzt formieren sich die Leittiere, sie bilden die Vorhut. Dann folgen Mütter und Junge, danach die beladenen Lasttiere. Damit den Kindern der Weg nicht zu lang wird, dürfen sie auf den Hirschen reiten. Hinter ihnen kommt die lange Reihe der Rene.

Die Richtung gibt nicht der Mensch an, und er bestimmt auch nicht, wie lange die Wanderung bis zum neuen Weidegrund dauert. Der Mensch folgt den Tieren, sie wiederum einem seit Urzeiten bestehenden Wandertrieb. Die Tiere sind klüger als die Nomaden beim Aufspüren neuer Weidegründe, der Nomade zieht seinem Reichtum hinterher.

Es wird viele Stunden dauern, bis ein Lagerplatz mit guter, frischer Weide gefunden worden ist.

Die Renzüge gehören mit zu den großartigsten Erscheinungen der Verbindung Mensch–Tier. Immer weiter entfernen sich unsere Gastgeber von uns, sie haben sich nicht ein einziges Mal mehr umgeschaut. Ihr Blick ist nach vorn gerichtet, und wir sind sicher nur eine kleine Episode in ihrem Leben. Aber obwohl wir nur einige wenige Tage mit ihnen zusammen waren, haben wir Einblick genommen in ihr Leben, teilgenommen an ihrem Glück und ihrer Freiheit. Als wir noch einmal der Herde nachblicken, die jetzt kaum noch zu sehen ist, fällt mir das schöne chinesische Sprichwort wieder ein:

„Sagst Du's mir, so vergesse ich es.
Zeigst Du's mir, so merke ich es mir vielleicht.
Läßt Du mich teilnehmen, so verstehe ich es."

Die Chinesische Nachtigall

Wie groß das Netz auch immer sein mag,
jeder Vogel fängt sich doch nur in einer einzigen Masche.

(Altchinesisches Sprichwort, Schen Djiän)

Am Abend landen wir in Peking, die Ewenken mit ihren Rentieren liegen weit hinter uns. Mit dem Erwachen der Riesenstadt am anderen Morgen bringt uns ein Wagen zu einer der vielen Parkanlagen Pekings, zu den chinesischen Nachtigallen. Schon jetzt, um 4.45 Uhr, herrscht geschäftiges Treiben auf den Straßen: Menschen eilen zur Arbeit, und einige ältere Männer tragen ihre mit Tüchern verdeckten Vogelkäfige in einen Park. Denn heute ist die Vogel-Liebhaberei wieder gestattet. Zu den unseligen Zeiten der Kulturrevolution von 1966 bis 1976 war sie als bürgerliche und individualistische Betätigung streng verboten. Die jungen Kulturrevolutionäre zwangen die Vogelfreunde, sich von ihren Lieblingen zu trennen. Auch freilebende Vögel wurden in dieser Zeit überall verfolgt. Die Parole galt: Weg mit allen unnützen Fressern! Nur Nutztiere durften gehalten werden. Vögel wurden versteckt, aber was ließ sich in der Kulturrevolution schon auf Dauer verbergen?

Damals wurden die kleinen Sänger systematisch durch die Jagd ausgerottet und durch unaufhörliches Schlagen und Trommeln auf alle möglichen Gegenstände daran gehindert, sich auszuruhen. Schließlich starben sie an Schwäche. Kein Vogel sollte entkommen.

Als die Kulturrevolution beendet war und nun plötzlich deren Anführer verfolgt wurden, da tauchten sie wieder auf, die Vögel in ihren Käfigen und die Vogelliebhaber, die eine lange Tradition fortsetzten. Denn das Halten eines Vogels ist in China seit eh und je ein öffentliches Vergnügen.

Nicht weit von unserem parkenden Wagen entfernt, baue ich schnell die Kamera auf. Wir haben Glück, denn die Stelle, von der wir jetzt filmen wollen, liegt leicht erhöht, und wir können den Park mit Namen „Langes Leben" gut überblicken. Auch hier benutze ich wieder mein Teleobjektiv, um die Vogelliebhaber und ihre gefiederten Freunde unbeobachtet aufnehmen zu können.

Im Leben der Großstadt-Chinesen spielen die Parks eine ganz besondere Rolle. Denn da jedem Bürger nur etwa 5 Quadratmeter Wohnraum zur Verfügung stehen, in dem er seine gesamte Habe einschließlich seines Fahrrades aufbewahren muß, dienen die Parkanlagen als erweiterter Wohnraum: Als Freizeitstätte, zur Gymnastik und zum Schattenboxen, zum Ausruhen und Spazierengehen, als Spielplatz für die Kinder und natürlich als Treffpunkt für die Vogelhalter, die ersten Parkbesucher an jedem Morgen.

Die älteren Menschen fechten dabei einen endlosen, friedlichen Wettbewerb aus: Jeder möchte den anderen übertreffen, und so legen sie ihre größte Kunstfertigkeit in die selbstgebauten Käfige und versuchen, ihre Lieblinge so eindrucksvoll wie nur möglich zu präsentieren. Im vor uns liegenden Park, der schätzungsweise 300 mal 400 Meter mißt, zählen wir jetzt schon etwa 65 Männer, die mit ihren Käfigen hier eingetroffen sind. Durch die breiten Zugänge des Parks kommen immer noch mehr dazu.

Seitlich an uns vorbei geht ein älterer Chinese, in jeder Hand trägt er einen zugedeckten Käfig. Seine Glatze leuchtet spiegelblank, und sein langer weißer Ziegenbart wippt im Geh-Rhythmus hin und her: ein Bild wie im alten China. Fortwährend schwenkt er sanft seine Käfige, damit deren Bewohner langsam wach werden, denn um so schöner singen sie später.

Noch sind die Vogelbauer mit den Tüchern verdeckt, dadurch sollen die „Nachtigallen" beim Transport vor Zugluft geschützt werden. Unser Alter wird von den anderen Vogelliebhabern nur karg begrüßt. Er stellt seinen kostbaren Besitz vorsichtig auf den Boden. Die Vögel sind nun erwacht, wie wir sehen, denn der alte Mann hat gerade die Tücher entfernt und hängt jetzt die Behausungen der Sänger ein wenig voneinander entfernt in die Bäume des Parks. Nun ist genügend Zeit, sich behaglich zu unterhalten. Allmählich kommt ein Gespräch zustande. Zhang Cheng übersetzt: „Kannst Du Dich noch an die Vergangenheit erinnern? An die Kulturrevolution, als es noch Spatzen und Lerchen gab?" Und sie trösten sich damit, daß jetzt langsam die Spatzen sogar nach Peking zurückkehren.

Themen gibt es genug für die Frühaufsteher: Wo gibt es das beste Futter, hast Du schon den neuen Vogelbauer unseres Freundes Ti gesehen? Wirst Du Dir auch noch weitere „Nachtigallen" anschaffen, und wie bringt man Lerchen zum Singen? Tauscht Du noch einen schönen Vogel ein? Durch die Bäume des Parks dringen jetzt die kräftigen Strahlen der Sonne, und schon beginnen die Vögel zu singen: Morgenstund' hat Gold im Mund – auch in der Kehle der Vögel. Jetzt um diese frühe Stunde singen sie am eifrigsten. Der Gesang ist ein Zeichen ihres „Wohlbefindens", und darauf sind die Züchter besonders stolz, sie verstehen ihr Fach.

Inzwischen sind auch andere Frühaufsteher zum Sport in den Park gekommen, und einige Vogelliebhaber reihen sich in die sanfte Körperschulung, das Schattenboxen, ein. Es heißt Tai Chi Chuan, und Zhang Ce erzählt uns, diese alte Bewegungskunst sei gegen Ende der Ming-Dynastie entstanden, als die Provinz Henan unter den Feldzügen der Mandschus zu leiden hatte. Dadurch bildete sich eine Eigenart des Boxstils, der mit und ohne Waffen beim Kampf angewendet wurde. Nach der Überlieferung sollen die Mönche vom

Vogelmarkt mit Sängerwettstreit in Peking: Die alte Liebhaberei ist wieder erlaubt.

Shaolin-Kloster bei Dengfeng in der Provinz Henan den bereits bestehenden Bewegungsstil durch andere Formen vervollständigt und neue Übungsanweisungen geschaffen haben. Viele von den 170 Anordnungen wurden den kämpfenden und sich verteidigenden Tieren abgesehen. So wurden aus einer Beobachtung des Kampfes zwischen einem Kranich und einer Schlange die typischen Bewegungen beider Tiere in die Schulung einbezogen. Der Schlange war es immer wieder möglich, durch schnelle Bewegungen den von allen Seiten mit hohen Sprüngen, schlagenden Flügeln und hackenden Schnabelhieben angreifenden Kranich zu entkommen. Am Ende des Kampfes war die Schlange siegreich. Auch das Verhalten anderer Tiere in ihren jeweiligen der Situation angepaßten Bewegungen diente als Vorbild. Der starke Tiger, der hochaufgerichtete mit den Tatzen um sich schlagende Bär. Der immer wieder angreifende Hirsch, der geschmeidige Leopard und der sich ständig windende Drache. Die Gottesanbeterin – Fangschrecke, ein Insekt – zeigt in ihrem Benehmen viel Bewegliches zum Nachahmen. Die hochspezialisierten geöffneten Fangvorderbeine schnellen vor und schlagen das Beutetier. Bei der weiteren Zusammenstellung von Übungen des „Kampfes ohne Waffen“ ist der komisch wirkende Affenstil sehr beliebt, denn durch die Ausführung der verschiedenen Handtechniken und die Anwendung gradlinig geführter Fauststöße wird Kraft entwickelt.

Heute ist das Schattenboxen in China die volkstümlichste Form der Leibeserziehung. Zwischen den alten Männern mit ihren singenden Lieblingen sehen wir ganze Gruppen von Menschen, die, im Park verteilt, ineinanderfließende Bewegungen ausführen. Männer und Frauen versuchen so, sich zu sammeln, innere Ruhe und Ausgeglichenheit zu erlangen, geschmeidig zu bleiben und Krankheiten vorzubeugen: Körper und Seele werden eins mit der großen Harmonie in der Natur. Und hoch über allem steigt die Sonne empor, und über den weichen Bewegungen der in ihre Gymnastik versunkenen Gruppen liegt der Chor der Vogelstimmen, der an Stärke und Intensität immer mehr zunimmt.

Langsam schwenke ich die Kamera auf einige Männer zu, auch Jüngere sind darunter. Voller Bewunderung betrachten sie einen wunderschönen, geräumigen Käfig. Er ist viereckig, aus besonders hellem Bambus gebaut. Drinnen sitzt eine vom Volksmund so genannte „Chinesische Nachtigall". Dahinter steht aber ein Irrtum, denn die „Chinesische Nachtigall" hat mit unserer europäischen keinerlei verwandtschaftliche Beziehungen. Vielmehr handelt es sich um einen kleinen, farbenprächtigen Vogel mit Namen „Chinesischer Sonnenvogel", *Leiothrix lutea.* Mit aufgeplustertem Gefieder sitzt er da, und durch unser Richtmikrophon hören wir die ganze weite Skala seiner Melodien.

In dem Käfig nebenan sitzt ein „Huamei". Auf deutsch klingt sein Name furchtbar hölzern: „Augenbrauenhäherling", *Garrulax canorus.* Ohne Geldwetten abzuschließen, veranstalten die Männer jeden Morgen einen kleinen Wettbewerb: Welcher ihrer Schützlinge wird die größte Gesangsleistung vollbringen?

Nicht weit von uns entfernt hängt an einem Baum ein Käfig mit einer besonders gut singenden Mongolenlerche, *Melanocorypha mongolica,* darin. Sie singt genau wie unsere Lerche beim Aufsteigen in den blauen Himmel ihre Strophen, und wir haben uns gewundert, daß die Vögel in den Käfigen genauso eindrucksvoll ihre Melodien schmettern.

Vogelbesitzer und Zuhörer lauschen beim Stimmenwettstreit hingegeben oder kritisch. Wenn auch jede Art nur über eine Grundmelodie verfügt, so unterscheiden die Kenner doch zwischen den fleißigen und trägen, kunstvollen und simplen Sängern. Alle wollen wissen, wer zur Zeit den besten Sänger besitzt, wer am meisten von der Vogelhaltung versteht und den schönsten Käfig sein eigen nennt. Für die mit großem handwerklichen Geschick aus Bambus kunstvoll geschnitzten und gebogenen Bauer gibt es sogar auf der

Kantonmesse einen Sonderpavillon für den Export, der viel Gewinn bringt. Ganz besonderen Wert legen die Vogelhalter auf Futternäpfe und Trinkgefäße. Sie sind aus Porzellan –, und es gibt Sammler, die für edle und schöne alte Stücke viel Geld ausgeben. Auch bei den Stäbchen zum Füttern der Vögel wird Wert auf Luxus gelegt: Einige sind sogar aus kostbarem Elfenbein gefertigt. Zur Reinigung aber benutzt der gewissenhafte Vogelhalter verschiedene Stäbchenpaare.

In einem Käfig, den ich jetzt gerade filme, befinden sich zwei junge Mongolenlerchen. Die Vögel sind noch nicht flügge und wurden aus dem Nest genommen. Auf einem der zahlreichen Vogelmärkte, die es jetzt wieder gibt, wurden sie von ihrem derzeitigen Besitzer gekauft. Befindet sich ein Vogel in guter Verfassung, kostet er, wie wir hörten, etwa acht bis zwölf Mark. Für einen Huamei, der aus dem Süden kommt, muß ein Interessent schon 15 bis 20 Mark zahlen.

Der Besitzer der beiden jungen Mongolenlerchen, ausnahmsweise mal ein junger Mann, hat die mühsame und geduldverlangende Aufgabe übernommen, die beiden Vögel aufzuziehen und zu pflegen. In Nordostchina ist die Mongolenlerche ein häufig verbreiteter Brutvogel, der sich im Sommer größtenteils von Heuschrecken ernährt. Auch die beiden Jungvögel bekommen gerade mit Hilfe von Eßstäbchen ein paar Heuschrecken als Leckerbissen gereicht, ein Glück, daß sie auf den Vogelmärkten wieder angeboten werden!

In China hat die Liebe zu den Vögeln eine weit zurückreichende Tradition. Jetzt endlich kann sie wieder lebendig werden, allzu lang war das Gezwitscher in den Parks verstummt.

Beim Blick auf die Uhr stelle ich fest, es ist 8.30 Uhr. Um diese Zeit ist der Park fast menschenleer, die Männer mit den Vogelbauern sind wieder nach Hause gegangen. Von allen Seiten dringt der laute und unüberhörbare Straßenlärm zu uns herüber. Nachdem wir unsere Ausrüstung im Wagen verstaut haben, verabschiedet sich Zhang Ce von uns, um alles für unser nächstes großes Ziel vorzubereiten: die Expedition zur Tierwelt am Qinghaisee auf dem Tibetanischen Hochplateau. Für dieses Gebiet lag uns, wie wir wußten, eine spezielle Sondergenehmigung vor, die vom Innenministerium abgeholt werden mußte. Aber trotz der Sondergenehmigung glaubten wir: Wir werden nur das zu sehen bekommen, was wir sehen sollen! Wichtig war jetzt vor allem, trotz der zeitraubenden und umständlichen Telefonate Kontakt mit der Landwirtschaftlichen Behörde in Xining, dem Ausgangspunkt unserer Expedition, aufzunehmen. Denn es gab noch viele Punkte zu klären, nicht zuletzt die Frage der Transportmittel zum Qinghaisee. Da wir in den nächsten zwei Tagen unser Ziel angehen wollten, stand die Beschaffung von

Bei unserem erneuten Peking-Aufenthalt besuchten wir die berühmte Oper und durften die künstlerisch gestalteten Tierfiguren auf den Seidengewändern der Schauspieler filmen. Hier: Mandschurenkranich-Motive.

vier Flugtickets von Peking nach Lanzhou ganz oben auf unserer Dringlichkeitsliste. Eine Vorbestellung der Flugscheine war deshalb nicht möglich, weil wir nicht den genauen Termin unserer Rückkehr von den Ewenken angeben konnten. Auch mußte Zhang Ce mit seinen Vollmachten, die ihm zur Verfügung standen, schnellstens bei der dafür zuständigen Polizeistelle je drei Paßbilder von uns abgeben. Denn wir brauchten jeder einen speziellen Reiseausweis, der für jedes Unternehmen neu ausgestellt wurde.

Die nächsten Tage verbrachten wir nicht untätig. Wir besuchten zunächst den Kaiser-Palast, die „Verbotene Stadt". Heute ist sie ein riesiges Museum mit einer unvergleichlichen Fülle schöner Kunstwerke. Überall bestehen Verbindungen mit der Tierwelt; immer schon spielten Tiere in der altchinesischen Mythologie eine wichtige Rolle: angefangen beim Drachen, bis hin zu Einhorn, Phönix, Schildkröte, Pfauen u.a .

Wir schauten uns ausführlich die kaiserlichen Gartenanlagen mit ihren Teichen und Goldfischen an, besichtigten eine chinesische

Apotheke und filmten die wunderschönen Seidengewänder in der Peking-Oper.

Aber was war mit unserem Flug zur nächsten großen Expedition, dem Qinghaisee? Zögernd erklärte uns Zhang Ce, alle Flüge nach Lanzhou seien ausgebucht, und schlug uns vor, mit der Bahn zu fahren. Damit waren wir gar nicht einverstanden; es würden uns vier kostbare Tage verlorengehen. Wir waren entschlossen, uns durchzusetzen, und baten um einen Termin bei der Co-Film-Direktorin Li.

Zhang Ce's unmögliche Aufgabe

Schon vor dem festgelegten Termin waren wir bei Frau Li. Sie empfing uns umgehend und erkundigte sich höflich nach unserem Wohlbefinden und dem Erfolg unserer Arbeit. Dann äußerte ich über Zhang Cheng unseren Wunsch, morgen unbedingt nach Qinghai zu fliegen. Ich erklärte ihr ausführlich und nachdrücklich unsere Sorge, mit der Bahn zuviel Zeit zu verlieren. Ich betonte auch, daß wir auf dem Rückweg gern dem Wunsch unserer Begleiter nachkommen wollten und auf der Fahrt nach Peking die Bahn benutzen würden.

Einen Augenblick war es ganz still im Raum. Unsere beiden Zhangs standen verlegen da, Frau Li überlegte. Obwohl sie gut englisch sprach, mußte bei Verhandlungen mit Ausländern stets der für die jeweilige Sprache bestimmte Dolmetscher übersetzen. Untereinander aber wurde nur „Chinesisch" gesprochen. Und nach einer Weile sagte Frau Li, an Zhang Cheng gerichtet in einem Tonfall, der keinen Widerspruch duldete, sehr viele Sätze, die wir natürlich nicht verstehen konnten. Zhang verabschiedete sich danach eilig von uns bis zum Opernbesuch am Abend und verließ mit hastigen Schritten Frau Lis Arbeitszimmer.

In der folgenden Übersetzung ließ uns die Direktorin dann wissen: „Zhang Ce wird alles versuchen, damit Sie morgen mit dem Flugzeug reisen können!" Wir verabschiedeten uns, nicht ohne Frau Li vielmals gedankt zu haben. Zhang Ce beneideten wir nicht um seine Aufgabe, mußte er doch innerhalb weniger Stunden unter Aufbietung aller diplomatischer Kunststücke vier Flugkarten besorgen und zudem auch noch die Garantie dafür bieten, daß unsere 310 Kilogramm schwere Film- und Expeditions-Ausrüstung als Übergepäck von unserer Maschine mitbefördert wurde.

Flüge in China sind immer schon Wochen vorher ausgebucht. Für uns Europäer ist es einfach, in China dagegen fast unmöglich, einen Tag vorher Karten für das Flugzeug, für das Schiff oder den Zug zu bekommen. Chinesen dürfen bekanntlich nicht einfach im Land herumreisen, jede Fahrt muß lange vorher beantragt und polizeilich genehmigt werden. Was unseren Flug anbetraf, so mußte Zhang Ce über sich selbst hinauswachsen: Wußten wir doch, daß in den kleinen Maschinen nach Lanzhou zumeist nur hohe politische Funktionäre saßen, die kaum auf ihr Platzrecht verzichten würden.

Lotosblüten und Mandarinenten

Ein weiterer Punkt unserer heutigen Tagesordnung ist ein Besuch des Sommerpalastes, nur etwa 15 Kilometer von der Stadtgrenze entfernt. Dort, so hatte man uns gesagt, würden wir mit etwas Glück Mandarinenten *Dendronessa galericulata* beobachten können. Auf der Fahrt sehen wir schon von weitem die leuchtend tiefblau glasierten Ziegel des Himmelstempels, ein Wahrzeichen Pekings. Während in der „Verbotenen Stadt" alle Dächer mit den Kaiserfarben orangegelb gedeckt waren, so ist es hier das Blau des Himmels. Der Kaiser betete hier jedes Jahr um eine reiche Ernte für sein Volk – und mit einem Pflug aus purem Gold zog er symbolisch eine Furche in die Tempelerde.

Die Besichtigung des bedeutendsten Tempelkomplexes in China wollten wir, da wir schon einmal in Peking waren, auf keinen Fall versäumen. Vielleicht konnten wir hier auch für unseren Film irgendwelche Verbindungen mit der Tierwelt entdecken.

Für alle Chinesen war hier früher der heiligste Platz. Erst seit 1912, dem republikanischen Unabhängigkeitsjahr, ist der Himmelstempel allen Schichten der Bevölkerung zugänglich.

Die Halle wird von 20 Holzsäulen getragen, zum Bau wurde nicht ein einziger Nagel benutzt. Von der Plattform des Himmelstempels überblicken wir die gesamte Tempelanlage und das Zentrum Pekings bis hin zum Kaiserpalast. Aber irgendeine Verbindung zur Tierwelt finden wir hier nicht.

Nach der kurzen Besichtigung fahren wir weiter zum Sommerpalast – und hier begegnen uns wieder Tiere. Gleich am Eingang empfangen uns große Figuren, Löwen und Fabeltiere, aus Bronze gestaltet. Zhang Ce hatte einen Parkwächter organisiert, er stellte sich als Zhu Jian vor. Schon seit dem Morgen hatte er gewartet, er sollte uns behilflich sein. Vor allem wollte er uns den Aufenthaltsort der Mandarinenten zeigen. Zunächst filmen wir aber weitere Tier-Motive in den weiträumigen Gärten. Von den Herrschern, die hier die heißen Sommermonate verlebten, wurde in einem künstlichen See ein freigestalteter Naturgarten angelegt. Die Namen der einzelnen Anlagen haben einen schönen Klang: „Garten der goldenen Gewässer", „Hügel des langen Lebens", „Jadequelle", „Garten der wunderschönen Berge", „Pavillon des Pirolgezwitschers" lauten die blumigen Bezeichnungen.

Von der dreistufigen Pagode haben wir eine herrliche Aussicht über dieses prachtvolle Beispiel chinesischer Gartenarchitektur: Pagoden, Türme, Hügel und Pavillons liegen verstreut über das bewaldete und leicht hügelige Gelände in der Umgebung des Kunmingsees. Sie bieten ein Bild, wie es aus vielen Darstellungen bekannt ist. In den langüberdachten Wandelgängen finden wir in den Holzdecken reich verzierte Schnitzereien, sowie auf Holz gemalte bunte Blumen und Tiere.

Nicht weit von hier führt die elegant geschwungene Jadegürtelbrücke zu einer kleinen Insel. Für Chinesen verbindet eine Brücke symbolisch das, was geteilt ist. Neben der Brücke steht ein Denkmal, eine lebensgroße Kuh aus Bronze. Unzählige Lotusblüten bedecken die dahinterliegenden Wasserflächen des Sees. Die Lotusblüte ist bei den Chinesen ein Symbol für Fruchtbarkeit und Sommer, sie ist eine der wichtigsten Blumen überhaupt. Vor 1900 ließ die Kaiserwitwe das bekannte, im Wasser stehende Marmorschiff erbauen. Hier warteten auch schon die für uns gecharterten drei Boote.

Vorbei geht die Fahrt an Zypressen, alten Kiefern und Weiden. Die Ufer sind mit bunten Blumen bedeckt. Gerade passieren wir eine große Fläche mit Narzissen, chinesisch die „Wasser-Unsterblichen". Sie bedeuten Glück für das neue Jahr.

Unser Begleiter Zhu Jian sucht mit seinem Fernglas das Ufer des Kunmingsees ab. Mandarinenten sind in China seit Jahrhunderten das Zeichen der Liebe, man sagt ihnen nach, sie führten eine gute Ehe und hielten ihrem Partner die Treue. Im Herbst und Winter verweilen sie an den Flüssen Südchinas und ziehen nach dem Eisfreiwerden der Gewässer im Norden bis zum April in ihre Brutgebiete. Bevorzugt wird eine stille Umgebung. Nachdem sie zunächst in größeren Gruppen zusammenleben, sondern sich gegen Ende April die einzelnen Paare von den anderen ab und besetzen ihr Brutgebiet.

Zhu Jian weist mit dem Fernglas auf einen Punkt am Ufer in einer alten Weide. Tatsächlich, er hat eine Nesthöhle ausgemacht, mit dem brütenden Weibchen darauf.

Nachdem die Boote zusammengebunden sind, um für die Kamera eine feste Plattform zu bilden, beginne ich mit der Beobachtung und filme. Zunächst suche ich das Gewässer mit dem Tele ab und entdecke dabei auch das Männchen, das im Altholzbestand ruht.

Sein prächtiges Gefieder leuchtet auch im Schatten farbenfroh. Soeben verläßt das Weibchen sein Nest, watschelt zum Wasser, bleibt stehen und schüttelt das Federkleid, bevor es davonschwimmt. Wie fast immer in der Tierwelt, bietet das unscheinbare Weibchen keinen so schönen Anblick wie das Männchen. Aufgrund der günstigen Kameraposition kann ich in das Gelege blicken, das aus neun hellbraunen Eiern besteht.

Das Weibchen tut sich jetzt an Wasserpflanzen gütlich. Wichtig für die Nahrung sind auch verschiedene Wasserinsekten, kleine Fische und Würmer. Auch das Männchen schwimmt jetzt ins Bild, und beide tauchen gemeinsam ab.

Für uns war es nur ein kurzer Einblick in das Leben der Mandarinente. Wie uns Zhu Jian erzählte, hat die Zahl der Mandarinenten stetig abgenommen, seitdem er hier vor zehn Jahren zu arbeiten begann.

China hat vor kurzem sein erstes Reservat für Mandarinenten im Kreis Pingnan, Provinz Fujian, eingerichtet. In vielen Teichen an einem 10 Kilometer langen Fluß können jetzt Tausende dieser schönen Tiere geschützt, in Ruhe und ohne Futternot überwintern.

Schnell zurück ins Hotel. Erst im letzten Moment, als wir uns schon Sorgen machen, erscheinen Zhang Ce und Zhang Cheng, um uns zum Besuch der Oper abzuholen. Kleinlaut, aber gefaßt teilt uns Zhang Ce mit: „Die Flüge sind gebucht, alles ist in Ordnung!" Einschränkend meint er aber: „Der Flug geht aber nur bis Lanzhou, es gibt keinen Anschlußflug nach Xining, nur einen Zug. Wir müssen morgen um 7 Uhr am Flugplatz sein, die Maschine wird gegen 9 Uhr gestartet!"

Zhang Ce hatte für uns das Unmögliche möglich gemacht. Wohl nie würden wir erfahren, wie er das geschafft hat. Wir schätzten ihn noch mehr als zuvor, hatten aber ein ungutes Gefühl. Denn wir spürten, daß hinter der ganzen Flugzeuggeschichte irgend etwas verborgen war, das sich uns noch entzog.

Ein abenteuerlicher Flug

Eine Reise von tausend Meilen
beginnt mit einem Schritt.
(Altchinesisches Sprichwort)

Mit nicht ganz zwei Stunden Verspätung rollt die Antonow AN-24, ein russisches Mittelstrecken-Verkehrsflugzeug, Baujahr 1962, langsam an den Start. Wie immer wurden auch dieses Mal die Gründe für die Verspätung des Fluges nicht bekanntgegeben. Entlegene Routen werden bei schlechten Wetterverhältnissen und auch nachts aus Sicherheitsgründen nicht beflogen. Bei Unwetter wird zum nächstgelegenen Anflugplatz erst nach Meldung der Wetterbesserung gestartet.

Die zwei Propeller-Turbinen unserer AN-24 werden auf Hochtouren gebracht und überprüft. Das Motorengeräusch nimmt jetzt stetig zu, die Maschine rollt immer schneller, hebt ab – und schon bleibt das weitausgedehnte Peking bei schönstem Wetter unter uns zurück.

Im Inneren der Maschine sieht es wie in einem Militärflugzeug aus. Die Sitze und Gurte sowie die Innenverkleidung wären in einem unserer zivilen Flugzeuge undenkbar. Wir können sogar im offenen Cockpit die beiden Piloten sehen; hier sind Luftpiraten offensichtlich unbekannt.

Zhang Ce gibt uns ein Zeichen, wir können uns abschnallen. Zhang Cheng sitzt neben ihm, wir befinden uns eine Reihe hinter unseren Begleitern, auf der anderen Seite des Ganges. Alle 38 Plätze sind mit hochgestellten Funktionären besetzt. In dieser Männergesellschaft ist Christel der einzige weibliche Fluggast.

Im hinteren Teil der Kabine steht unsere Ausrüstung, festgezurrt mit starken Seilen. Christel sitzt neben mir am Fenster und kann auf das linke Triebwerk sehen. Die Reisegeschwindigkeit liegt bei 450 km/h und unsere derzeitige Höhe beträgt etwa 6500 Meter. Eine große und eine kleine Stewardess, den Gesichtern nach stammen sie aus der Mongolei, reichen Tee in Plastik-Bechern und Wattebäuschchen. Gleichmäßig und laut brummen die Motoren, wir denken, es ist ein guter Flug, formen die Wattebäuschchen zurecht, stopfen sie in die Ohren und schlafen ein. Mit den Zwischenlandungen in Taiyuan und Xian, wo wir auf einer späteren Reise zu den Pandabären die „Pferde und die Armee im Sand" besichtigen wollen, werden wir etwa sieben Stunden bis nach Lanzhou unterwegs sein.

Nach dem Weiterflug ab Xian bleiben wir angeschnallt, unter uns dehnt sich eine trockene, trostlose Landschaft, vereinzelt Sandberge, alles menschenleer. Wir überfliegen das autonome Gebiet Ningsia.

Christel sieht aus dem Fenster und entdeckt bei näherem Hinsehen, wie Öl aus einem Motor austritt. Ich teile es sofort Zhang Ce mit, er geht nach vorn und spricht mit den Piloten. Wie ich sehe, zeigen sie beim Gespräch eine große Gelassenheit, so, als wäre Zhang Ce's Mitteilung ohne Bedeutung.

Die Maschine beginnt aber plötzlich zu wackeln, und Zhang Ce kommt schnell auf seinen Platz zurück. Er spricht, kaum daß er sitzt, mit Zhang Cheng, der aufsteht und, sich überall festhaltend, zu uns sagt: „Es ist nicht schlimm, wenn Öl aus den Motoren kommt, nur wenn kein Öl herauskommt, besteht Anlaß zur Sorge!" Mit Mühe und Not erreicht Zhang Cheng seinen Platz, denn heftige Turbulenzen rütteln die Antonow und ihre Passagiere durch. Die Cockpittür steht offen, und ich kann den Piloten bei ihren Handhabungen zusehen, doch plötzlich dreht sich der Kapitän um und zieht die Trenntür zu. Unter uns liegt ein Meer aus Sand, gewaltige Gegenwinde lassen das Flugzeug tanzen, es wird instabil. Jetzt zieht ein Geruch aus Erbrochenem durch die Maschine, die Stewardessen haben ihre Köpfe auf die Knie gelegt, von ihnen ist keine Betreuung oder Hilfe zu erwarten. Die Übelkeit an Bord ist so groß, daß die Tüten nicht ausreichen. Das Flugzeug taumelt von einem Luftloch ins andere, schüttelt sich und giert nach einem langen Fall seitlich nach rechts, verliert dadurch wieder an Höhe. So etwas haben wir bei all unseren vielen Flügen noch nie erlebt.

Zum Glück sind Christel und ich seit unserer dreimonatigen, stürmischen Spitzbergen-Expedition mit dem kleinen Eisbrecher „Havella" im Jahr 1965 nicht mehr aus dem Gleichgewicht zu bringen. Obwohl wir keine Angst haben, sind wir beide in Schweiß gebadet. Ein solches Fluggerät würde als Luftattraktion auf einem Rummelplatz selbst den sensationshungrigsten Besuchern kein Vergnügen bereiten, auch nicht für ein paar Sekunden!

Fast eine Stunde dauert dieser erbarmungslose Flug, dann kommt die Landung in Lanzhou. Niemand spricht ein Wort, alle Passagiere, die wir sehen, sind bleich und grün im Gesicht und erheben sich mühsam. Auf wackeligen Beinen verlassen sie langsam das Flugzeug. Selbst die Piloten sehen mitgenommen aus.

Wie wir später in Erfahrung bringen, war der Flug für eingeweihte Chinesen keine Überraschung. Diese Flugroute ist jedesmal tükkisch und voller Probleme. Durch die starken Winde über der heißen Wüste und die dadurch entstehenden Turbulenzen ist jeder Flug sehr ungemütlich, doch so gefährlich wie heute war es selten, wurde uns versichert.

Von Lanzhou, am Gelben Fluß gelegen, ist wegen der schnellen Wagenfahrt vom Flugplatz zum Bahnhof nur wenig zu berichten. Die heutige Provinzhauptstadt war schon im 13. Jahrhundert ein wichtiger Handelsknotenpunkt, gelegen an dem berühmten Karawanenweg. Über ihn gelangten vor allem Seide, aber auch andere wertvolle Erzeugnisse aus China nach Europa. Dadurch entstand der bekannte Name „Seidenstraße".

Die Region Lanzhou ist zwar schwach bevölkert und arm, doch durch den Reichtum an Bodenschätzen soll hier bald ein Industriezentrum für den ganzen Nordwesten entstehen.

Später im Zug waren wir bald alle fest eingeschlafen. Mitten in der Nacht, nach einer sechsstündigen Fahrt, erreichten wir Xining. Ruhe fanden wir dort im Gästehaus der Provinz Qinghai.

„Niemandsland über den Wolken“

Lange wird es dauern,
bis der letzte Vorhang fällt,
das letzte Tor sich öffnet.
(Altchin. Sprichwort)

Durch dumpfe Schläge, die alle zehn Sekunden zu uns herüberdröhnen, wachen wir auf.

Nicht weit von unserer Unterkunft wird neben der alten, baufälligen Brücke eine neue errichtet. Die großen Holzpfähle werden mit Hilfe eines tonnenschweren Dampfhammers in den Boden gerammt: Dieses irrsinnige, monotone Geräusch sollte uns Tag und Nacht begleiten.

Wie wir beim Frühstück erfahren, wohnen wir im Partei-Gästehaus der Provinz Qinghai. Die Räume, in denen wir untergebracht wurden, sind sonst höchsten Funktionären vorbehalten. Ein Aufenthaltsraum, Schlafzimmer, Bad und Toilette stehen uns zur Verfügung. In dem weiträumigen Gebäude befinden sich noch Tagungs-, Versammlungs- und Schulungsräume sowie ein Kinosaal, eine riesige Eßhalle mit 15 ungewöhnlich großen runden Tischen, darum jeweils 25 Stühle. In einem der vielen Wohn- und Schlafzimmer waren auch unsere beiden Zhangs untergebracht, zusammen mit zwei anderen fremden Herren, worüber sie nicht gerade glücklich waren.

Am Nachmittag wollten wir uns gegen 15 Uhr mit einigen Vertretern der Direktion für Land- und Forstwirtschaften treffen, die für den Qinghaisee zuständig waren. Die Zeit bis dahin nutzten wir u. a. auch damit, das Haus zu erforschen. Wir entdeckten eine komplette Radio-, Sende- und Empfangsstation und wußten nun, daß wir uns in der Parteizentrale für das gesamte Qinghai-Gebiet befanden.

Xining (früher Tsining), Hauptstadt der Provinz Qinghai (Tsinghai), liegt in einer Höhe von 2300 Metern auf dem Qinghai-Tibet-Plateau und gehörte einstmals zur nordöstlichen tibetischen Provinz Amdo. Xining hat eine fast 2000jährige Geschichte. Ihr Grundstein wurde damals von General Huo Qu Bing gelegt. Schon in dieser Zeit war die Stadt für die chinesischen Kaiser von strategisch größter Bedeutung. Im 17. Jahrhundert begann China dann, seine

Machtansprüche durchzusetzen. Bis dahin war Tibet ein unabhängiges Königreich. Nach chinesischen Angaben hat Xining 550 000 Einwohner, viel Industrie und ist ein bemerkenswert wichtiger Handelsplatz für die aus allen Teilen des Qinghai-Gebietes anreisenden tibetischen Nomaden, die oft tagelang unterwegs sind. Als einziger Paß verbindet der „Qinghai-Tibet-Highway" Xining mit dem fernen Lhasa.

Die Provinz Qinghai ist fast dreimal so groß wie die Bundesrepublik, doch äußerst dünn besiedelt. Sie besteht vornehmlich aus Schnee, Eis, Wüste und unwirtschaftlichen Landschaften. Nur 3,77 Mill. Menschen leben hier. Es werden drei verschiedene Dialekte gesprochen, und die tibetische Schrift, eine schon im 7. Jahrhundert geschaffene Buchstabenschrift, wird immer noch benutzt. Die Tibeter bekennen sich zum Lamaismus. Vor 1959 war in Tibet die politische und religiöse Macht vereint, danach wurde das Land vom großen chinesischen Bruder allmählich einverleibt.

Bis zu unserem Treffen am Nachmittag gab es kein festes Programm, und so erkundeten wir Xining allein und zu Fuß. Schon seit einiger Zeit hatten wir festgestellt, daß alle unsere Bewegungen ungewollt langsamer geworden waren, denn nun machten sich schon die 2 300 Meter Höhe bemerkbar.

Das bunte Straßenbild der Stadt wird durch die verschiedenen Minoritäten belebt. Neben den Hauptbewohnern, den Tibetern, stoßen wir immer wieder auf Mongolen, Uiguren, Kasachen, Han-Chinesen in ihrer blauen Kleidung und Militär in grünen Uniformen.

Von weitem sehen wir den Bahnhof, auf dem Vorplatz stehen wie immer viele Wartende, denn nur wer eine Fahrkarte hat, darf auf den Bahnsteig. An der Fortführung der Bahnlinie von Xining über Golmud zur Endstation Lhasa wird mit einem großen Aufwand an Arbeitskräften, Maschinen und Geldmitteln gearbeitet. Wann aber die Fertigstellung erfolgen wird, ist ungewiß. Die verschiedenen Bauschwierigkeitsgrade lassen einen genauen Zeitplan nicht zu.

Wir gehen an der großen Moschee vorbei und treffen nach etwa zwei Kilometern auf einen Markt an der Straße. Tibetische Kleinbauern und Marktfrauen, die meist zu Fuß und schwer beladen mit einer großen Traglast aus weit entlegenen Tälern hierher kommen, bieten ihre verschiedenen Produkte an. In ihren Gesichtern spiegelt sich das harte und entbehrungsreiche Leben wider. Gemüse, das frisch aussieht, liegt neben unansehnlichen, schmutzig-dunklen Fleischstücken auf der Erde. Hausgeräte und Yakbutter, Tee, Tabak, Mäntel, Hüte und Felle werden angepriesen. Besonders umlagert ist eine Familie mit getrocknetem Ziegen-, Schafs- und Yakfleisch. Gleich daneben herrscht ein noch größeres Gedränge:

Schweinetransport zum Markt – auf chinesische Art.

Aus einem tibetischen Kloster werden Amulette verkauft, die Gesundheit und ein langes Leben garantieren sollen.

Auch Zhang Ce und Zhang Cheng treffen wir hier auf dem Markt. Sie müssen für die Verpflegung der Expeditionsmitglieder sorgen: Sechs Personen und dazu noch unser Fahrer mit seinem geländegängigen Bus.

Da wir wußten, daß die Expedition in teilweise unerforschtes Gebiet am Qinghaisee führen wird, und wir also von einer Unzahl nicht zu beeinflussender Faktoren abhängen, waren wir für die Besprechung mit den Herren der Provinzregierung besonders dankbar.

Denn wir hofften, von ihnen vor unserem Aufbruch möglichst viel zu erfahren, um unliebsame Überraschungen soweit wie möglich zu vermeiden.

Kurz vor 15 Uhr kamen Zhang Ce und Zhang Cheng auf unser Zimmer, um Bericht zu erstatten und die Lebensmitteleinkäufe abzurechnen. Sie hatten Reis, Hirse und Mais, Buchweizen, Tee, getrocknetes Schweinefleisch, Chinakohl, Milchpulver, konservierte Eier, gewöhnlichen und guten Alkohol (Moutai) und Tabak erworben. Aber auch an Benzin und Öl für den Wagen hatten sie gedacht.

Dieses Mal nehmen wir unsere gesamte Ausrüstung mit, vom Filter zur Trinkwassergewinnung bis zum Zerhacker (Stromumwandler zur Ladung der Akkus). Kamera, Tongerät, Richtmikrofon und Stativ sind jeweils doppelt vorhanden, auch das gesamte, noch nicht belichtete 35-mm-Farbnegativ-Material. Auf unserer gut durchdachten Checkliste sind 196 verschiedene Posten verzeichnet, denn es wäre fast unmöglich, irgendein fehlendes Teil schnell von Peking zum Drehort zu bekommen. Da unsere Ausrüstung schwer ist und alle Plätze im Wagen belegt sind, ist es nicht möglich, für die gesamte Expeditionszeit den berechneten Kraftstoff mitzunehmen. Wie Zhang Ce uns sagt, hat er für die noch benötigten Mengen eine Bezugsvollmacht in der Tasche. An einem noch unbekannten Depot am Qinghaisee werden wir auftanken können. Da wir von der Einhaltung der Abmachungen und Vereinbarungen durch die chinesischen Stellen ausgehen können, war das so wichtige Treibstoff-Problem für uns damit erledigt.

Für den gleich eintreffenden Besuch holen Zhang Ce und Zhang Cheng noch zwei Stühle ins Zimmer sowie große Thermosflaschen mit Tee und Tassen. Unmittelbar danach treffen die Herren ein, um uns in Augenschein zu nehmen. Zhang Ce stellt uns Herrn Han Keihua vor, den Direktor für Land- und Forstwirtschaft, der uns lächelnd zur Begrüßung seine Hand ausstreckt. Herr Li Xizhi, ein hoher Funktionär, begrüßt uns ebenfalls sehr freundlich, wir denken sogleich: Er ist bestimmt ein Vertreter der Sicherheitsstelle der Provinzregierung. Danach kamen noch ein Sekretär von niedrigem Rang und zwei weitere Herren auf uns zu, die uns schützend begleiten sollen.

Einer von beiden ist Wang Yuxue, etwa 35 Jahre alt, und schon in seinem Gesicht ist abzulesen, daß er genau weiß, was er will. Er würde sicher genauestens auf alle unsere Schritte und Tritte seine Augen haben. Später sollte sich dann herausstellen, daß er mit sämtlichen Vollmachten ausgestattet war.

Der zweite uns begleitende Herr ist Ren Jingbo, bedeutend jünger als Wang Yuxue, schlank und lang. Wir sind uns der Tatsache sehr bewußt, daß diese beiden einzig und allein nur zu unserer Beobachtung abgestellt waren, denn das gesamte Gebiet um den Qinghaisee herum ist als militärisches Sperrgebiet für Ausländer und Chinesen verbotenes Land und entsprechend streng abgeriegelt.

Nun hatten wir alle Platz genommen und bevor überhaupt ein Gespräch zustande kommt, reichen unsere Zhangs die großen Tassen mit dem heißen Tee. Nach einem schlürfenden und genießerischen langen Schluck beginnt der Direktor langsam zu sprechen,

Bevor wir zum Qinghai-See aufbrechen, besuchen wir von Xining aus das Kloster Kumbum. Es ist das bedeutendste Kloster der Gelbmützensekte in Tibet. Von weit her irgendwo aus dem riesigen Qinghai-Gebiet kommen die Pilger angereist.

damit Zhang Cheng auch alles genauestens übersetzen kann: „Von Herrn Zhang Ce wissen wir, daß Sie schon im Norden große Aktivitäten erfolgreich abgeschlossen haben, – und das zur vollen beiderseitigen Zufriedenheit. Auch hörten wir, daß Sie überall dort, wo Sie schon waren gut zurecht kamen!“ Und dabei blickt er leicht lächelnd auf Christel. Denn für die Herren war es nur schwer vorstellbar, daß eine Frau mit uns durch dick und dünn ging.

Dann erkundigte er sich nach unserer Gesundheit: „Merken Sie die Luftveränderung? Wir befinden uns hier ja immerhin auf 2300 Meter Höhe! Ich möchte Ihnen den Rat geben, sich je nach Befinden etwa 2 bis 3 Tage hier in Ruhe aufzuhalten, damit der Unterschied an die zu erwartende Höhe am Qinghaisee nicht zu groß wird. Bitte unterschätzen Sie die Gefahren nicht, denn wenn Sie diese Vorsichtsmaßnahmen nicht einhalten sollten, müssen Sie mit ernsthaften Schwierigkeiten rechnen!“ Obwohl wir natürlich die Begegnung mit der Tierwelt am Qinghaisee kaum noch abwarten konnten, waren wir sofort gewillt, noch mindestens einen Tag zur Anpassung in Xining zu bleiben. Da traf es sich natürlich ausgezeichnet, daß der Direktor uns für den nächsten Tag eine Besichtigung des Klosters Kumbum anbot; um 8 Uhr in der Frühe sollte die Fahrt beginnen.

Wir danken für das Angebot und die wertvollen Ratschläge, und ich trage noch einmal die von Co-Film übersandten und bekannten Programm-Punkte vor, um von vornherein Mißverständnisse auszuschließen. Alles weitere, so hieß es aus Peking, sollten wir mit Wang Yuxue und Ren Jingho besprechen, die uns ab jetzt immer zur Verfügung stehen und bis zur gemeinsamen Abreise hier im Haus auf Zimmer 147 zu erreichen sind.

Bei der Verabschiedung sagt der Direktor: „Zum Schluß habe ich noch die Freude, Ihnen eine angenehme Mitteilung zu machen. Vor drei Stunden erhielt ich aus dem Gebiet des Qinghaisees die letzte Nachricht. Sie besagt, daß die Brut in den Vogelkolonien in vollem Gange ist. Sie kommen also nicht zu spät! Ich wünsche Ihnen für Ihr gesamtes Programm viel Glück und hoffe auf einen persönlichen Bericht nach Ihrer Rückkehr."

Seine Verwunderung über unsere Expedition zum Qinghaisee konnte er kaum verbergen: Vor uns durfte dort noch niemand filmen, wir waren wieder einmal die Ersten!

Unterwegs zum Blauen See

„Ewige Wolken, dämmernder Schnee
hoch droben am Kuku Nor.
Verwaist ein Wall. Ein Blick
ins Ferne zum Paß am Jadetor."

Wang Tschan-Ling, 698–765

Ein langer und schwieriger Anfahrtstag mit 350 geschätzten Kilometern bis zu unserem Basislager am Qinghaisee liegt vor uns. Unser Wagen ist allein schon mit den vielen Ausrüstungsgegenständen und den mitgeführten Lebensmitteln mehr als ausgelastet, dazu kommen noch sechs knappe Sitze für uns und unseren Fahrer. Es ist ein kleiner, runder und ruhiger Mann mit Namen Jiao Jili. Wir nennen ihn einfach Jili. Durch Zufall wurde er uns zugeteilt. Er ist der Fahrer eines hohen Parteifunktionärs in Xining, der nach einer schweren Operation noch einige Wochen im Krankenhaus bleiben muß.

Nachdem wir die Stadtregion von Xining hinter uns gelassen haben, fahren wir in westliche Richtung, es wird einsam und menschenleer. Vor uns erstreckt sich unendlich der Horizont, und uns bietet sich ein fantastischer Panoramablick in die Weite der eigenartigen Landschaft. Christel und ich sind nahe daran zu glauben, wir seien auf einem fremden Stern gelandet ...

Noch befinden wir uns auf der Qinghai-Tibet-Überlandstraße, die nach Golmud führt und über die in fünf Reisetagen das Endziel Lhasa erreicht werden kann. Dieser Highway wurde früher unter Aufbietung aller Kräfte und den schwierigsten Verhältnissen mühevoll erbaut. Rutschendes Erdreich, Wetterstürze über lange Strekken und die Härte der Natur mit Schnee und Hagel haben die Arbeiten oft zum Erliegen gebracht. Trotzdem ist heute die Fahrbahn gesichert und fest, so daß wir trotz der Überlast zwar langsam, aber stetig vorankommen.

Ein Zukunftsprojekt ist der Bau einer Eisenbahnlinie neben der Überlandstraße. Letzte Station: Lhasa.

Wir fahren durch endloses Grasland, zu beiden Seiten der Straße ducken sich niedrige Gebirge, die wie Buckel aussehen. In der Ferne ragt eine gewaltige Bergkulisse mit vom ewigen Eis und Schnee bedeckten, majestetisch aufsteigenden Gipfeln empor, Ausläufer des Himalaya.

Noch ganz im Bann der grandiosen Szenerie gefangen, werden wir von Zhang Cheng in die Wirklichkeit zurückgeholt. Er übersetzt die Worte von Wang Yuxue: „Himalaya" heißt: Hima = Schnee und Laya = Wohnstätte. Die im Westen und Südwesten Chinas gelegene Qinghai-Tibet-Hochebene ist die höchste der Welt. Die Gesamtfläche beträgt 2,3 Millionen Quadratkilometer und die Höhe der Gipfel schwankt zwischen 3000 und 8848 Meter (Mt. Everest). Die ewige Schneegrenze liegt etwa bei 4900 bis 5670 Meter. Das gesamte Gebiet wird auch „Dach der Welt" oder „Sitz der Götter" genannt, chinesisch Xizang – „Westliches Versteck".

Im Süden liegt das Himalaya-Massiv, es bildet unsere Grenze zu Kaschmir, Indien, Nepal, Sikkim, Bhutan und Burma. Im Norden haben wir die Kunlun- und Qilianim-, im Osten die Hengduan-Berge und im Westen den Karakorum-Gebirgszug. Viele dieser Riesen ragen über 6000 Meter hinaus!"

Wir sind sehr erstaunt darüber, was Wang Yuxue alles weiß. Später erfahren wir, daß er in Xining geboren ist und politische Wissenschaften studiert hat.

Jili biegt jetzt von der Straße ab und bleibt stehen, ein Militär-Lastwagen-Konvoi mit auffälligen roten chinesischen Zeichen an den Aufbauten fährt langsam an uns vorbei. Es sind neun übergroße Gefahrgut-Wagen, ähnlich wie bei uns die Benzin-Transporter. Die Soldaten sehen uns erstaunt an, ich winke ihnen zu, sie erwidern verwundert meinen Gruß.

Nach vielleicht einer Stunde Fahrt durch eine ständig wechselnde, herrliche Landschaft windet sich die Straße auf eine Paßhöhe. Oben angelangt halten wir an. Durch mein halbgeöffnetes Fenster sehe ich Yaks und höre Glockengeläut, immer ein erstes Anzeichen für die Anwesenheit von Menschen. Wir steigen aus. In fast zeitlupenhaftem Karawanen-Tempo ziehen 16 schwerbeladene langhaarige Yaks mit allen möglichen Gegenständen an uns vorbei. Wir erkennen lediglich einigen Hausrat. Auf einem besonders großen Tier mit schwarzem Fell und weißem Kopf sitzen ein kleiner Junge und zwei Mädchen, etwa 6 Jahre alt. Wie Puppen hocken sie eingehüllt in ihren schweren Fellmänteln auf dem Rücken des Leittieres, nur ihre hübschen, dunklen Gesichter mit den nachtschwarzen Haaren, den tiefdunklen Augen und den roten Wangen sind sichtbar. Mit weitaufgerissenen Augen blicken sie zu uns herüber, vielleicht sind wir die ersten Langnasen, die sie zu sehen bekommen . . .

Ein älterer Mann, zwei junge Männer und vier Frauen, im Alter für uns nicht schätzbar, begleiten die lustig aussehende Reisegesellschaft. Männer wie Frauen tragen Hüte aus Filz. In meiner Erinnerung tauchen Bilder aus Peru auf, die sich verblüffend ähneln.

Gern würden wir von dieser Karawane und den Menschen in dieser grandiosen Weite einige Szenen drehen, aber Wang Yuxue winkt entschieden ab, und um des lieben Friedens willen fügen wir uns. Warum wir keine Aufnahmen machen dürfen, können wir uns aber beim besten Willen nicht erklären, ich will auch nicht danach fragen.

Bei der Weiterfahrt deutet unser Fahrer auf einen weit entfernt liegenden Punkt seitlich der Straße. Durch mein Fernglas erkenne ich trotz der wackeligen Fahrt ein Pelzknäuel, es muß ein Tier sein.

Wenige Minuten später stoppen wir, vor uns, direkt am Straßenrand, liegt ein Dachs *Meles meles.* Das Tier ist gut genährt und trägt ein schönes Haarkleid. Es gibt keine Blutspuren, aber es muß von einem Fahrzeug erfaßt und zur Seite geschleudert worden sein. Wir lassen es liegen und machen uns wieder auf den Weg. Nachdem wir eine Serpentine erklommen haben und in ein weiträumiges Tal eintauchen, erblicken wir rechts von der Staße eine Ansiedlung. Sie besteht aus 20 bis 30 flachen Häusern, die alle von einer etwa zwei Meter hohen Lehmmauer umgeben sind. Aus einigen Schornsteinen steigen Rauchschwaden in den Himmel empor. Es ist Mittag, wir legen eine kleine Ruhepause ein. Obwohl wir nichts geleistet haben, sind wir alle sehr hungrig. Vielleicht liegt das an der Luft.

Nach dem Essen vertreten Christel und ich uns ein wenig die Beine. Als wir zurückkommen, stellen wir erstaunt fest, daß unsere gesamte Begleitung fest schläft, und es bestätigt sich wieder einmal der Ausspruch: „Chinesen können immer und überall schlafen!“

Gerade wollen wir in den Wagen steigen, da kommen zwei Jungen von der Siedlung mit eiligen Schritten auf uns zu. Der größere der beiden trägt einen Mäusebussard *Buteo buteo* auf dem Arm, er bedeutet uns, wir sollen ihm den Bussard abkaufen. Inzwischen sind alle wach geworden, Wang Yuxue erkennt sofort die Situation und beginnt, die beiden Jungen lautstark zu beschimpfen, denn es ist streng verboten, Wildtiere zu töten oder zu fangen. Wir sehen uns beide an und wissen Bescheid: Christel gibt dem größeren Jungen einen Yuan und ich nehme den jungen Vogel auf den Arm. Zhang Ce fragt belustigt: „Wie sollen wir das Tier überhaupt mitnehmen?" Doch Christel ist bereits dabei, die Fänge des Bussards vorsichtig von den umwickelten Hanfschnüren zu befreien. Als die letzte Verknotung gelöst ist, mache ich eine schnelle Armbewegung, um den Vogel dadurch in die Luft zu werfen. Mit kräftigen Flügelschlägen gewinnt er schnell an Höhe und fliegt über die Ansiedlung zu den Bergen. Alle sehen seinem Flug nach, bis er unseren Blicken entschwunden ist. Es ging alles so schnell, schade, von den verwunderten Gesichtern um uns herum konnten wir keine Aufnahmen machen.

Es geht weiter, ein langer Weg liegt noch vor uns. Zu beiden Seiten der Straße liegen mehrere angebaute große Flächen mit Raps und grüne Felder mit Hochlandgerste, gemahlen hier „tsampa" genannt: Grund- und Hauptnahrungsmittel für die Tibeter. Gerste gedeiht in diesem Gebiet noch bis zu einer Höhe von 4500 Metern. Immer höher geht es hinauf und wegen der verhältnismäßig kurzen Anpassungszeit in Xining spüren wir und unsere Begleiter jetzt die dünne Luft. Obwohl wir völlig gesund sind, ahnen wir, wie schwierig ein Aufenthalt in dieser Höhe ist und wie sehr unsere Arbeit hier zu einer Strapaze werden wird.

Aber wir haben Glück, durch das langsame Hinaufsteigen und die lange Fahrzeit können wir uns besser an die extremen Lebensbedingungen hier oben gewöhnen. Die Höhendifferenz von Xining mit seinen 2300 Metern bis zu unserem Endziel am Qinghaisee beträgt 960 Meter. Jetzt muß sich unsere Höhentauglichkeit beweisen, und wir können nur hoffen, keine ernsthaften gesundheitlichen Schwierigkeiten zu bekommen. Wir durchqueren tiefe Täler und überwinden gewaltige Pässe. Durch das Fernglas und das klare Wetter geht der Blick in eine unbegrenzte Ferne, zum Greifen nah liegt die großartige Bergwelt und überbietet sich unaufhörlich in ihrer Vielfalt. Vielleicht befindet sich hier die noch unberührteste und schönste Landschaft der Erde. Sechs- und Siebentausender von unerhörter Wildheit stehen wie starke Festungen da, unzugänglich und unüberwindbar. Einige Steilwände sind mächtig vergletschert und in den tiefen Felsrissen mit Firnschnee angefüllt.

Nach einer längeren Strecke erleben wir wieder eine interessante Pause an einem Militär-Depot. Hier gibt es eine „Tankstelle". Jili, unser Chauffeur, zertrampelt erst gemessen den Rest seiner Zigarette, bevor er mit wichtiger Miene ein großes Blatt Papier aus seiner Seitentasche zieht und es einer aus der Tür tretenden Militärperson gibt. Nachdem der Soldat das Papier lange und genauestens durchgelesen hat, darf Jili tanken. Er dirigiert den Wagen neben einige große Fässer, macht den Schlauchanschluß fertig und beginnt, den Treibstoff umständlich mit einer Handpumpe vom Faß in unseren Tank zu beförden. Das dauert und dauert. Wang Yuxue wendet sich an uns: „Bleiben Sie dieses Mal im Wagen!" Auch unsere Mannschaft steigt nicht aus, und wir verstehen sofort, warum: Eventuell könnten wir etwas sehen, was wir nicht sehen sollen. Aber was wohl, in dieser großen Einsamkeit?!

Eines aber haben wir doch bemerkt: Man wünschte mit uns keinerlei Kontakt, und so, wie wir gekommen sind, verlassen wir die Militärstation, nur mit vollem Tank.

Noch befinden wir uns auf der Qinghai-Tibet-Überlandstraße, immer weiter seitlich, und vor uns ragt die gewaltige Kette der Berge empor. Wir sind hellwach, aber unsere Begleiter sind wieder mal in einen tiefen Schlaf gesunken, außer Wang Yuxue. Für uns ist es einfach unmöglich, das gewaltige Erlebnis, zum ersten Mal in dieser faszinierenden Gebirgslandschaft zu sein, einfach zu verschlafen.

Etwa 300 Meter vor uns entdecken wir einen am Boden stehenden Wegweiser, unsere Fahrt verlangsamt sich. Wang Yuxue gibt Jili eine Anweisung und wir verlassen den festen Grund der Überlandstraße. Langsam biegen wir in eine kleine Fahrtpiste ein, die mit Schotter, Lehm und Sand bedeckt ist. Zum Glück gibt es kaum Niederschlag in dieser Jahreszeit, denn nach Regenfällen, so sagt man uns, ist die Fahrbahn nicht mehr benutzbar.

Es folgt eine zweieinhalb Stunden langsame Geländefahrt. Oft verlassen wir die unpassierbare Fahrbahn und Jili sucht sich dann selber eine neue Piste. Im Hintergrund verschwinden langsam die Berge und vor uns liegt tief unten plötzlich ein riesiges Ungeheuer, der Qinghaisee.

Mit einem Ruck bleibt der Wagen stehen. Sind wir wirklich da, oder träumen wir? Unser jahrelang ersehnter Wunsch, unser Traum, hat sich erfüllt, für uns war der See immer ein Symbol der Unerreichbarkeit und Ferne.

Selten wohl in all den letzten Jahrhunderten waren hier Langnasen. In Aufzeichnungen haben wir von einer russischen Expedition im Jahre 1909 unter der Führung von Kapitän P. K. Kozloff gelesen.

Sicher werden auch noch einige andere Wissenschaftler den Qinghaisee gestreift haben, aber nur wenige.

Wie ein unendlicher großer Diamant glitzert das Wasser zu unserer Begrüßung in der Sonne. Diesen Augenblick möchten wir festhalten, doch wir müssen weiter.

Durch das Betrachten der sich immer wieder verändernden großartigen Landschaft ist der Tag viel zu schnell vergangen. Kein Anblick durfte verlorengehen.

Wieder haben wir eine Anhöhe erreicht. Wang Yuxue richtet vier kurze Worte an Jili, der hält sofort an: Wir hatten unser Tagesziel erreicht. Vor uns, im Licht der tiefstehenden Abendsonne, liegt in einem weitausladenden Tal in etwa 800 Metern Entfernung unser Basislager.

Im „verbotenen“ Land

Die lange Fahrt und die vielen überwältigenden Eindrücke der phantastischen Gebirgswelt hatten uns völlig erschöpft. Und auch die dünne Luft bewirkt, daß wir unmittelbar nach unserer Ankunft im Lager in einen tiefen Schlaf fallen. Ganz gegen unsere sonstige Gewohnheit verstoßen wir gegen ein ehernes Prinzip: uns genauestens über unseren Standort zu informieren, bevor wir uns zur Ruhe begeben.

Aber wir wollen ausgeruht den ersten Tag hier am Qinghaisee zu einer Vorbesichtigung der Streifenganskolonie nutzen, es soll die größte Brutkolonie der Welt sein. Auch will ich die Aufstellung des Drehplanes und die Auswahl der Kamerastandpunkte festlegen.

Mit auf die erste Erkundungsexpedition gehen heute morgen Wang Yuxue und Zhang Cheng, der Dolmetscher. Für den ersten Überblick nehmen wir eine Sofortbildkamera, eine Bildkamera für Standfotos und Ferngläser mit.

Zhang Ce und Ren Jingbo sollen im Lager bleiben. Jeden Tag werden sich unsere Begleiter abwechseln und jeweils nur zwei mit uns unterwegs sein. Dafür haben wir gleich zwei gute Gründe: Mit dem leichteren Wagen kommen wir besser voran, und die Tiere werden nicht so beunruhigt: Je mehr Menschen, desto mehr Unruhe für die Gänse.

Zunächst gehen wir mal ein wenig im Lager herum und sehen uns um. Jili war schon fortgefahren, um an einem anderen Depot den Tank für die nächsten Tage aufzufüllen, er wurde in einer Stunde zurückerwartet.

Die Siedlung am Qinghai-See, von einer drei Meter hohen Lehmmauer umschlossen.

Wieder überwältigt uns die Freude, endlich an unserem Traumziel angelangt zu sein. Wir sollten bald ein Gebiet betreten, das allen Chinesen und Nichtchinesen verschlossen ist und sicherlich auch wegen der strategisch wichtigen Lage immer „verbotenes Land" bleiben wird.

Über das Seengebiet wissen wir nichts, so müssen wir uns alles erst selber erarbeiten. Beim Rundgang durch unseren Standort notieren wir: Eine etwa drei Meter hohe, zum Teil weißgekälkte Umfassungsmauer aus Lehm und Ziegel umschließt unser etwa 150 Meter langes und 60 Meter breites Lager. Ein Drittel der Mauer, so stelle ich beim näheren Hinsehen fest, besteht aus „chan", dem tibetischen Zement. Der ist so hart, daß er selbst Gewehrkugeln standhält. Für die Bewohner hier hat die Mauer eine lebenswichtige Funktion: Sie schützt in der unerbittlichen Winterzeit vor Kälte, Schneeverwehungen, peitschenden Stürmen und nicht zuletzt vor Raubtieren wie Fuchs und Wolf. Im Lagerkomplex stehen vier Häuser aus roten Ziegeln mit flachen Dächern. In fast zehn Metern Entfernung des einzigen Eisentores, das hoch und breit ist und zum See führt, liegt unser Schlaf- und Aufenthaltsraum. Für hiesige Verhältnisse ist er sehr groß und mißt 4,5 mal 6 Meter. In einer

Ecke befinden sich die zwei Lagerstätten: Holzbretter liegen auf Steinen, auf den Brettern prall gefüllte Strohsäcke. Schwere Dekken aus Yakhaar werden uns wärmen.

Zur Einrichtung gehören noch ein niedriger Holztisch und zwei Stühle mit einer Glühlampe darüber. Ein Generator im Lagerraum nebenan liefert den Strom. Die Innenwände sind mit Lehm verschmiert, und der Boden ist mit Ziegeln ausgelegt. Ein Kanonenofen der Marke „Tibet" sorgt für mollige Temperaturen.

Neben uns in einem kleineren Raum wohnt und schläft die gesamte Tibeter-Familie, die hier alles bewirtschaftet und sauberhält. Wang Yuxue stellt uns die kleine Gemeinschaft vor: Vater, Sohn und Schwiegersohn sorgen für alle Arbeiten außer Haus, die Mutter und zwei Töchter, von denen die ältere in zwei Monaten neues Leben erwartet, sind für die Hausarbeiten verantwortlich. Wang Yuxue spricht ein paar Worte mit der jüngeren, unverheirateten Tochter, 19 Jahre alt. Sie ist eine echte Tibeterin, groß und kräftig gewachsen, feine Haut, rote Backen. Sie reicht uns mit einem freundlichen Lächeln die Hand und ist ab sofort für unsere Betreuung zuständig.

In dem Anwesen gibt es noch einen überdachten Holzverschlag, darunter ruht schlafend ein riesengroßes schwarzes Schwein, die Verpflegung für die gesamte Familie während des langen Winters. Sechs oder mehr Hühner, ziemlich klein gewachsen, ein Hahn, und – als kleiner Vorbote – eine leicht verkümmerte vorjährige Streifengans vervollständigen den Viehbestand. Die Gans war sicher krank, hatte im Lager überwintert und hier dann ihren Verpflegungsanschluß gefunden.

Um vor Arbeitsbeginn über das Gebiet hier mit dem Qinghaisee schon möglichst gut informiert zu sein, bitten wir Wang, uns etwas zu erzählen. Aus einer großen Segeltuchtasche holt er ein Buch heraus und beginnt zu berichten. Dabei hilft das Buch aus, wenn er nicht weiter weiß:

Der Qinghaisee, auch „Blauer See", hat im Wandel der Zeiten viele Namen getragen. Einmal wurde er Tsinghai genannt, dann Koko Nor. Das war Anfang dieses Jahrhunderts, als die russische Expedition unter der Leitung von Kapitän P. K. Kozloff Vermessungen am See durchführte. Auch wurde der See mit Choch-Nuur, dann Qinghai-Hu und chinesisch Hsi-Ning bezeichnet. Die tiefste Stelle soll, so chinesische Hinweise, 32,80 Meter betragen, die durchschnittliche Tiefe 25 Meter. Mit einer Oberfläche von 4600 Quadratkilometern und einem berechneten Umfang von 367 Kilometern ist der Qinghai der größte abflußlose Salzsee Chinas.

„Übrigens", so bemerkt Wang mit einem großen Stolz, „ist der See so weit, daß man nie das andere Ufer sehen kann!" Auf meine Frage

allerdings, wieviel Leute ungefähr im Bereich des Sees wohnen, konnte oder wollte mir der sonst so gut informierte Mann keine Antwort geben.
Wang wunderte sich zwar über die Wißbegierde der Weitgereisten, freute sich aber, uns (fast) alles über sein Land berichten zu können. Zum Abschied meinte er, die Aneignung westlichen Wissens sei wichtig, die Jugend solle „aus dem Fenster nach Westen blicken!"
Vor dem geschlossenen Tor steht der vollgetankte Wagen, es geht los. Zum ersten Mal hören wir die Hupe, sie tönt zweimal laut, der Verwalter erscheint und öffnet mit einem Lächeln umständlich das schwer quietschende Tor.
Nach einer kurzen Strecke fahren wir über eine schmale, aber feste Steinbrücke. Unter uns strömt der vielleicht 15 Meter breite „Buchha"-Fluß, der in den Qinghaisee mündet. Auf der nächsten Anhöhe hält Jili. Hinter uns liegt gut überschaubar unser klein wirkendes Lager, vor uns breitet sich in einer Entfernung von rund 12 Kilometern der Qinghaisee aus, groß wie ein Meer. Auf der vom Fahrer gewählten Graslandpiste kommen wir nur langsam voran, oft drehen sich die Räder im lockeren und staubigen Sand und immer wieder denke ich: Jetzt bleiben wir stecken!
Doch es geht immer weiter. Wie aber wird der Boden am Rand des Sees aussehen? Eine für uns sehr wichtige Frage. Denn an jedem Arbeitstag werden wir, von Ausflügen zu den Kolonien abgesehen, die Strecke zweimal bewältigen müssen.
Rechts voraus sehe ich durch das Glas in der unendlichen Steppe die erste große grasende Yakherde, und ständig umgibt uns das großartige Panorama der Gebirgswelt. Trotz der wärmenden Sonne aus wolkenlosem Himmel weht ein kühler Wind, zum Glück tragen wir unsere warmen Jacken.
Vor uns taucht wieder eine kleine Anhöhe auf. Trotz größter Bemühungen war es nirgends möglich, auch nur einigermaßen detaillierte Landkarten vom See zu erhalten. So müssen wir durch unseren ganz persönlichen Beitrag allein für uns das Gebiet erobern und Überraschungen einkalkulieren. Dabei hoffen wir natürlich, vor bitteren Erfahrungen verschont zu bleiben.
Nach einer Stunde zäher Fahrt halten wir vor einer kleinen Holzhütte mit einem Schuppen aus Brettern. Hier wohnen in den Sommermonaten in tiefster Bescheidenheit die zwei für das Schutzgebiet verantwortlichen Leute aus Xining. Es sind keine Tibeter, sie kennen Wang Yuxue und wußten von unserer Ankunft. Es folgt die Begrüßung durch Handschlag, wobei die Verwunderung der beiden Männer bei Christels Anblick nicht zu übersehen ist. Nur wenige Expeditionen aus der weißen Welt haben dieses Gebiet betreten, ob jemals eine Frau darunter war, ist nicht bekannt.

Wang Yuxue unterhält sich eine Weile lang mit dem älteren Mann, Lu Ximin, er soll uns führen und steigt in den Wagen. Er kennt die Lage der Streifenganskolonie genau. Vor allem weiß er, wie man sich ihr nähern kann und wo der beste Standpunkt für den Gesamtüberblick ist.

Durch ständiges Sprechen mit Jili dirigiert Lu uns in einer gewissen Entfernung am Seeufer entlang, nach zwanzig Minuten Holperstrecke halten wir hinter einer Anhöhe. Von hier soll es die beste Sicht geben. Oben angelangt habe ich Atemnot, mein Herz klopft wie wild. Sicher ist es die dünne Luft, aber auch das einmalige Bild, das sich uns hier bietet: So eine große Kolonie von Streifengänsen habe ich in meiner 35jährigen Filmarbeit noch nie gesehen. Die gesamte breite Uferzone ist stark von brütenden Vögeln besetzt. Ein herrlicher Anblick! Abfliegende und landende, sich streitende und zum Wasser watschelnde Vögel und viele Junge sind in dem unendlich scheinenden Durcheinander unterwegs. Und doch hat alles seine Ordnung und seinen Sinn!

Obwohl der Wind aus der Richtung der Kolonie weht, ist kein strenger Geruch wie zum Beispiel bei den Möwenkolonien zu bemerken. Nur das unaufhörliche, zahllose Stimmengewirr dringt zu uns herüber. In dieser Stimmensymphonie erklingen Töne, die wir noch nie gehört haben: Oft laut und dann abschwellend bis leise und zuweilen anzuhören wie eine Melodie.

In der Ausladung am Ende unseres Hügels kann ich sehr gut die ersten Nester sehen, und obwohl fünf Menschen auf die zum Teil brütenden Vögel herabsehen, werden sie nicht beachtet. Das ist ein gutes Zeichen, denn Menschen mit ihren oft schlechten Eigenschaften sind hier nicht bekannt. Wir können uns sogar unterhalten, ohne die Vögel zu stören.

Durch das Fernglas sind bei genauem Hinsehen schon Verhaltensweisen erkennbar, und die dezenten Farben der Vögel, angepaßt an den Lebensraum, leuchten in einmaliger Schönheit. Stundenlang könnten wir von hier oben aus das Leben und Treiben der Kolonie bestaunen, aber für die nächsten Drehtage müssen wir alles so gut wie möglich vorplanen und einen detaillierten Programmablauf mit Schwerpunkten erarbeiten.

Die Erstellung eines Drehbuches ist nicht möglich, da es vorhersehbare Situationen in der Tierwelt nicht gibt und sehr viel Unerwartetes eintreten kann. Zwar haben wir in Deutschland eine Liste der Verhaltensweisen der Tierarten, auf die man achten muß, angelegt, aber alles hängt letzten Endes doch vom Glück und reinen Zufall ab.

Die Sofortbildkamera ist jetzt die beste Hilfe, denn durch viele Abschnittaufnahmen von der ausgedehnten Kolonie kann ich die unterschiedlichsten und bestmöglichsten Kamerastandpunkte auswählen. Nach meiner Arbeitsweise fertige ich anschließend nach den Fotos Aktivitätsskizzen an, die unter der Berücksichtigung des jeweiligen Sonnenstandes die für den Film ausgewählten Nester in gewünschtem Licht zeigen.

Christel hat gerade etwas entdeckt, sie weist zum See hinüber, ich suche schnell mit dem Glas in der Richtung das Ufer ab – und traue meinen Augen kaum: Direkt auf dem schmalen Strand steht ein Schwarznackenkranich *Grus nigricollis*. Er ist äußerst selten und kaum in der freien Wildbahn zu sehen. Über seine Verhaltensweisen ist nicht viel bekannt. Damals hatten wir im Pekinger Zoo ein Exemplar voller Bewunderung betrachtet. Hier wird das stolze Geschöpf „König der Vögel" genannt.

Nur ein kurzer Moment sollte uns gegönnt sein, denn mit einer eleganten Leichtigkeit hebt der formvollendete große Vogel vom Boden ab und fliegt seewärts davon. Dieser kurze Augenblick war eine Freude mehr für uns, hatten uns doch die Kraniche von Zhalong bis jetzt immer Glück gebracht.

Wir können uns kaum von unserem Beobachtungsplatz trennen, so viel gibt es da unten zu sehen.

Für die zukünftige Zeiteinteilung müssen an jedem Tag nach Schätzung für die 12 bis 15 Kilometer lange An- und Rückfahrt vom Lager drei Stunden, die es in sich haben, eingeplant werden.

Jetzt, auf der Rückfahrt, sprechen wir kaum ein Wort, wir müssen erst die Vielfalt des Gesehenen verdauen und einordnen.

An der Hütte angelangt, verabschieden wir uns von Lu, er wird uns morgen wieder führen.

Christel beobachtet durch das Glas die Landschaft und entdeckt nach einiger Zeit in der Ferne einen weißen Fleck auf dem Boden. Jili muß, ob er will oder nicht, dorthin fahren. Auf dem Boden finden wir, im ständigen Wind zusammengekauert, ein junges Schäfchen, entkräftet und von der stoisch weiterziehenden Herde liegengelassen. Christel nimmt es auf den Arm, und zur Aufzucht mit ins Lager.

Dort werden wir schon von Zhang Ce und Ren Jingbo erwartet. Gleich gibt es Essen, aber vorher wollen die beiden alles genau wissen: „Was habt Ihr gesehen, wie sieht es direkt am See aus?" Morgen werden sie uns begleiten.

Fast sind wir fertig mit der Zusammenstellung unseres Drehplanes, da hören wir vor unserer Tür tibetische Laute. Nebenan auf der Außenbank der Verwalterfamilie sitzen zwei Mönche. Sie haben von der Ankunft der Fremden gehört und kommen von dem verhältnismäßig kleinen Kloster der Gelbmützen, das in etwa zwei Kilometern Entfernung an einem Schattenhang liegt.

Beide Mönche, von unschätzbarem Alter, zeigen feine Gesichter, ihre Hände sind zart und feingliedrig. Scheu mustern sie uns und bieten selbstgeknüpfte Teppiche an, die sie vor uns aufrollen. Bei beiden Exemplaren, etwa 1 mal 2 Meter groß, handelt es sich um eine mindere Qualität in der Verarbeitung. Grelle und kitschige Farben mit den hier beliebten Motiven wie Blumen, Vögel, Bambus und Kraniche regen unser Kaufinteresse auch nicht gerade an – und so bleiben die guten Stücke am Qinghaisee.

Wie wir später hörten, erfolgte der Wiederaufbau des kleinen Klosters erst vor zwei Jahren. Nur ein absolut starker Glaube konnte die Kraft dazu geben, in dieser Stille die alte Gebetsstätte wieder zu erneuern.

Die Westflanken der Berge leuchten jetzt in den letzten Strahlen der Abendsonne, es wird merklich kühler. In weiter Ferne verschwindet bei untergehener Sonne die großartige Bergwelt und unser erster Tag am Qinghaisee.

Die große „Stadt der Vögel“

Die Sonne ist wundervoll aufgegangen, ein klarer Tag liegt vor uns. Es ist noch kühl und gerade erst 6 Uhr am Morgen. Schon in Peking sagte man uns: Die Spannweite der klimatischen Verhältnisse am Qinghaisee ist groß: Trocken, kalt, lange strenge Winter mit Temperaturen meist unter 20 Grad. Der Schnee liegt oft mehr als sechs Monate lang und je nach Winterhärte ist der See mit einer 40 bis 100 cm dicken Eisschicht bedeckt.

Die Sommer sind nur kurz, doch scheint die Sonne viele Stunden lang mit größter Intensität, etwa 2800 bis 3000 Stunden pro Jahr. Die Temperatur-Unterschiede sind riesig: Am Tag brütende Hitze bis 35 Grad, nachts sinkt das Thermometer dann unter null Grad und es friert. Daran müssen wir uns gewöhnen, solange wir hier sind. Uns geht immer wieder eine chinesische Weisheit durch den Kopf: „Morgens im Pelz und mittags im Hemd!“

Heute ist der erste Filmtag am Qinghaisee, und wir wollen mit den Aufnahmen in der Kolonie der Streifengänse beginnen. Gestern haben wir gesehen, daß wir gerade rechtzeitig gekommen sind. Denn es sind schon Junge da, und um die Verhaltensweisen der Gänse beobachten zu können, hätten wir nicht später kommen dürfen.

Vor uns glitzert der See, wir haben allen Grund zur Freude. Der Sonnenstand ist gut, und wir beziehen ohne Komplikationen unseren ersten Kamerastandpunkt.

Vielleicht ist es uns möglich, durch eingehende Beobachtungen und die Filmarbeit etwas mehr über das Normalverhalten der Tiere in völliger Freiheit zu erfahren: über die Lebensabläufe, die Vorgänge und Ereignisse in der Familie und in der Koloniegemeinschaft.

Fast in einem Halbkreis, in einer geschätzten Entfernung von fast 600 m vom Qinghaisee, von unserem Standpunkt aber nur 50 m entfernt, liegt die große „Stadt der Vögel". Es ist die größte zusammenhängende Ansammlung von brütenden Streifengänsen der Welt. Wir können die Vögel nicht zählen, ja nicht einmal schätzen, da die einzelnen Nester nicht, wie z. B. bei den Möwen, geordnet und dicht gedrängt liegen, sondern in verschiedenen Abständen weit auseinander.

Die folgenden Angaben stützen sich auf die Aussagen von Lu:

An die zehntausend Individuen sollen hier brüten, jedoch fällt die Zahl von Jahr zu Jahr unterschiedlich aus – und ist dazu noch in keiner Weise gesichert!

Die Kamera habe ich jetzt auf einem ausgesuchten Sandhügel fast im Zeitlupentempo aufgestellt, ohne dabei eine Regung zu bemerken. Selbst bei den uns am nächsten liegenden Nestern rührt sich nichts. Den Film beginne ich mit einem totalen Panorama-Schwenk über die ganze weite Brutansammlung. Welch eine Fülle an Schönheit ruht auf dieser Welt der Tiere. Ab jetzt haben wir Zeit, die „Stadt der Vögel" mit aller Hingabe zu studieren. Es ist ein Traum, alle diese wunderbaren Geschöpfe in ihrem ganz natürlichen Lebensraum und in ihrem Verhalten aufnehmen zu können.

Bis jetzt haben die Gänse von unserer Anwesenheit noch keine Notiz genommen. Daraus schließen wir, daß sie bisher noch keine schlechten Erfahrungen mit Menschen machen mußten.

Streifengänse überwintern in den Reislanddistrikten und großen Sümpfen von Jünnan, Burma, Bangladesch, Pakistan und vor allem in Vorderindien. Die grasbestandene Hochebene sagt den Streifengänsen zur Brut und Jungenaufzucht besser zu als die Tropen. Deshalb fliegen sie in jedem Jahr in der Zeit von März bis April in mehreren Massenzügen mit bis zu 2000 Vögeln und bezwingen in dynamischen Formationen die Bergketten des Himalaya, indem sie den großen Wasseradern folgen. Die gefiederten Langstreckenflieger vollbringen dabei unglaubliche Flugleistungen und erreichen bei der Überquerung der Himalayakette Höhen von 9000 Metern. Bei stets regelmäßigen Flügelschlägen mit einer geringen Schlagfrequenz und mit weit durchschlagenden Bewegungen der Schwingen erlangen sie eine geschätzte Geschwindigkeit von 90 km in der Stunde. Geleitet werden sie durch eine uns unbekannte Fährte.

Von den bisherigen wissenschaftlichen Versuchen aber kommt keine der tief unergründlichen Wahrheit nahe, erzählt uns Lu mit ernstem Gesicht.

Erste Ankömmlinge zum Brüten und Übersommern erscheinen am Qinghaisee um den 20. März, und sie sind in allen Fällen schon gepaart. Die Weibchen tragen bereits wenige Tage nach der Ankunft in der unwirtschaftlichen Brutheimat mehr als hühnereigroße Eier in sich. Das Eintreffen des Haupttrupps setzt zuverlässig am 15. April ein. Zu dieser Zeit übt oft der Winter noch seine strenge Macht aus, die Flüsse sind zugefroren, und Schnee bedeckt das ganze Land.

Aber selbst bei den schlechtesten Witterungsbedingungen werden die Brutplätze angeflogen. Nur bei starken Frühjahrsschneefällen und bei Nachtfrösten von 10 Grad minus gibt es einige Verzögerungen beim Eintreffen der Gänse.

Wie lange schon die Vögel mit ihrer Ortstreue an den See kommen, wußte niemand zu berichten. Jedenfalls, so wurde gesagt, geschieht es seit undenklichen Zeiten.

Nachdem die Tiere von ihrer mehrere tausend Kilometer langen und so gefährlichen Reise eintreffen, sind oft Verluste zu beklagen. Wer wieder wohlbehalten am Qinghaisee angekommen ist, hat gesiegt über alle Beschwernisse des großen Fluges.

Vorerst stehen die Streifengänse an ihrem Nächtigungsplatz zusammen. Wenig später beziehen sie, beim Umschlagen der Witterung zu freundlicheren Temperaturen, ihr großes Nistrevier. Einer von beiden Partnern sucht den geeigneten Platz für das Gelege aus. Eine Brutplatzarmut gibt es nicht. Jeder will natürlich möglichst inmitten der großen Kolonie sein Nest errichten, um von der Brutgemeinschaft um sich herum geschützt zu sein. Wer allerdings zu spät kommt, hat keine Wahl mehr und muß sich am Rand der sich ständig ausdehnenden Kolonie niederlassen.

Schon einmal konnte ich den schönen Anblick von Streifengänsen in völliger Freiheit genießen, das war damals im indischen Wasserschutzgebiet „Keoladeo Ghana“ in Bharatpur-Rajasthan, etwa 180 km von Delhi entfernt. Die Vögel waren zur Überwinterung eingeflogen, und ich konnte sie bei der Futteraufnahme im seichten Wasser aufnehmen. Ich erinnere mich an die Filmarbeit 1974 für unsere 26teilige Tierfilmserie „Indiens Wunderwelt der Tiere“. Zu jener Zeit im Monat November befanden sich die Streifengänse in unmittelbarer Nachbarschaft vom Indischen Nimmersatt *Mycteria leucocephala,* Graupelikan *Pelecanus philippensis,* Saruskranich *Grus antigone* und 63 Schneekranichen *Grus leucogeranus.*

In den wenigen Jahren bis heute wurden diese stolzen Vögel bis auf die Hälfte dezimiert, laut Bericht aus Bharatpur.

Als wir damals die Streifengänse vor der Kamera hatten, konnten wir nicht ahnen, einmal das große Glück zu haben, bei der Brut dabei zu sein. Ich erinnere mich noch ganz genau, daß die Vögel äußerst scheu waren und eine weite Fluchtdistanz hatten. Hier im Schutzgebiet am Qinghaisee, einem der letzten Refugien dieser so seltenen Gänse, sind sie sicher und nicht mehr so scheu.

Trotzdem müssen wir uns so verhalten, daß unsere Anwesenheit keinerlei Störungen oder Beunruhigungen hervorruft. Heute ist es erfreulicherweise aufgrund der technischen Hilfsmittel möglich, die Tiere ganz aus der Nähe zu zeigen, ohne ihnen nahe zu kommen. Durch unsere Teleoptiken können wir feststellen, daß sich die Gänse nicht im geringsten gestört fühlen.

Die Kolonie bietet einen großen Reichtum an Motiven und Verhaltensweisen. Im Moment herrscht großer Flugbetrieb. Mit vorgestrecktem Hals stoßen die Vögel beim Überfliegen der Kolonie einen „Warnruf" aus und landen schließlich etwas umständlich, aber treffsicher in unmittelbarer Nähe ihres Nistplatzes. Es hört sich an wie eine „Sinfonie der Natur", viele unterschiedliche Töne in jeder Lautstärke erklingen: Verfügen doch die Gänse außer ihrem stets vorherrschenden lauten Schnattern über ein reiches, breites Stimmenvokabular. Beim lauten Anschwellen der Töne durch den tragenden Wind können wir oft unsere leisen Verständigungsworte kaum noch verstehen.

Bei der Streifengans *Eulabeia indica* handelt es sich um eine der seltensten Gänse der Erde. Es sind schlanke und eher zart wirkende Vögel von etwa 3 kg Gewicht. Kennzeichnend wie bei keiner anderen Art ist die Eigentümlichkeit der zwei schwarzen Querbinden auf dem Hinterkopf.

Solch ein schönes Geschöpf habe ich gerade groß im Bild. Christel, die ständig mit dem Feldstecher die Nester systematisch absucht, rupft mich am Ärmel. Schnell schwenke ich die Kamera und erkenne den Beginn eines großen Kampfes um einen Nestplatz. Der liegt zwar nicht in der Mitte der Kolonie, sondern etwas außerhalb. Wie es aussieht, will ein Gänsepaar unbedingt noch zwischen die bereits brütende, enge Nachbarschaft sein Nest errichten. Jetzt sind alle Gänsemänner rundherum gefordert, betrifft doch ein so dichtes Beieinander jeden, der hier wohnt. Und übrigens: Man kennt sich ja gar nicht, und da kann ja jeder kommen! Und warum soll es denn gerade hier in unserer Gegend noch mehr Gedränge geben!?

Fürchterliches Zischen ist vielfach zu hören. Da die fremden Eindringlinge dadurch nicht weichen wollen, zeigen ihnen die Platzhüter ihre volle Breitseite und warten dann nicht lange: Mit gesenktem Kopf, kräftig nach vorne stürmend und immer lauter zischend erfolgt der Angriff. Unsere Eindringlinge befinden sich inmitten der großen Schar, der sie so gar nicht willkommen sind. Wer nämlich die Reviergrenze verletzt und unser Nestgebiet nicht respektiert, der muß unter allen Umständen weichen, da sind sich die Alteingesessenen ganz sicher. So ein aggressives Verhalten ist ja wohl unmöglich!

Jetzt und in diesem Augenblick wird es gar nichts nützen, wenn der Gänsemann allein den Helden spielt. Wie soll er auch gleichzeitig eine ganze Armada von Nestplatzbesitzern beeindrucken? Zum Glück sitzen die Weibchen noch auf den Eiern und werden sich hoffentlich ruhig verhalten. Denn keinerlei Störung darf den Verlauf des Brütens beeinträchtigen, und so werden die „Ehefrauen" bestimmt alles nur beobachten, doch durch erregtes Schnattern vom Nest aus ihre Meinung unmißverständlich kundtun. Ansonsten werden sie aber ungerührt ihrem Geschäft nachgehen. Die Eier verlassen? Das kommt auf keinen Fall in Frage. Die Eindringlinge zu vertreiben, diese Kleinigkeit werden doch wohl die Männer besorgen!

Das schnatternde Hetzen der Gänse wird jetzt immer böser, es hört sich so an, als wollten sie ihren Männern zurufen: Tut doch endlich etwas, die Eindringlinge müssen weg! Die Ganter werden nun ihrerseits immer lauter, richten sich hoch auf, schlagen mit den Flügeln und imponieren. Die Lage spitzt sich zu, unsere ungebetenen Gäste müssen alles versuchen, hier Grund und Legeboden für ihren Nachwuchs zu erkämpfen. Vielleicht handelt es sich um ein Nachgelege, wobei das erste aus irgendeinem Grund zerstört wurde und das Weibchen jetzt unbedingt legen muß.

Hat ihr Mann bis jetzt nur mit den Flügeln Wind gemacht, so zeigt er nun allen, wie groß und stark er ist, indem er sich stolz zur vollen Körpergröße erhebt und dabei die Brust ordentlich nach vorne drückt. Auch die Gans hat sich zum Kampf gestellt und zeigt den unnachsichtigen Nestinhabern schlagend, wie riesig sie ist und wer sie ist.

Daß sie ein richtiges Paar sind und auch noch in der äußersten Notlage zusammenhalten, bekunden die beiden durch ihr Verharren an dem ausgewählten Brutplatz und werden ihn verteidigen: Komme, was da wolle! Schnell muß etwas geschehen. Ohne den Angriff der anderen erst abzuwarten, greift unser Ganter erbarmungslos an. Dabei schreit er laut mit offenem Schnabel, auch seine Frau macht es ihm nach. Mit harten Flügelschlägen und erhobenen Kopf rast sie nach allen Seiten zischend noch vorn, und jetzt wird sogar noch tüchtig gebissen. Die Revierinhaber scheinen durch diese plötzliche Attacke ganz durcheinander zu sein, sie beißen und zischen zwar zurück, doch was jetzt kommt, haben wir noch nie erlebt: die Verteidiger werden zu Verfolgten! Heftig und verbissen wird gekämpft, alles fliegt bei diesem tollen Spektakel schnell durcheinander, so daß wir gar nicht sagen können, wie der Kampf eigentlich steht, wo die Angreifer sind und wo die Verteidiger. Denn alle Männchen gehen in der gleichen Haltung aufeinander los, beißen und jagen und bei all dem Hin und Her und Gezerre und Geschnattere fliegen die Federn wie bei Frau Holle.

Doch langsam wird sichtbar, daß das angreifende Männchen alle fünf Revierinhaber in verschiedene Richtungen viele Meter weit vertrieben hat. Dabei gelangen die Verteidiger in andere Wohngebiete, wo sie ihrerseits von den dortigen Revierbesitzern gleich heftig unfreundlich angegriffen werden. In eine andere Richtung gedrängt, geraten sie wieder an neue Nachbarn – und so setzt sich das Dilemma unaufhörlich fort.

Das Weibchen ist jetzt an seinem eroberten Nestplatz stehengeblieben, zischt rundherum alles federsträubend an und beißt, was sich ihm nähert. Das Männchen hat alle anderen Geschlechtsgenossen in die Flucht geschlagen, ganz nach dem Motto: Nur die besten Kämpfer behaupten sich. Jetzt kommt der Sieger zurück, zeigt dabei noch einmal seine ganze Größe und sein recht unordentliches Federkleid. Sofort schnattert er sein Weibchen an und erhält umgehend eine geschnatterte Antwort. Und durch die dann folgenden, zur oberen Tonlage hin sich fast überschlagenden lauten Erfolgsrufe beider Partner wird ihr Zugehörigkeitsgefühl wieder deutlich. Vielleicht bedeutet das Geschnattere jetzt Siegesgeschrei: Hier ist unser Platz, hier bleiben wir.

Die Verteidiger kehren langsam zurück: einzeln und bedeutend ruhiger schnatternd als zuvor. Sie können nicht begreifen, daß nun die Frechheit gesiegt hat, obwohl sie doch so mannhaft und schwer gekämpft haben!

Vorerst herrscht jetzt aber erstmal Ruhe, der Kampf ist beendet, das Gänsepaar auf seinem eroberten Platz. Genau hier soll das Nest hin. Dem Ansehen nach ist es ein ärmlicher Platz aus lauter harter Erde. Doch Gänse stellen kaum Anforderungen an den Nistplatz und das Nest. Sicher muß das Weibchen in kürzester Zeit seine Eier legen, denn umsonst haben die beiden bestimmt nicht so hart gefochten. Gerade sind die letzten Meter Film durch die Kamera gelaufen. Zum Glück hatte ich eine Kassette mit einer großen Rolle eingelegt und konnte so die lebensnahen Szenen ohne eine Unterbrechung festhalten.

Um die Aufnahmetätigkeit zu erleichtern und jeden Tag das Geschehen jeweils am selben Nest filmen zu können, haben wir uns eine Nesterkennungs-Übersicht mit Hilfe von Sofort-Aufnahmen angelegt. Dadurch ist es uns auch möglich, andere Nest-Situationen festzuhalten und noch durch Zeichnungen zu ergänzen. So bin ich in der Lage, tagtäglich das von uns ausgewählte Nest, die Eier und das Gänsepaar wiederzufinden, intensiv zu beobachten und die sich ändernden Lebensgewohnheiten zu filmen.

Bei der Nestneugründung vor der Kamera muß es sich um ein Nachgelege handeln. Zwar schwankt der Beginn der Brutzeit in jedem Jahr und hängt von der nachlassenden kalten Wetterlage ab, da aber die Nachbarn schon alle ihre Eier im Nest haben, wird bei unseren Neuankömmlingen der entstandene Ausfall durch ein zweites Gelege ausgeglichen. So wird die Art erhalten.

Der Verlust der ersten Brut kann vielfache Ursachen haben: starke Sandverwehungen, Raubzeug oder Unwetter. Wird eine Brut ganz oder teilweise eingebüßt, ist der Vogel imstande, entsprechend viele Eier nachzulegen. Kommt das gesamte Gelege abhanden, was in der Natur öfters passiert, gibt es meistens ein, manchmal mehrere Nachgelege.

Dennoch bringt die Streifengans in einem Jahr nur eine Brut hoch, denn die Zeit ist begrenzt und vollzieht sich unter Einberechnung der vorbestimmten Abflüge in die Winterquartiere.

Nachgelege enthalten nicht so viele Eier wie das Erstgelege.

Da ich das Glück habe, direkt vor mir eine Nestgründung mitzuerleben, kann ich mit Hilfe anderer Nester alle Phasen des Brütens, des Schlüpfens und des Beginns der Aufzucht verfolgen und filmen. Der Ganter hält Wache und watschelt hin und her. Das Weibchen allein baut nämlich das Nest, dazu bedarf es eines festen Untergrundes. Weil keinerlei Bodenvegetation vorhanden ist, muß das Nest auf kargem Sand angelegt werden.

Die Mulde wird mit Dunen ausgelegt, die sich die Gans vornehmlich aus dem Brustgefieder auszupft. Die Dunen werden mit dem Schnabel für den Einbau zurechtgeformt, dann wölbt das Weibchen durch ständige Bewegungen mit ihrem Körper eine Nestmulde aus. Nach und nach vergrößert sie diese Vertiefung weiter, bis eine kleine Einbuchtung mit höheren Rändern entsteht, die das Herausrollen der Eier verhindert.

Auch bei genauester Betrachtung sehen alle Nester in der Umgebung so aus, doch fehlt zuweilen sogar eine Unterlage.

Dafür sind aber die gute Farbtarnung des Nestes am Boden und das farblich abgestimmte Federkleid der Vögel ein zusätzlicher Schutz, dem Gelände gut angepaßt.

Trotz der drangvollen Enge versuchen alle Elterntiere, ihre Behausungen für den Nachwuchs so anzulegen, daß bei flachem Land eine möglichst gute Sicht nach allen Seiten besteht. So sind Räuber gut zu erkennen, und man kann schnell abfliegen. Aus der Luft dagegen gibt es naturgemäß keine Schutzmöglichkeit.

Ununterbrochen fegt der Wind über das Land, die Nestauspolsterung nimmt kein Ende, da die leichten Dunenfedern immer wieder weggeweht werden. Die Gans indessen ist schnell und unermüdlich und sammelt sie immer wieder ein, indem sie die einzeln davongeflogenen Polsterteile mit dem Schnabel erfaßt. Mit einem typisch angeborenen Verhalten befördert sie die Dunen wieder zum Nest und fügt sie dort ein.

Der Ganter hält unterdessen aufgerichtet und mit hochgestrecktem Kopf rund um den Bauplatz beständig Wache, zum Schutz der Neugründung.

Hier in diesem Bereich stehen die Brutstätten nur etwa ein bis zwei Meter entfernt voneinander. Wenn in diesem außergewöhnlich beengten Abstand ein neues Nest entsteht, kann man sicher die Reaktion der erbosten Nachbarn verstehen. Aber sollte hier noch einmal Stunk aufkommen, wird gemeinsam gegen die Störenfriede vorgegangen.

Durch die vielen Ereignisse und die wertvollen filmischen Ergebnisse ist der Tag schnell vergangen. Auch das Licht ist weniger geworden und reicht nicht mehr für gute Aufnahmen. Ab morgen wollen wir andere Aktivitäten in der Kolonie filmen, doch auch zu den verschiedensten Tageszeiten das Nest unserer Platzeroberer weiter in Augenschein nehmen, um bei besonderen Vorgängen Aufnahmen zu machen.

Um nicht täglich einige der benötigten Ausrüstungsgegenstände wie Stative, Akkus, Tarnzelte ins Basislager mitnehmen zu müssen, haben wir uns in der Nähe der Kolonie auf dem Erdboden mit einer Plane als Unterlage ein Zwischendepot angelegt. Da es hier keine Menschen gibt, die sich an den Geräten vergreifen könnten, lassen wir alles liegen, von oben abgedeckt mit einer Tarnhülle.

Im Lager angekommen, merken wir erst richtig, wie müde und zerschlagen wir sind, obwohl wir uns schon längst an den Zeitunterschied von sieben Stunden im Vergleich zu Europa gewöhnt haben – allerdings noch nicht an den Höhenunterschied.

Schutzlos im Sand

In der Nacht war es sehr kalt, sogar unter null Grad, wie der Verwalter uns mitteilte. Weit im Hintergrund sind in der kalten Ferne die Schneeregionen der Bergketten mit Neuschnee überzukkert. Selbst noch im hohen Sommer sollen die sturmzerzausten Gebirgsketten schneeanfällig sein.

Heute fahren wir von unserem angelegten Depot auf einem anderen Weg zum See, um von dort aus die Kolonie filmen zu können. Wieder fehlt eine Fahrspur und so geht es querfeldein und langsam voran. Vor uns taucht eine etwa 70 Tiere umfassende Yakherde auf, die ihre einsamen Weidegebiete grasend durchwandert. Vorsichtig fährt der Wagen durch die Herde, und wir haben das Gefühl, als ob wir zu den Tieren gehören: Mit keinem Blick betrachten sie den Wagen oder uns.

Ganz anders verhält sich ein Tibeter auf einem kleinen Pferd, der Hirte der Yakherde, wie ich vermute. Er hält sein Pferd an und schaut uns so lange nach, bis wir verschwunden sind.

An einem leichten Berghang steht ein Nomadenzelt, davor neun Yaks, angebunden an Holzstangen, es können Muttertiere sein. Ein Tibeter kommt gerade aus dem Zelt, um auf sein Pferd zu steigen. Das wäre mal eine Abwechslung, da wir ja auch später noch andere Tiere wie Yaks, Pfeifhasen, Kormorane und Möwen auf unserem Drehplan haben. Aber Wang Yuxue winkt sofort ab, was bedeutet: Diese Art von Filmaufnahmen sind nicht erwünscht. Wir können uns Wangs harte Reaktion aber nicht so recht erklären. Ob er schlecht geschlafen hat? Jedenfalls sind wir so früh am Morgen nicht in der Stimmung, um zu streiten, und so fahren wir weiter und beziehen unseren Kamerastandpunkt auf einer Sanderhebung. Es bietet sich eine herrliche Weitsicht über eine vor uns und der Kolonie liegende ausgedehnte Wasserfläche, die mit dem See im Hintergrund in Verbindung steht. So ist es mir möglich, mit den verschiedensten Teleobjektiven die Entfernung zu überbrücken und die Verhaltensweisen der Vögel und das Leben und Treiben in der Kolonie zu verfolgen.

Die Tierfilmarbeit setzt vor allem ein großes Verantwortungsbewußtsein und Liebe zur Kreatur voraus: Nicht auszudenken, was geschehen würde, wenn nur ein einziger Mensch die brütende Kolonie betreten würde. Es wäre eine große Katastrophe, und deshalb können die Strafen zum Schutz der Tiere auch hier in China gar nicht hart genug sein.

Gerade weil es hier am Qinghaisee keine Menschen gibt, die in das Leben der Tiere eingreifen und es verändern können, ist die Welt der Streifengänse noch im Gleichgewicht und zeigt sich frei und in ihrer ganzen Natürlichkeit.

Vom jetzigen Standpunkt aus bietet sich ein ähnliches Bild wie gestern. Bevölkert wird die Kolonie von ruhigen und zänkischen Bewohnern. In den Genuß von Ruhe kommen die Kolonisten nie, immer ist etwas um das Nest herum in Gange. Das geht bis in die späte Nacht und ist ein unermüdliches Kommen und Gehen. Junge in den verschiedensten Nestern haben gerade die Eischalen mit dem

Eizahn durchbrochen und zeigen ihre Köpfchen. Andere, bereits geschlüpfte Geschwister drängen sich in ihrem Nest, wieder andere versuchen, sich im Gefieder der Mutter zu verstecken, einige sitzen neben den zerbrochenen Eierschalen und warten so vor sich hin. Der Ganter aber ist immer in der Nähe und verjagt alles, was sich nähert.

Der Drang, ihren Brutplatz und ihre Jungen von anderen Bewohnern, auch nur mal von eben vorüberwatschelnden Artgenossen, freizuhalten, führt zu verbissenen Kämpfen. Jeder wird in dieser streitsüchtigen Zeit als Rivale angesehen. Treffen sich zwei Ganter, gehen sie sofort aufeinander los. Auseinandersetzungen sind an der Tagesordnung.

Außerordentlich scharf und besorgt sind die Familienväter, wenn sie ihre Jungen führen, besonders, wenn sie sich im deckungslosen Sand befinden. Diese Fürsorge beginnt schon beim Verlassen der Nester.

Obwohl wir in voller Sicht sind, weil das Stativ mit der Kamera sehr hoch steht, haben sich die Vögel an uns und unseren unveränderten Standort gewöhnt. Wenn nämlich die jeweilige Fluchtdistanz, die bei allen Tieren verschieden ist, nicht unterschritten wird, reagieren die Vögel nicht und geben sich so, wie sie sind.

Unser Thermometer zeigt jetzt am Mittag trotz des stets wehenden Windes über 34 Grad an. Langsam öffne ich zum Schutz über der Kamera einen großen Sonnenschirm. Auch dabei ist keinerlei Unruhe in der Kolonie festzustellen. Nach einem kleinen mitgebrachten Essen aus kaltem Reis, Fisch und Tee fährt Christel zu unserem gestrigen Standort, um durch das Fernglas die Situation im Nest unserer Platzeroberer zu überprüfen.

Durch den hohen Kamerastand von oben habe ich die Möglichkeit, in viele Nester hinabzusehen. Wieder habe ich ein gegen Nesträuber kämpfendes Gänsepaar im Bild. Es werden Dunenfedern aus einem gut gepolsterten Nest gezupft und gestohlen, sicher um die eigene Brutstätte wohnlicher zu machen. Aber daraus wird nichts: Die Diebe haben keinen Erfolg. Sie erhalten vielmehr das, was sie verdienen: keine Federn, dafür aber kräftige Abbisse, die ihnen deutlich zeigen: Sie dürfen sich nie mehr in dieser Wohngegend sehen lassen!

Ich schwenke die Kamera neun Nester weiter nach rechts. Da, ein Ganter kommt im schnellen Lauf von der Vertreibung eines Nebenbuhlers zurück. Vielleicht war es ein Junggeselle und Schürzenjäger, der unserem braven Mann nicht nur das treue Eheweib wegschnappen wollte, sondern vielleicht auch noch den Nistplatz.

Der Ganter bremst jetzt vor seiner brütenden Frau ab, schnattert ihr zu, beugt sich dicht zu ihrem Kopf und beginnt mit seinem Schnabel zärtlich daran zu knabbern, als ob er sagen wollte: Ich bin ein treusorgender Mann, und wir haben ein gutes Familienverhältnis. Nach dieser Liebesbezeugung richtet er sich wieder voll auf und hält neben seinem brütenden Weibchen Wache. Ein Ganter hat kein Balzkleid, wie zum Beispiel ein Pfau, da er auch im Federkleid genauso unscheinbar ist wie die Gans.

Zum ersten Mal sehe ich, daß der Qinghaisee von unserer derzeitigen Position wegen des jetzigen Sonnenstandes fast stahlblau und kristallklar wirkt. Nur wenige Wolken spiegeln sich in seinem Wasser. Einst wurde der See von 43 großen und kleinen Flüssen, reich an Wasser, gespeist. Heute ist als größter Wasserzubringer nur der „Daotang" bekannt, der Fluß, der nach Westen fließt, alle anderen fließen nur nach Osten. Außerdem auch noch der „Buchha"-Fluß, der im Winter allerdings zufriert. Alle anderen Flüsse haben keine Ausformung mehr, sie sind ausgetrocknet und sanden immer mehr zu oder sind zu dürftigen, schmalen Rinnsalen geworden.

Da der Qinghaisee ohne Abfluß ist, hat sich seit undenklichen Zeiten das Salz, das von den Bergen kommt und durch die Zuflüsse in den See gelangt, an den Ufern abgesetzt. Das Wasser verdunstet, das Salz bleibt zurück. Früher wurde es gesammelt und als Tauschobjekt mit Yakkarawanen zu den entferntesten Handelsplätzen transportiert.

In den letzten Jahren sinkt der Wasserspiegel des Sees ständig, das hat natürlich Konsequenzen für seine Ökologie. „Alles hat sich zum Schlechten gewendet", sagt Lu mit traurigem Gesicht. Noch vor fünf Jahren ergossen sich bei der Frühjahrsschmelze gewaltige Wassermassen in den Qinghai. Es gibt eine mögliche Erklärung für die Veränderungen der letzten Zeit: Im Gebirge fällt weniger Schnee, also ist die Schmelze nicht mehr so ergiebig, weil im Sommer nicht mehr soviel abtauen kann.

„In letzter Zeit ist ein ständiger Kampf mit dem Sand entstanden, der immer weiter zum Wasser vordringt", erklärt Lu. „Einzelne Inseln im See sind dadurch schon mit dem Land verbunden. Überall, wo sich Wasserflächen dehnen, treten jetzt Sandbänke hervor, und große Dünen haben schon einen kleinen Teil des Sees begraben, der Wasserspiegel ist kräftig gefallen. Warum sich die Landschaft so stark verändert, weiß niemand!" sagt Lu bedrückt.

Gerade habe ich ein breites Panorama über das Land und den See aufgenommen, da erzählt unser netter und gesprächiger Lu weiter. Der See sei unberechenbar und könne sich in Windeseile von einem ruhigen Wasser in ein tobendes Ungeheuer verwandeln und alles verschlingen. Dann kommt er wieder auf die Versandung zu sprechen, wobei er mit dem Finger langsam vom Land zum See fährt. Zhang Cheng, der heute mitgekommen ist, übersetzt alles penibel, denn es dürfen bei den Angaben Lus keine Verständigungsfehler aufkommen.

In alten Akten ist verzeichnet, daß das vor uns liegende Land, die Kolonie, früher eine Insel in Ufernähe war und „Eierinsel“ genannt wurde. Heute ist sie bereits zum Festland geworden, wie wir sehen. Dennoch kommen in jedem Jahr die Streifengänse wieder zu ihrem alt-angestammten Brutplatz zurück.

Sandflächen, die einmal den Boden des Sees bildeten, liegen kilometerweit trocken und sehen wie eine Wüste aus. Dieser Vorgang vollzog sich sehr schnell: innerhalb der letzten sechs Jahre. So ist für die Streifengänse der Schutz vor den Raubfeinden, die an Land ihr Revier haben, dahin. Da bieten auch die dicht an dicht liegenden Nester wenig Deckung, denn Fuchs, und Wolf können jetzt ohne Risiko in die Kolonie eindringen und sich holen, was sie wollen: Das Leben ist gefährlicher geworden.

Das soll aber anders werden, denn China hat das Fenster zum Schutz der Tiere weit geöffnet. Das interne Programm der Provinz Qinghai wird im Herbst, wenn die Vögel in ihre Winterquartiere gezogen sind, praktische Hilfe leisten. Es werden tiefe Gräben weit um die Kolonie gezogen, zudem will man durch Akkus gespeiste elektrische Drähte um die Brutstätten ziehen.

Da die wenigen hier lebenden Nomaden und Chinesen bekannt sind und niemand anders in dieses Gebiet vordringen darf und auch von Xining aus keine Möglichkeit dazu besteht, erübrigen sich weitere Schutzmaßnahmen.

Noch vor 30 Jahren, so erzählt uns Lu, gab es in der unendlichen Wildnis am Qinghai herdenweise Wildschafe, Wild-Yaks, viele Wildesel und Gazellen, auch Bären und Weißlippenhirsche sowie Schneeleoparden. Heute sind diese Tiere äußerst selten anzutreffen, erst jetzt, wo es kaum noch Nachschub von wilden Tieren zur Herstellung der traditionellen chinesischen Medizin gibt, sind strenge Schutzmaßnahmen angeordnet worden.

Immerhin bringt ein Schneeleopard, vom Staat gekauft, umgerechnet den für einen Nomaden stolzen Betrag von bis zu 200 DM. Dafür kann er sich allerlei Annehmlichkeiten kaufen. Die Zeit der ungestörten Wildnis ist endgültig vorbei und kommt nicht wieder, denn es ist durchaus denkbar, daß durch die Zerstörung der Umweltverhältnisse das Futter durch Versandung des Graslandes immer knapper wird.

Messungen der Gipfel und der Bergwelt um den See herum stammen meistens aus veralteten Karten. Sie sind unzuverlässig, und deshalb läßt sich die genaue Höhe der Berge nicht feststellen. Das aber wäre Voraussetzung zur Berechnung der Schmelzwassermengen, die in den Qinghaisee fließen. So bleibt die Ursache der Versandung vorerst im Dunkeln, denn vieles ist noch unerforscht. Niemand weiß zum Beispiel, wie viele Gletscher bisher kartographiert wurden und ob die einzelnen Gipfel bereits schon erstiegen sind. Berge im ewigen Eis und Schnee waren immer unerschöpfliche Zubringer von Wasserreserven für das Leben im See und die gesamte Umgebung. Was die Zukunft für den Qinghaisee und seine Bevölkerung bringen wird, kann nicht vorhergesagt, ja nicht einmal geschätzt werden, da es ja keine gesicherten Erkenntnisse gibt.

Unbemerkt sind Christel und Jili von ihrer Nesterkundung zurückgekehrt. Alles das, was ich an Einzelheiten über den Qinghaisee heute erfahren habe, werde ich Christel für ihre Tagebucheintragungen auf der Rückfahrt oder im Lager erzählen. Jetzt höre ich gespannt ihrer Schilderung zu: Die Nachbarn im Nest verhalten sich ruhig und haben sich der engen Brutsituation angepaßt. Das Weibchen sitzt gelassen da und hat sich beim Brüten nur einmal zur anderen Seite gedreht: „Durch das kurze Anheben des Körpers konnte ich die Eier, nicht aber ihre Zahl erkennen", sagt Christel. Das Männchen steht wie immer daneben und hält oft schlafend Wache. Für den kommenden Tag beschließen wir, uns schon in aller Frühe am „Eroberungsnest" einzufinden.

Die lange Sitzzeit

Unser Schlafbedürfnis war so enorm groß, daß wir alle unseren auf Punkt 5 Uhr gestellten Wecker zunächst überhörten. Da er aber keine Ruhe gab und Christel jedesmal beim Einsetzen des Rasselns aus dem Schlaf hochschreckte, zudem auch noch die Hunde des Verwalters, zwei große Mischlinge, wegen des Weckergeräusches bellten, wurden alle Lagerinsassen allmählich munter. Schließlich waren wir alle hellwach, denn die Hunde, die vor der Tür der Tibeterfamilie geschlafen hatten, waren durch den schrillen Weckerton derart aufgebracht, daß sie nicht aufhörten zu bellen.

Weil im Lager kein größerer Raum zur Verfügung stand, spielte sich alles bei uns ab: Besprechungen, Abendbrot und auch das Frühstück an diesem Morgen: Reissuppe, in Seewasser gekocht mit Fisch und Trockenkeksen.

Wir mußten uns in der Frühe immer sehr beeilen, denn unsere gesamte chinesische Begleitung war stets hungrig, und pünktlich zu den angesetzten Zeiten mußte das Essen eingenommen werden. Sicher hängt dieses Verhalten damit zusammen, daß China jahrhundertelang mit Hungersnöten zu kämpfen hatte.

Um zur Toilette zu gelangen, mußten wir morgens immer an der in ihrem Unterstand schlafenden Sau vorüber. In China hat man keine sanitäre Scheu, gibt es doch auf dem Lande nur Gemeinschaftstoiletten mit dem sogenannten Donnerbalken. Viele Tibeter putzen ihre Zähne nie, und sie waschen sich auch nicht, da nach ihrer Meinung die Haut durch das ständige Scheuern zu dünn wird.

Die tägliche Abfahrt vom Lager zur Kolonie wird zeitlich gesehen kürzer, da Jili versucht, die von ihm gewählte Piste durch das Befahren fester und somit schneller zu machen. Nur am See wird das Erreichen der verschiedenen Drehorte durch die Sandbänke immer schwieriger. Leider haben wir für die Anfahrt keinen Jeep mit Allradantrieb zur Verfügung.

Nachdem ich wieder die Nesteroberer vor der Kamera habe, kann ich anhand der Fotos sehen: Am Nest hat sich noch nichts verändert, wie es Christel gestern auch feststellte.

Aufgrund der starken Nestbindung sitzt das Weibchen sehr fest auf dem Gelege, oft schläft es dabei, verläßt es aber immer nur für kurze Zeit. Von der Gans habe ich im Moment nur den schönen Kopf und die Augen im Bild, doch ist es mir trotz der Großaufnahme nicht möglich, im Gesichtsausdruck und den Augen eine Stimmung abzulesen, die auf ein bestimmtes Verhalten schließen läßt. Nachdem die Gans sich umständlich erhoben hat, sehe ich in der Dunen-Auspolsterung fünf rahmweiße Eier von ovaler bis länglicher Form. Hervorragend an die Dunen angepaßt, liegen sie fast unsichtbar im Nest. Was mir bei den verschiedenen Eiern im Gelege auffällt, sind die feinen Unterschiede und die Vielfältigkeiten der Farben: einige sind heller, andere dunkler gehalten. Zahl, Größe und Farbe sind abhängig von den Lebens- und Ernährungsbedingungen, aber auch von den nötigen Schutzmöglichkeiten und der Bewahrung der Jungen.

Am Boden nistende Vögel haben in der Regel große Eier, da die Jungen nach dem Schlüpfen weit entwickelt sein müssen, um ihren Feinden zu entkommen.

Der Ganter ist ein klein wenig zur Seite getreten und, als ob er die Eierpracht begutachtet, schnattert er dabei. Will er uns seine Freude mitteilen?

Die Größe der Gelege besteht in der Regel aus sechs bis acht Eiern. Aber einzelne Paare, so sagt uns Lu, bringen es zu einer Glanzlei-

Unser Traum hat sich erfüllt: endlich in der Kolonie der Streifengänse *Eulabeia indica* am Qinghai-See. Die Gans versucht hier gerade, die Eier mit Dunen abzudecken.

stung in der Fortpflanzung: bis zu 14 Eier wurden schon in einem Nest gesichtet. Da es sich bei unserem um ein Nachgelege handelt, nehme ich an, daß mit den fünf Eiern das Gelege vollzählig ist. Der reguläre Legebeginn schwankt in jedem Jahr übrigens zwischen dem 28. März und dem 6. Mai, jetzt haben wir bereits Juni.

Inzwischen versucht unsere Gans die Eier mit den warmen Dunen abzudecken. Die Dunendecke schützt das Gelege während der Brutphase gegen die Einsicht von Eierräubern, die vom Himmel kommen. Vor allem aber erfolgt das Bedecken in der ersten Brutzeit, um die Temperaturschwankungen in den Eiern zu vermeiden. Wegen des starken Windes hat die Gans keinen Erfolg mit dem Abdecken, die Federn werden immer wieder fortgetragen. Aber sie holt sie sogleich mit dem Schnabel, den Kopf mit einer typischen Bewegung nach hinten drehend, wieder zurück. Diese Bewegungen halten so lange an, bis auch das letzte Federchen vom Wind fortgetragen ist. Also bleiben die Eier von oben frei.

Beim Drehen ist besonders gut zu erkennen, daß die Eier nicht wahllos durcheinander liegen, sondern fast in zwei Hälften voneinander getrennt sind. Ich nehme an, daß der brütende Vogel dadurch mit seinen beiden Körperunterseiten durch die Wärmeabgabe eine gleichzeitige Beheizung der Eier bewirkt. Jetzt kann ich die Gans filmen, wie sie die Eier bedächtig, eher sorgsam und mit dem Schnabel wendet.

Für die Embryo-Entwicklung ist im Bodennest eine Wärme von über 30 Grad nötig, dabei sind individuelle Schwankungen möglich.

Vor dem Brüten untersucht die Gans die Eier, ungesunde werden ausgesondert und aus dem Nest gerollt. Das ist aber keine ausreichende Erklärung dafür, warum außerhalb der Nester solche Unmengen an Eiern in der Gegend herumliegen, um die sich kein Vogel kümmert. Wie ich nämlich genau beobachten kann, bemühen sich die Weibchen sofort um jedes Ei, das versehntlich aus dem Nest rollt. Sofort befördern sie es vorsichtig wieder zurück, wie andere Bodenbrüter auch. Vorstellen kann ich mir nur, daß als Ursache für die große Masse der herumliegenden Eier Raubzeug verantwortlich ist, das in der Nacht in das Brutrevier eindringt, und durch die damit aufkommende Unruhe und Auflösung der Eierverlust entsteht.

27 bis 30 Tage Brutdauer werden benötigt. Während dieser langen und aufreibenden Zeit trägt die Gans die gesamte Last der Brut. Sie wird niemals vom Ganter abgelöst, der steht herum, schnattert oft und behütet den Brutplatz.

Wie wir wissen, verläßt das Weibchen nur einmal am Tag, zumeist morgens, zur Futteraufnahme ihr Nest. Gerade in dieser Zeit der Brut ist eine leicht erreichbare Nahrungsquelle wichtig. Wie es aussieht, will das Paar auffliegen. Und da, vor dem Start drückt sich das Weibchen, dann das Männchen ganz kurz zum Boden hin. Es sieht so aus, als ob sie sich mit Kraft abstoßen wollen, und jetzt heben sie trotz der engen Startverhältnisse fast senkrecht vom Boden ab und streichen sehr niedrig über die Kolonie in Richtung Grasland.

Weit haben sie es nicht zu den Weideflächen, Gras bildet ihre Hauptnahrungsgrundlage. Jetzt habe ich die zweite Kamera eingesetzt, die immer filmbereit mit einem 1200-mm-Teleobjektiv bestückt ist und vieles heranholen kann. Nach dem Fliegen einer weiten Kurve landet unser Paar auf einer langen Wiese am Seeufer und beginnt sofort zu weiden: Hälmchen für Hälmchen wird abgezupft. Nach einem ausgiebigen Weidegang in Richtung Wasser wird stets nach allen Seiten hin ein bißchen geschnattert – und so erreicht man watschelnd das Ufer des Sees. Wasser ist ein Lebenselement der Gänse, beide trinken jetzt ruhig und gleichmäßig. Nachdem der Durst gestillt ist, werden die Federn zurechtgezupft, und das dauert.

Ich schalte die Kamera ab und will gerade im Cassettenkoffer die Menge der noch vorhandenen Aufnahmemeter feststellen, da stößt mich Christel an, blitzschnell bin ich an der auf das Nest gerichteten Kamera, und beim Umdrehen habe ich schon bemerkt, daß eine Tibetlachmöwe *Larus brunnicephalus* direkt auf dem schmalen Nestrand gelandet ist. Sie ist groß im Bild, beäugt die Eier, läuft auf dem Rand umher, wobei sie immer in die Mitte des Geleges blickt. Ein gefundenes Fressen, mit dem Schnabel ist schnell so ein Ei, das man sich auch noch geruhsam aussuchen kann, aufgepickt und bietet eine großartige Mahlzeit. Aber noch hält die Betrachtung der Eier an, die Kamera läuft, was sollen wir jetzt tun? Verjagen wir den Räuber oder sollen wir der Natur ihren Lauf lassen? Aber die Situation löst sich zum Glück selbst: Christel sagt kurz: „Die Eltern!", – und da rauscht es schon, schrille Schreie ertönen. In Sekundenschnelle ist die Möwe mit einem Riesenschreck verschwunden, und sehr umständlich und in einer Art Notlandung erreichen die erbosten Eltern mit einem beiderseitigen Triumphgeschrei den Boden.

Durch die Aufregungen wegen der Eindringlinge kommen die lauttönenden und schnatternden Eltern kaum zur Ruhe: Nicht einmal zum Essen darf man sich kurz entfernen! Nachdem der ganze Trubel und das genaue Betrachten der Eier durch das Weibchen beendet ist, läßt sich Mutter Gans voller Sorgfalt auf das Gehege nieder, schüttelt sich, und rückt sich bedächtig ein – und wenige Minuten später sind ihre Augen bereits geschlossen. Immerhin steht ihr ja noch eine lange Brutzeit bevor und dafür werden Ruhe und Schutz benötigt, damit die Brut gut gedeihen kann.

Da wir alle Phasen von der Eiablage bis zum Schlüpfen zeigen wollen, müssen wir drei weitere Nester in der Kolonie ausfindig machen, die wie unser Eroberer-Nest auch jeweils fünf Eier enthalten. Aber sie müßten schon am Ende des Brutgeschäftes sein, damit die Möglichkeit besteht, die Gössel beim Schlüpfen aufzunehmen.

Durch die Auswahl von drei Nestern ist die Chance größer, Aufnahmen vom Werden neuen Lebens am Qinghaisee zu erhalten. Sehr lange brauchen wir nicht mit dem Glas zu suchen, und ein schön gebautes, gut im Licht liegendes Nest ist gefunden, für uns die Nummer eins. Nach über einer Stunde des Wartens verläßt die Gans das Nest: Ein Volltreffer, wir zählen genau fünf Eier, die sauber und gepflegt in der Dunendecke liegen.

Auf dieses Nest will ich eine Kamera mit Fernbedienung in der letzten dunklen Morgenstunde ausrichten. Da das sonnige Wetter hier beständig ist, kann die Blende zur Belichtung vorher eingestellt werden. Wie ich bisher durch den Lichtmesser feststellen konnte, war bei sonnigem und glasklaren Himmel an jedem Tag und zur selben Zeit auch dieselbe Blende notwendig, so präzis ist hier am See das Licht der Sonne.

Christel ist inzwischen mit Lu zu der gegenüberliegenden Seite der Kolonie gegangen und hat schon zwei für unseren Zweck günstig liegende Brutstätten beobachtet. Per Sprechfunk teilt sie mir mit, daß in dem einen Nest vier und im anderen neun Eier untergebracht sind. Die nächsten Tage sind mit dem Erkunden der zwei noch fehlenden Nester für die Aufnahmen des Ausschlüpfens voll ausgelastet. So leicht, wie wir ursprünglich dachten, ist es nicht, Nester mit der Eierzahl fünf, dazu in guter Lage und gutem Zustand, zu finden. Auch Lu, der weiß, was wir brauchen, hilft uns und findet auch tatsächlich gleich früh am Morgen ein Fünfergelege. Zusammen mit Christel sucht er dann weiter.

Ich bleibe an der Kamera und beobachte mit dem Tele die Kolonie, denn es gibt immer andere Situationen, einen unerschöpflichen Reichtum an Ereignissen, und immer passiert etwas, was ich vorher noch nie gesehen habe.

So kann ich in Ruhe die günstigsten Momente zum Filmen abwarten.

Christel und Lu kommen erschöpft wieder, doch auch Nest drei mit fünf Eiern darin ist gefunden, dazu noch in einer sehr günstigen Aufnahmeposition. Bei den ständig durchgeführten Nestkontrollen schreibt Christel alle Beobachtungs- und Filmeinstellungen in ihr Buch, und durch weitere Sofortfotos werden die Standpunkte der drei Nester festgelegt.

Rasch sind die letzten Tage vergangen, auf Wunsch unserer Begleitung müssen wir unbedingt den morgigen siebten Tag als freien Tag einlegen, was natürlich auch uns zugute kommen wird. Lu jedoch hat nie frei, denn er will für uns alle drei Nester, auch das der Eroberer, beobachten und gleich am Nachmittag zum Bericht ins Lager kommen.

Eine umfangreiche Arbeit, vielseitig und schwierig, steht bevor. So war es wirklich sinnvoll, einen Ruhetag einzuschalten.

Das gelüftete Geheimnis

Am anderen Ende des Lagers werden Stimmen laut: Lu war, vom See kommend, wie versprochen eingetroffen und berichtet uns nun, daß an allen drei Nestern und an dem Eroberernest keine Veränderung zu sehen war. Wir waren beruhigt.

Wang setzt sich zu uns und erzählt, daß er zwei Monate vorher schon wußte, daß er uns an den Qinghaisee begleiten sollte. Für ihn und seine Freunde sei die Gegend hier, so versichert er uns, absolutes Neuland. Deshalb hatte er sich schon vorher über die Geschichte des Sees erkundigt, auch über die Ereignisse hier und die Forscher, die schon einmal am See waren.

Seit altersher, sagt Wang, übt gerade diese geheimnisumwittertste Region der Erde auf Forscher und Entdecker eine besondere Anziehungskraft aus. Dazu komme noch die nur selten gewährte Freigabe für eine Expedition in diese Gegend. Für Abenteurer und Eroberer, die unter unsäglichen Strapazen in das Seegebiet gelangten, erwies sich das Land als öde, karg und leer und ohne jeglichen Reichtum. Bis in die neunziger Jahre des vorigen Jahrhunderts gelang es am ehesten noch wenigen katholischen Priestern, in das Qinghai-Gebiet vorzudringen, Forschungsreisenden aber ganz selten. Und die Priester hatten keinerlei missionarische Erfolge.

Die wenigen Unternehmungen, denen es glückte, bis hierher vorzudringen, erkämpften sich in der lebensfeindlichen und schwierig zu erreichenden Provinz Qinghai den Zugang zu den Quellgebieten der größten Ströme der Erde: dem Mekong (Lancang Jiang), dem Yangtse (Chang Jiang) und dem Huanghe (Gelben Fluß). Einige Wissenschaftler streiften auf ihrer Reiseroute nach Lhasa den Qinghaisee, so auch SVEN HEDIN 1928. Speziell zum Zweck erdmagnetischer Messungen unternahm 1903 WILHELM FILCHNER seine Forschungsreise nach Osttibet in das jetzige Qinghaigebiet.

Wang hatte wieder einmal eines seiner weisen Bücher hervorgeholt, und wir merkten, daß er sich so gut, wie er konnte, über Qinghai und den See informiert hatte. Er erklärte:

Im Jahr 1908 stellte sich Kapitän P. K. KOZLOFF beim damaligen Gouverneur Tsin Tsai in Sinin (heute Xining) vor. Er wollte eine Expedition an den Koko Nur (Qinghaisee) unternehmen und war der einzige mit diesem Ziel.

Der Gouverneur soll ein strenger Mann gewesen sein, und jedermann begegnete ihm mit Ehrfurcht. Es hatte sich nämlich herumgesprochen, daß seine Zunge töten könne und sein Lächeln Reichtum bedeute. Da niemand über das Land um den See und seine Größe Bescheid wußte, kam die Expedition von Kapitän Kozloff gerade zur rechten Zeit. Denn es fehlte auch jede gesicherte Erkenntnis über die Tiefe und Höhenlage des Sees. Der Gouverneur war ein sehr wißbegieriger Mann und wollte wegen seines hohen Amtes in möglichst viele Dinge Einblick haben. Also erteilte er die Erlaubnis, das Land am See und den Koko Nur selbst zu vermessen, allerdings ganz auf eigene Gefahr. Die Bevölkerung im Qinghaigebiet war rein tibetisch. „Tangut“ hießen die freien Söhne von Koko Nur, ein tibetischer Stamm, der niemanden in Frieden ziehen ließ. Einige waren mit Gewehren ausgerüstet und auf ihren kleinen Pferden schnell an jedem Ort. Deshalb mußte die Expedition mit Schwierigkeiten rechnen.

In alten Akten, so Wang, ist angegeben, die Insel im See solle heilig gewesen sein. Auf ihr lebten drei buddhistische Mönche, einige Ziegen und Schafe. Alles Wasser, das vom Himmel fiel, wurde eingefangen und gespeichert. Zu der Insel konnte man nur im strengsten Winter gelangen, wenn der See zugefroren war. So dachten jedenfalls selbst der Gouverneur und seine Leute. Sie waren der Meinung, nicht nur ein Stein versinke im See, sondern auch Boote aus Holz.

Am 27. August 1909 erreichte die Expedition unter großer Aufopferung und Entbehrung das Seegebiet, wenige Tage später besuchten der Kapitän und einige seiner Leute die Insel mit einem Boot aus Holz, wodurch die Ansicht des Gouverneurs widerlegt wurde, sie könne nur bei Eis erreicht werden. Heute ist das Betreten der Insel aus militärischen Gründen überhaupt nicht mehr möglich.

In der Zeit nach Kapitän Kozloffs Expedition wurde Tibet wiederholt abgeriegelt, die Grenzen geschlossen. Zu dieser Zeit nannten es die Chinesen „Hölle auf Erden“. „Sie beide“, sagt Wang, und sieht Christel und mich dabei an, „sind die einzigen, die es wegen der Tiere und der Filmaufnahmen gewagt haben, hierher zu kommen. Und wir haben das große Glück, als einzige aus unserem Milliardenvolk mit dabei zu sein!“

Diese Aussage beeindruckte uns sehr, wußten wir doch wenigstens in diesem Fall, wie unsere Begleitung über uns dachte. Bis jetzt haben alle bei dieser Partnerschaft auf Zeit allen Schwächen und Unzugänglichkeiten zum Trotz immer gut zusammengehalten: Wir waren zu einem wirklichen Team geworden, das durch dick und dünn geht und gewappnet ist auch für das Unvorhersehbare.

Inzwischen haben sich alle versammelt, und der Platz in unserem Raum wird eng: Da sind Zhang Ce und Zhang Cheng, Wang Xuzue, Ren Jingbo, unser Fahrer Jiao Jili und Lu Xinmin von der Schutzstation. Zum ersten Mal sind wir alle in einer gemütlichen Runde beisammen. Das Mädchen stellt in einer großen Schüssel die von Xining mitgebrachten Eier zum Naschen auf den Tisch. Es sind hygienisch einwandfreie Enteneier, die in Kalk gelegt und anschließend in Lehm luftdicht vergraben werden. In dieser Lage wird das Dotter dunkelgrün. Besondere Leckerbissen sind diejenigen Eier, die über Monate unter der Erdoberfläche geruht haben. Dadurch wird das Dotter schwarz. Solche Eier liegen jetzt vor uns. Ohne Aufforderung greift jeder zu, auch in die große Keksdose. Drei

Flaschen Mou-tai stehen auf dem Tisch, das beste unter all den verschiedenen Sorten Alkohol, die es in China gibt.

Schnell sind durch Jili, der sonst als Fahrer nicht oft die Möglichkeit hat, Alkohol zu trinken, die Gläser gefüllt. Wir stoßen alle auf ein weiteres gutes Gelingen unserer Expedition an und auf Gesundheit und Frieden. Nach einigen Gläschen beginnt Lu, der uns bisher sehr geholfen hat, zu erzählen. Sicher kann er nicht mehr von dem schweren, aber sehr gut schmeckenden Mou-tai vertragen. So ist seine Zunge bald gelockert. Er erzählt: „Einmal flog eine Wildgans am Horizont, und der Mann, der sie erblickte, wollte sie zum Kochen mit einem Pfeil vom Himmel holen. Sein Bruder aber sagte: Es wäre besser, wenn wir sie braten würden! Da begann ein langer Streit, und eine Einigung kam nicht zustande. Endlich gingen sie zum Ältesten der Familie, der antwortete salomonisch: Eine Hälfte des Vogels wird gekocht, die andere gebraten! Somit war der Streit endlich beigelegt, doch die Wildgans war natürlich längst nicht mehr zu sehen!"

Alle lachten und hoben das Glas, und das regte Lu an, noch eine Geschichte zu erzählen:

„Von ihren Wildgansgefährten wird für die Nachtwache die kleinste und aufmerksamste Gans ausgewählt. Bei dem leisesten nur hörbaren Geräusch gibt sie Alarm und so können alle anderen rechtzeitig fortfliegen. Zur Überlistung der Wache wurde von den Wildgansjägern ein Plan ausgeheckt. Nachdem sie den Ruheplatz der Gänse für die Nacht gefunden hatten, wurde auf der Fläche ein riesiges Netz ausgelegt. Bis zur Nacht und dem Einschlafen der Gänse warteten die Jäger im Versteck. Nachdem sie dann eine Fackel angezündet hatten, gab die Wachgans Alarm, doch sofort wurde die Fackel wieder von den Jägern gelöscht.

Alle Vögel waren inzwischen aufgewacht, aber es war alles ruhig, und so schliefen sie sofort wieder ein. Mehrere Male wandten die Jäger diesen Trick an und schließlich kamen die Wildgänse überein: Diese Wachgans taugt nichts mehr! Sie wurde sogar mit kräftigen Bissen bestraft, dann war alles wieder still und schlief.

Wieder wurde die Fackel angezündet, der so ungerecht behandelte Wächter aber schwieg verbittert und blieb stumm, die ganze Gänseschar schlief tief und fest. Da passierte es: Die Jäger zögerten keine Sekunde mehr, zogen das Netz zu und fast alle Gänse saßen in der Falle!"

Lächelnd beendet Lu seine Erzählung: „Das war natürlich nur ein Märchen!" Aber ein gutes, wie wir alle fanden.

Jetzt ist es still in der Runde, bis Wang beginnt: „Gänse sind eigentlich nicht so dumm, wie manchmal behauptet wird!" Das war auch uns bekannt, denn Gänse sind wachsamer als Hunde. Auch das Militär setzt das Federvieh als Alarmauslöser ein.

Wieder prosteten wir uns alle zu. Zhang Ce hat sicher, weil bisher alles so gut klappte und wir uns so gut verstehen, ein wenig zu viel getrunken. Jetzt ist die Gelegenheit da, denke ich und bitte Zhang Ce, doch endlich den Schleier des Geheimnisses fallen zu lassen und uns zu erzählen, wie er das Unmögliche möglich gemacht hatte: die Flugtickets für uns vier und die Mitnahme der Ausrüstung von Peking nach Lanzhou zu organisieren.

Zhang Ce nimmt noch einen kräftigen Schluck aus dem Glas, und ich schenke sofort nach, denn ich merke, Zhang würde so leichter über die Hürde seines Geheimnisses kommen. Und tatsächlich beginnt er zu erzählen:

„Ein Freund im Flugbüro der CCCA, das ist die Abkürzung für die chinesische Fluggesellschaft, gab mir die Namen einer Gruppe von fünf Abgeordneten der Provinzhauptstadt Lanzhou. Sie weilten auf einer Tagung in Peking. Schon zwei Monate vorher hatten sie den Rückflug für den nächsten Tag gebucht. Es traf sich gut, daß sie zu fünft waren, denn unser Gepäck wurde als eine Person berechnet. Als nächstes bin ich dann zur Fahrkartenausgabe des Pekinger Hauptbahnhofs gefahren, um für den nächsten Tag fünf Schlafplätze nach Lanzhou zu buchen. Dafür habe ich mir eine schriftliche Bestätigung geben lassen und habe dann direkt den Leiter der Abgeordnetengruppe aufgesucht. Ihm habe ich mein großes Anliegen vorgetragen und nicht vergessen, auch den schlechten Wetterbericht für den Flug am nächsten Tag mit einzuflechten. Den Wetterbericht hatte ich von einem Freund bekommen, und da wir ja auch wissen, was es bedeutet, diese Strecke zu fliegen, könnt Ihr sicher verstehen, daß die fünf Herren mein Angebot annahmen!"

Alle lachten und klatschten begeistert in die Hände, weil Zhang Ce es endlich über sich gebracht hatte, sein Geheimnis zu lüften. Wir waren voller Bewunderung für ihn, weil er diese Aufgabe so vorzüglich gelöst hatte.

Zhang schaute uns an und meinte: „Manchmal denke ich, daß wir uns schon eine lange Zeit kennen!" Das war seine Art, uns mitzuteilen, daß wir uns sehr gut verstehen und daß er uns mag. Wir sind fest davon überzeugt, denn sonst hätte er uns sein großes Geheimnis zur Bewältigung der Flugzeugreservierung nie erzählt. Christel und ich sind aber auch der Ansicht, daß Zhang Ce das Glück des Tüchtigen auf seiner Seite hatte und die fünf Delegierten sich gerne ein paar Tage im Zug von den Strapazen ihrer Arbeit in Peking ausruhen wollten.

Nachdem alle schlafen gegangen waren, räumte Christel alles auf, und das Mädchen holte das Geschirr ab. Unter dem Bett zündete ich Moskitoweihrauch an, der auf einer Schale liegt, eine grüne Farbe hat und kreisförmig aufgerollt ist. Zur Abwehr der Mücken hält das Glimmen die ganze Nacht an und verschafft uns so Ruhe vor den Plagegeistern.

Es ist spät geworden, und morgen früh um 5 Uhr geht es wieder zum Nest Nr. 1, um noch im Dunkeln die Kamera mit dem Selbstauslöser für den Schlüpfvorgang aufzubauen.

Wir beide sind noch einmal vor das Lager ins Freie gegangen, um nach dem Wetter zu sehen. Hier ist wirklich „Land unter dem Himmel", wie die Chinesen sagen. Für Morgen können wir wieder, wie wir feststellen, nach sternenklarer Nacht einen wolkenlosen Himmel erwarten!

Sich selbst auf die Welt gebracht

Wir sind schon wieder auf der Fahrt zum See, alles ging sehr schnell, um vier Uhr früh sitzen wir schon im Wagen. Es ist dunkel und kalt.

Der Motor arbeitet gleichmäßig, unsere Begleiter schlafen trotz der großen Schaukelei des Wagens. An der Schutzstation nehmen wir Lu auf, auch er macht einen müden Eindruck. Die Geräte werden bei einem kurzen Stopp am Zwischendepot aufgenommen, und in Eile geht es weiter, denn ich muß noch in der Dunkelheit die Kamera mit dem Fernauslöser bei unserem Schlupfnest Nr. 1 aufstellen.

Dort in der Nähe angelangt, gehen wir noch ein kleines Stück zu Fuß, etwa 400 m bis in die Nähe von Nest Nr. 1. Lu geht vor, denn Behutsamkeit ist oberstes Gebot, damit die Tiere nicht gestört werden. Er trägt das Stativ und den Akku, ich folge mit Kamera, Tele, der Selbstauslösertechnik und einer Rolle Kabel für das Richtmikrofon, das Christel trägt. Außerdem bringt sie einen ausziehbaren Stab für das Mikro mit, das wir vor der Kamera entfernt aufstellen, mit dem Wind im Rücken und einem speziellen Windschutz versehen.

Genau an der mit einem Stein markierten Stelle bleibt Lu stehen. Jetzt benötige ich etwas Licht für den genauen Einbau von Tele und Technik und zum Einpegeln der Wasserwaage am Stativ. Lu schaltet die Stablampe an und leitet den Strahl von der Seite bis zu unserem Nest, eine Minute Spannung, wir schauen alle gebannt auf die Brutstätte, denn es ist nicht möglich, die Reaktion der Eltern im voraus zu berechnen. Die im Licht sehr grazil wirkende Gänsin schläft auf dem Nest, und der Ganter steht wie immer ruhig daneben. Sein Wachsamkeitsverhalten ist gleich null und jetzt blinzelt er sogar noch in das Licht, ohne sich daran zu stören. Ich nehme an, Helligkeit bedeutet für die Vögel so eine Art Wetterleuchten und hat keine Feindbedeutung für sie.

Nachdem die Kamera betriebsbereit und das Mikrofon gerichtet ist, fällt noch einmal Lampenlicht auf die brütende Gans, damit ich die Teleoptik scharf einstellen kann und im Bildausschnitt allein das Nest sichtbar ist. So können wir, großes Glück vorausgesetzt, das Schlüpfen der Jungen in den einzelnen Phasen verfolgen, ohne eine Störung oder Beeinträchtigung für die Brut.

Die klare Luft und die Kälte der Nacht wird zu dieser frühen Morgenstunde von allen stark empfunden.

An unserem zweiten Standpunkt am Eroberernest baue ich die zweite Kamera auf, bis hier haben wir auch das Mikrofonkabel zur Aufnahme der Tonvorgänge am Nest Nr. 1 verlegt und an das Tonbandgerät angeschlossen. Jetzt habe ich die Möglichkeit, durch das Richtmikrofon über das Aufnahmegerät allein nur den Nistplatz abzuhören und bei besonderen Ereignissen den Ton auf Band aufzunehmen. Von unserem jetzigen Standort aus können wir drei Vorgänge durchführen: die ständige Beobachtung und das Abhören des Tones von Nest Nr. 1, Aufnahmen vom Eroberernest und dem Geschehen in der Kolonie.

Ein weiterer Vorteil kommt hinzu. Wir können uns langsam bewegen und dadurch die Atemnot in Grenzen halten.

Noch sind die Schatten der Morgendämmerung nicht ganz gewichen, und es ist immer noch frisch und windig. Unsere Begleiter verhalten sich wieder mal ganz nach dem Sprichwort: „Morgens im Pelz und mittags im Hemd“: Sie haben jetzt einen enormen Umfang und werden zum Mittag hin, wenn die Sonne immer sengender wird und es nur so aus allen Poren läuft, dünner und dünner. Mit der aufgehenden Sonne spiegeln sich wunderbare Farbnuancen im Wasser des Sees. Jetzt, da es heller wird, teste ich durch den Auslöser die Kamera Nr. 1 und kann durch das Fernglas erkennen, wie das Zählwerk läuft, ich schalte wieder ab. Als nächstes ein Blick durch den Sucher auf das Eroberernest, wieder keine Veränderung. Aber doch: Gerade erhebt sich die Gans und beginnt das Gelege durchzulüften, indem sie die Eier mit dem Schnabel in andere Positionen bringt. Dabei rollt ein Ei heraus, sofort wird es mit dem Schnabel wieder von allen Seiten geschickt zurückbewegt und dann die Eierlage eine Zeitlang genau betrachtet.

Nach dieser Geschicklichkeitsprüfung schüttelt sich Mutter Gans ein paar Mal kräftig, um Schmutz von ihrer Körperoberfläche zu beseitigen und beginnt dann mit der Pflege des Gefieders. Dabei ist das mehrmalige Beknabbern jeder Feder ein wesentlicher Bestandteil der Körperhygiene. Deutlich kann ich während der Aufnahmen das Einfügen der Federn mit Hilfe der Schnabelspitze in das Federkleid beobachten. Das alles nimmt einen großen Raum an Zeit ein, aber davon hängt sicherlich das Wohlbefinden der Gans ab.

Die Mutter hat einen genauen Tagesplan: Brüten und Schlafen, Gefiederpflege und Nahrungssuche. Jetzt stochert sie ein wenig zwischen den Eiern herum, Ordnung und Sauberkeit im Nest sind bei ihr von großer Wichtigkeit.

Nach einem nochmaligen leichten Körperschütteln deckt die Gans die Eier wieder ab.

Auf meine Frage, ob es bei den Vögeln Nestungeziefer gibt, sagt Lu: „Insekten, Darmschmarotzer und Milben wurden in der Kolonie noch nicht festgestellt!"

Christel hat unterdessen in bestimmten Abständen das Glas auf Nest 1 gerichtet, um für die Aufnahmen bereit zu sein, falls das Schlüpfen doch früher beginnen sollte. In einer Stunde werde ich sie abwechseln.

Unsere ganze Konzentration gilt in den nächsten Tagen dem Schlüpfen. Während ich Christel ablöse, macht sie sich mit Lu auf den Weg, um vielleicht etwas Neues an den beiden anderen Nestern zu erfahren.

Seitlich, am Rande der Kolonie, habe ich einen größeren Trupp Gänse im Bild. Im Augenblick sind trotz des starken Lichteinfalls gute Luftkontraste vorhanden. Bei der Gemeinschaft der Nichtbrüter – ich überschlage schnell und zähle so 100 bis 130 Vögel – handelt es sich um noch nicht fortpflanzungsfähige Streifengänse des zweiten und dritten Jahres. Außerdem um Paare, deren Brut nicht glückte, wie auch Lu bestätigt, der gerade mit Christel von der Erkundung zurückkehrt. Er meldet: Bei Nr. 2 und 3 gibt es keine Veränderungen! Also heißt es warten.

So vergingen die nächsten vier Tage langsam und voller Spannung mit intensiver Beobachtung der drei Gelege. Jeder Tag wiederholte sich mit dem Abbau der Kameras und der Technik und deren erneuter Installation im Morgengrauen. Nur die Stative und die verlegten Kabel bleiben jedesmal an Ort und Stelle. Ständig muß ich für plötzliche Schlupfaufnahmen bereit sein, und so kamen wir zu nichts anderem. Wir aber wissen ganz genau, daß auch der kleinste Erfolg bei den Aufnahmen das endlose Warten und die vielen vergeblichen Anstrengungen wieder wett macht.

Wiederholt hören wir von Nest Nr. 1 über das Richtmikrofon die vielstimmigen Töne der Vögel ab. Häufig ist es trotz Ausfilterung und bester Tontechnik schwer, bei dem völligen Durcheinander der Stimmen die einzelnen Laute zu trennen.

Bereits vier Tage erfolglosen Ausharrens sind verstrichen. Nach Lus Prophezeiung, die allerdings nur auf einer Schätzung ohne große Genauigkeit beruht, hätten die Jungen schon vor vier Tagen schlüpfen müssen. Unsere Spannung wuchs und wurde riesengroß, wegen der Sorge, trotz aller Vorsichtsmaßnahmen doch noch den entscheidenden Augenblick zu verpassen. Nervosität kam auf: Wird das Durchbrechen der Eischale vielleicht sogar in der Nacht oder bei Dunkelheit in den Morgenstunden beginnen, dann, wenn wir noch nicht hier sind?

So beschließen wir, den morgigen Tag wie immer mit der Beobachtung der Nester zu verbringen und hier zu übernachten, wenn immer noch nichts passiert sein sollte. Zwei bis drei Mal stand die Gans von Nr. 1 jeden Tag auf, zur Körperpflege oder zur Nahrungssuche oder zum Wenden der Eier. Jedes Mal hörten wir den Ton ab, weil uns Lu mitgeteilt hatte, die ersten Töne der Gänsekinder seien schon zwei Tage vor dem Ausbrechen zu vernehmen. „Es sind ganz feine Stimmchen“!, sagte er mit großer Überzeugung, aber obwohl wir immer wieder horchten, hörten wir nichts.

Wieder ist ein Tag vergangen, hoffentlich passiert morgen etwas oder schon in der Nacht. Aber alles ist ruhig, es gibt keine Störung und das Paar verhält sich so wie immer. Unsere Ungeduld wächst: Einmal muß es doch geschehen! Am nächsten Tag haben wir Schlafsäcke aus dem Lager mitgebracht, eine Menge zu essen, alle verfügbaren großen Thermosflaschen mit Tee und nicht zuletzt eine Flasche Mou-tai.

Vor allem aber habe ich unser Teleskopnachtsichtgerät zum Filmen mitgenommen. Das lichtstarke Teleobjektiv 180 mm/1:1,8 ist mit einer Nachtsichtröhre ausgerüstet und ermöglicht eine 40000fache Lichtverstärkung. Der Tag vergeht ohne Erfolg, langsam wird es dunkel. Wir beobachten ein großartiges Naturschauspiel: Durch die Spiegelung des Sees entstehen Trugbilder, die sich im unbewegten Wasser in vielen Formen zeigen, ungewöhnlich, faszinierend und fremdartig.

Nach dem Einbau des Nachtsichtgerätes in die Kamera Nr. 1 suchen wir uns einen Schlafplatz hinter einem kleinen Hügel, windgeschützt. Die Schlafsäcke werden ausgebreitet. Außer Christel und mir ist noch Lu mit von der Partie, Jili ist mit Wang und Zhang Ce ins Lager gefahren, denn wir können sie jetzt nicht gebrauchen. Jili kommt aber zurück und wird im Wagen schlafen. Christel übernimmt die erste Wache, dann wird Lu sie ablösen. Er verspricht uns fest, in dieser Zeit nicht zu schlafen und will es mit Zigaretten und ein wenig edlem Mou-tai schaffen. Dann werde ich für drei Stunden wachen und Lu weiter bis zum Morgen.

Geduld und Glück haben sich wieder einmal erfolgreich verbunden: Es gelingt uns, den Schlupf der Streifengans-Küken zu filmen.

Jetzt merken wir, wie kalt die Nächte noch sind, gut, daß wir einen Schlafplatz hinter der kleinen Erhebung gefunden haben. Auch in dieser Nacht ereignet sich nichts, so rüste ich die Kamera vom Nachtsichtgerät wieder auf die Fernauslösung um. Im Dunst der Ferne dämmert der Morgen, die Berge erscheinen unerreichbar, wir befinden uns in einem einmaligen Winkel unserer Erde . . .

Jili holt aus dem Lager Essen, Zhang Cheng und Re Jingbo, die laut Arbeitsplan heute bei uns sein werden. Mittlerweile ist es hell geworden und das Wetter bleibt beständig. Was wird der neue Tag bringen?

Die Spannung bleibt, warten heißt die Devise, immer nur warten. Christel übernimmt wieder die erste Beobachtungswache, ein paar Minuten nach 7 Uhr ist die Gans vom Nest gegangen, ich sehe es durch das Glas. Sie bleibt dicht daneben stehen, wir haben das Tonband angestellt und plötzlich – ein Geräusch!

Ein dunkles Schaben oder Kratzen, wie wir es vorher noch nie vernommen haben, ist zu hören. Es muß mit der Eischale zusammenhängen! Sollten wir wieder einmal Glück und die einmalige

Gelegenheit haben, die einzelnen Phasen des Schlüpfens festzuhalten, wie damals bei den Kranichen im Zhalonggebiet?

Die Kamera läuft, denn ein kleines Loch seitlich in der Eischale wird sichtbar. Der schlüpfreife Vogel hat an der oberen Schnabelspitze einen winzigen Höcker, bekannt als „Eizahn", zum Durchbrechen der Eischale. Er wird nach getaner Arbeit wieder abfallen.

Der Schlüpfvorgang kann viele Stunden dauern, je nach Größe des Vogels. Kräftige Junge sollen schneller schlüpfen.

Es ist eine sehr schwere Aufgabe, sich selber auf die Welt zu bringen. Die Eltern stehen am Nest und tun so, als hätten sie mit dem schwierigen Vorgang gar nichts zu tun.

Wir schalten die Kamera aus, denn so eine Eibefreiung ist äußerst anstrengend, und immer wieder müssen kleine Atempausen eingelegt werden. Die Natur hat es auch hierbei sehr weise eingerichtet, denn gleich nach der ersten Eiablage begann die Gans mit dem Brutgeschäft: Dadurch erfolgt das Schlüpfen der Kleinen aus den Eiern zeitversetzt in derselben Reihenfolge, wie sie gelegt wurden.

Obwohl es uns auch am Qinghaisee erlaubt war, ein Ei anzufassen, hatten wir aus Prinzip nie den Ehrgeiz, es zu messen, zu wiegen oder für die Aufnahmen zurecht zu legen. Die entsprechenden Angaben sind längst bekannt, und Lu liest sie aus seinen chinesischen Aufzeichnungen vor: Die Eier der Streifengänse sind demnach 70 bis 90 mm hoch und 50 bis 57 mm dick, das Gewicht beträgt 150 g.

Etwa eine Stunde später beginnt das erste Küken mit der Vergrößerung der schon geschaffenen Öffnung, und legt bald wieder eine Pause ein. Es ist wieder ruhig im Eiinnern, und das Junge spürt den ersten Windhauch. Das Miterleben erwachenden Lebens ist für uns auch hier wieder ein Wunder. Jetzt öffnet sich die Eischale immer weiter, und da wird der ständig und heftig arbeitende kleine Schnabel mit dem Eizahn sichtbar. Bis zur Erschöpfung arbeitet das Küken weiter, dann legt es wieder eine längere Pause ein, um für die nächste Phase des Ausbruchs frische Kräfte zu sammeln.

Da die Kamera feststeht, werden die einzeln aufgenommenen Schlüpfvorgänge durch Überblendung später gerafft. So kann der Betrachter einen, wenn auch nur kleinen, Eindruck davon bekommen, was es für eine Streifengans bedeutet, auf die Welt zu kommen.

In diesem Moment kann ich auch bei einem zweiten Ei den gerade beginnenden Schlüpfvorgang aufnehmen und wieder zwei Stunden später beginnt sich auch im dritten Ei etwas zu regen. Und wie bereits bei anderen Geschwistern ist es auch hier die größte Aufgabe, den Anfang des kleinen Lochs in die Schale zu bohren.

Jetzt, es ist genau 14.30 Uhr, erfolgt beim ersten Ei die endgültige Befreiung. Die am stumpfen Pol rundherum wie abgesägt anzusehende Hälfte der Kalkschale ist abgefallen und zerbrochen. Das Küken liegt mit der vorderen Körperhälfte, sich auf seinen Schnabel stützend, im Nest, das Hinterteil befindet sich dagegen noch in der Resteischale. Es scheint, als sei das Kleine durch die ungeheure Anstrengung wie betäubt. Aber diese Phase dauert nicht lange, und mit vielen kräftezehrenden Bewegungen löst es sich aus seiner engen Behausung.

Die Eltern helfen nicht, das ist nicht Gänseart. Sie sind aber sehr aufmerksam, müssen sie doch gerade ab jetzt ringsherum alles genau beobachten: Die Jungen sind im Nest völlig ungeschützt und in einer bedrohlichen Lage. Alle möglichen Gefahren lauern. In der freigewordenen Eischale sind deutlich die Blutgefäße zu sehen, mit denen der Kreislauf des Kükens verbunden war und der auch den Sauerstoff zur Lebenserhaltung transportierte. Das eben geschlüpfte Gänslein ist bestens für das Leben gerüstet: Es kann sehen, laufen und ist mit einem dichten Dunengefieder ausgestattet, das zwar noch feucht und durch den Eiinhalt verklebt ist, aber von Wind und Sonne bald getrocknet sein wird. Und der Dottervorrat reicht als Wegzehrung für die Strecke zum See. Der den ganzen Körper bedeckende Flaum bringt Wärme, doch werden in der Nacht bei absinkender Temperatur und frischem Wind die wärmenden Eltern noch gebraucht.

Die jungen Streifengänse sind wie alle Gänse- und Entenvögel Nestflüchter und mit viel Selbständigkeit versorgt. Das Laufen ist ererbt, auch das Schwimmen wird von Geburt an beherrscht. Dagegen schlüpfen Nesthocker mit geschlossenen Augen und Ohren und fast nackt.

Bei den heutigen hohen Temperaturen, um 15 Uhr ist es 29 Grad heiß, empfinde ich die außerordentliche Stärke des Sonnenlichts. Lu spricht mich an und meint, durch die an sich beständige Witterung, von einigen extremen Wetterveränderungen mal abgesehen, sei die Jugendsterblichkeit bei den Gänsen in den letzten Jahren gering geblieben. Aber bei Hitze, wie im Augenblick, schnellt zur Schlüpfzeit die Todesrate der Jungen nach oben, weil die völlig freiliegende Kolonie von keinerlei Schatten bedeckt wird. So entwickelt sich auf dem hellen Sandboden eine besonders hohe Temperatur, die die von der Eibefreiungsleistung geschwächten Küken nicht mehr gut verkraften können. Wenn nicht ständig ein Wind ginge, meint Lu, wäre es für die neuen Gefiederten eine Katastrophe.

Sofort nach dem Schlüpfen setzt die Betreuung der Mutter ein: Mit ihrem Körper stellt sie sich breit vor das Kleine, um es gegen die harten Sonnenstrahlen abzudecken.

Die Schwäche des Gänschens scheint nach einiger Zeit überwunden, und jetzt gibt es auch seinen ersten Laut von sich, wir hören deutlich zum ersten Mal ein Piepen, das wir sofort auf Band nehmen.

Dieser erste Ton zur Stimmfühlung mit den Eltern bleibt nicht ungehört, sofort antwortet die Mutter, und die erste Verbindung ist hergestellt. Wir hören diesen Ton jetzt ständig vom Nest. Die Eltern werden durch einen mehrmaligen weinerlichen Ton vom Gänschen darum ersucht, alles, was hinderlich ist, aus dem Weg zu räumen und mit der Pflege zu beginnen. Auch wenn das Kleine trillert, weist es darauf hin, daß etwas nicht in Ordnung ist: Es fehlt an Wärme, oder es kämpft mit der Hitze.

Lange wird es nicht mehr dauern, bis die Sonne sich für heute verabschiedet.

Inzwischen sind bei dem 2. und 3. Ei dieselben Fortschritte zu erkennen wie bei unserem Küken. Wir nehmen an, daß der Schlüpfvorgang der vier Geschwister in der Nacht erfolgen wird.

Bei den Streifengänsen führen beide Elternteile die Jungen, und so ist es möglich, daß die Gans noch bei dem zu erwartenden Nachwuchs bleibt, während der Ganter die bereits geschlüpften hütet. Da aber erst ein frischgeschlüpftes Küken im Nest liegt, halten wir nichts von dieser Möglichkeit. Lu meint: „Ich habe einmal im vorigen Jahr ganz durch Zufall beobachtet, da lief der Ganter schon mit den drei Jungen direkt zum See, um sie so schnell wie möglich in das sichere Wasser zu bringen. Dabei waren vier Eier im Nest noch gar nicht ausgebrütet!“

Vom Eroberernest ist heute nichts Besonderes zu berichten, die Gans sitzt nach wie vor fest auf dem Gelege, und der Ganter beschützt weiterhin den Brutplatz.

Es ist fast dunkel geworden; langsam wie immer baue ich die Kamera auf Nest 1 ab. Ein letzter Blick noch auf die Kinderstube mit dem Neuankömmling: Die Mutter hat sich wieder auf das Gelege gesetzt und das Gänschen unter ihrem Gefieder zum Wärmen geholt. Aus diesem Grunde haben wir morgen früh gute Chancen, denn sollten auch noch in der Nacht die vier Geschwister das Licht der Welt erblicken, steht uns wieder ein großes Abenteuer bevor: Die filmische Begleitung des sicher mühe- und gefahrvollen Weges der ganzen Gänsefamilie durch die Kolonie zum schützenden Qinghaisee. Gefahren lauern hier auch auf uns, die dünne Luft enthält 30 Prozent weniger Sauerstoff als im Flachland, und es wäre geradezu tödlich, die dadurch entstehende Belastung für Herz und Kreislauf zu unterschätzen.

Das Leben beginnt

Hälften von Eischalen, teilweise zerbrochen, liegen umher, der Wind bläst sie immer weiter fort. Die Gans schläft, wir sind sehr gespannt: Was ist in dieser Nacht geschehen? Verschiedene Gedanken gehen uns durch den Kopf, doch will keiner darüber sprechen. Jedenfalls bin ich froh, daß die Eltern noch am Nest geblieben und nicht mit den Kleinen auf und davon sind, unterwegs zum See. Noch einmal habe ich die Kamera mit dem Selbstauslöser eingestellt und Nest Nr. 1 ist wieder groß im Bild.

Jetzt kommt seitlich unter dem Federkleid der Mutter ein kleines gelbes Köpfchen zum Vorschein, gleich ist die Gans hellwach und bewegt sich etwas, und da – noch ein, nein zwei Küken sind zu sehen und wollen an die frische Morgenluft. Endlich erhebt sich Mutter Gans und gibt das Nest frei. Wir alle sind sehr aufgeregt und empfinden eine riesige Freude über die ganze Pracht und Schönheit ihrer fünf Kinder, über den großen Bruterfolg und die neue Generation.

Alle fünf Gänschen sind trocken, gelb, flauschig, munter und ausgeruht und einfach herrlich anzusehen. Unternehmungslustig lugen die kleinen Federbällchen über den Nestrand.

In den ersten Lebenstagen entwickelt sich die enge Bindung an die Eltern. Ganz wichtig ist dieser soziale Zusammenhalt der Familie, der starke Kontakt unter den Geschwistern und zu den Eltern. Denn die Gefahr ist groß und in der Jugend kann es jederzeit passieren, auseinandergerissen und für immer getrennt zu werden.

Jetzt ist es soweit, das Leben beginnt! Zwar ernähren sich die Kleinen nach dem Ausschlüpfen selbständig, aber auf dem futterlosen Sandboden gibt es keine Nahrung und somit keine Chance zum Weiterleben. Also muß der lange Marsch zum See bewältigt werden. Die Eltern kennen den Weg und wissen auch, wo es Futter gibt.

Alles ist bereit zum Ausmarsch. Während die Eltern gleichzeitig schnattern, piepen die Gänschen so gut sie können und verlassen, gelockt durch die Rufe der Eltern, den Ort ihrer Geburt. Auf ihren schon starken Beinen laufen sie sehr gut und überwinden schnell den kleinen erhöhten Nestrand. Jetzt schütteln sie sich ein wenig, nehmen zum Ausruhen auf der Erde Platz und warten. Sehr schnell hat die Hitze zugenommen, der Wind hat etwas nachgelassen. Wieder und wieder hören wir das Schnattern von Gans und Ganter, dieses Verhalten ist ihnen angeboren: Je mehr geschnattert wird, desto stärker halten die Familienmitglieder zusammen. Oft ist es so, als ähnelten die Lautäußerungen unseren Hausgänsen.

Einblick in die „Stadt der Vögel“, mit den schon weitgehend selbständigen Streifen-gansküken (es sind Nestflüchter).

Zwischen den vielen verschiedenen Stimmen ertönt noch das Piepen der Gänschen.

Nun wird der Marsch fortgesetzt, aber nur für ein paar Meter, dann sind die Kinder erneut müde und versuchen, unter das Gefieder der Mutter zu kriechen.

„Hat die Familie einmal das Nest verlassen, kehrt sie nie wieder dorthin zurück“, sagt Lu, „noch nie wurde bisher die Rückkehr zur Nestmulde beobachtet. Nur die Eischalen bleiben liegen, der Wind trägt sie bald fort und ebnet den Boden wieder ein.“ Und Lu fährt fort: „Die Küken müssen möglichst schnell den See erreichen, vor allem wegen des Futters, denn die Dotterreserve aus dem Ei hält nur einen Tag!“

Die auf Nr. 1 gerichtete Kamera ist ausgeschaltet, längst ist die Gänseschar aus dem Bildbereich verschwunden und so kann ich nur mit einer Kamera den Weg der Familie durch die Kolonie verfolgen. Gern hätte ich für diese Dokumentation noch eine zweite Kamera eingesetzt, doch schließlich kann man nicht alles haben! Wieder sind klein und groß ein Stück vorwärts gekommen. Ganz erschöpft von der Anstrengung, benommen von den vielen Eindrücken rundum, gehen alle Kinder wieder zum Ausruhen in die Hocke. Ein erneuter Versuch, bei der Mutter unterzuschlüpfen. Der Wind bringt Kälte mit sich, das ist neu für die Jungen und das Gefieder der Gans schön warm. Aber nein, die läßt das erst gar nicht zu, rückt bei jeder Annäherung sofort ein Stück zur Seite.

Christel flüstert: „Das Nest!" Schon habe ich die Kamera von der ruhenden Familie zurückgeschwenkt. Eine Tibetlachmöwe steht auf dem Nestboden. Wenn sie auch selten an die Brut herankommt, so untersucht sie jetzt die Reste der geschlüpften Eier auf Freßbares. Irgend etwas findet sich immer, und so wird auch die Kolonie sauber gehalten.

Die Nachkömmlinge erheben sich langsam und formieren sich zum Weitermarsch, indem sie die typische Reihenfolge einnehmen: Vorn die Mutter, dann die Jungen, zum Schluß folgt der Vater. Wie der sprichwörtliche Gänsemarsch vermuten läßt, laufen die Kinder aber nicht direkt hintereinander, sondern gering zur Seite versetzt. Dadurch können sich die Küken am Ende jederzeit nach dem Verhalten der Mutter vorn richten.

Beim Passieren der Reviergrenzen haben die Alten und die Jungen die Nestgebiete ihrer nahen und weiten Nachbarschaft, die sie ja alle gut kennen, respektiert. Dennoch sichern Gans und Gänserich mit weit vorgestrecktem Hals das heikle Unternehmen nach allen Seiten ab, um auf einen möglichen Angriff schnell reagieren zu können – und das ist gut so.

Die Mutter gibt kurze, hohe Warntöne ab, sie ist sehr aufgeregt und drängt die Kinder vorwärts. Jetzt heißt es, besonders auf der Hut zu sein. Gerade durchwatschelt die ganze Schar ein noch voll mit Nestern besetztes Gebiet, das auch nicht von schlechten Eltern bewohnt wird. Sie wollen unter allen Umständen vermeiden, daß Durchreisende ihren Jungen zu nahe kommen. Der Streit ist unvermeidlich. Die Eltern und ihre Kinder haben kein Recht, hier einfach durch das Revier zu latschen.

Aufgeregtes Flügelschlagen, kurze Angriffe der Bewohner. Während sich die Alten verteidigen und angreifen, bleiben die Kleinen sofort wie angewurzelt stehen. Mutter Gans nimmt zischend eine drohende Haltung ein, und ihr hin- und hergehender Kopf soll vielleicht heißen: Platz da, jetzt kommen wir, gebt den Weg frei! Und vergreift Euch ja nicht an unseren Kindern, sonst werdet Ihr es bereuen! Der Vater rast von ganz hinten nach vorn rechts, danach schießt er nach links, und dabei überschlägt sich sein Geschrei gleich mehrfach: Der ganze Aufwand dient dazu, für die arglosen Jungen freie Bahn zu schaffen. Artgenossen, die zu nahe kommen, werden postwendend direkt und hart angegriffen und empfindlich gebissen.

Durch sein scharfes Vorgehen will er allen bekunden: Wir dulden es keinesfalls nach so langer entbehrungsreicher Zeit des Wartens, daß unser Nachwuchs verletzt oder gar gestohlen wird. Und übrigens: Schafft Euch selber Kinder an!

Zu allem Unglück landet gerade unmittelbar gleich nebenan ein aufgebrachtes Elternpaar mit unterschiedlichsten schrillen Tönen. Nun kommt aber wirklich Schwung in die ganze Gruppe: Vater und Mutter stürzen sich blindlings und mit größter Schnelligkeit auf die Landenden, die gar nicht wissen, wie ihnen geschieht, vor Schreck starten sie gleich wieder durch, nicht ohne von den anderen Bewohnern ordentlich gebissen zu werden. Tja, was hat man nun von einer so verfrühten Landung?

Durch die nie vorher vernommenen Schreie der Eltern und ihre nach allen Seiten hin vorgetragenen Angriffe sind die Küken stark beunruhigt. Sie wissen nicht, was sie von all dem zu halten haben. „Dafür sollen wir auf die Welt gekommen sein?“ scheinen sie zu fragen.

Jetzt haben die Eltern wieder den Kampf aufgenommen, fechten wie die Löwen und vergessen dabei die Jungen. Drei von ihnen können nicht solange warten, bis die Alten gesiegt und den Weg freigemacht haben, sie stehen auf und verlaufen sich in dem großen Durcheinander schnurstracks. „Vater und Mutter: Wo seid ihr?!“ Die sind aber ganz darin versunken, sich mit den zänkischen Siedlern zu streiten. Die drei verirrten Gänschen stürzen hoffnungslos auf eine fremde Gänsemutter zu, denn sie können in den ersten Lebenstagen ihre Eltern noch nicht von den anderen unterscheiden. Die Auserwählte ist aber ziemlich ungnädig, denn fremde Junge werden nicht akzeptiert. Mit einem weinerlichen Piepen versuchen die drei, unter die sitzende Gans zu kriechen, vergeblich. Und zu allem Übel werden sie jetzt auch noch gezwickt: „Weg mit Euch, wir haben genug mit unseren eigenen Kindern zu tun!“ Das sind schmerzliche erste Erfahrungen. Und die Kleinen mögen an soviel Unfreundlichkeit gar nicht glauben, der fremde Ganter muß schon nachdrücklich schimpfen und schubsen. Während der gestrenge Gänsevater zu seinem Weibchen zurückkehrt und ihr einen Schnabelvortrag hält, suchen die drei weiter. „Sind das vielleicht unsere Eltern?“ Wieder falsch. Sie piepen mal hier und mal da.

Zum Glück gibt es derzeit in der Kolonie keine Bodenfeinde. Wieder suchen die Versprengten falsche Eltern auf. Aber da, endlich, alle können aufatmen, Eltern und Geschwister haben sich wiedergefunden, ein großes Stück weiter, in einer ruhigen, nicht so stark besetzten Koloniegegend. Alle lassen sich zur wohlverdienten Ruhe auf den Boden herunter, und da die drei Verlorenen ausgekühlt und erschöpft sind, dürfen sie unter die mütterlichen Federn.

Aber natürlich auch die zwei anderen Geschwister. So sind alle wieder vereint und haben alles gut überstanden, wenn auch noch der erste Schrecken ihrer frühen Lebenszeit lange nachklingt.

Nun wird aber alles getan, damit keiner verloren geht. Zuerst steht Mutter Gans auf. Während der Ruhepause hatte ich Zeit, die Kamera unzurüsten und mit dem großen Teleobjektiv zu versehen. So kann ich den Weitermarsch der Gänsefamilie bis zum See aufnehmen. Gänse gehen nur in der Anfangszeit der Kinderaufzucht zu Fuß. Dafür hat die Natur gesorgt: Sie sind jetzt alle in der Mauser und wechseln ihre Schwungfedern. Sie können gar nicht fliegen, und so werden die Nachkömmlinge von den Alten solange geschützt, bis sie selber in der Lage sind, sich in die Luft zu erheben. Bis aber die Kleinen flügge geworden sind, wird es noch einige Wochen dauern. Die Eltern werden bis dahin noch viel Aufregung und Arbeit zu bewältigen haben.

Christel hat gerade mit dem Glas eine Gänseschar entdeckt, die hinter einem Hügel hervorkommt. Sie befindet sich etwa 80 Meter seitlich von unserer Familie. Es sieht aus wie beim Ausflug eines ganzen Kindergartens. Die ungewöhnlich kinderreiche Großfamilie wird von zwei Altvögeln angeführt, die möglichst schnell das Wasser erreichen wollen. Die Kinderschar besteht aus 16 putzmunteren Jungen. Lu erzählt ganz aufgeregt: „Es kommt schon einmal vor, daß Jungtiere, wenn sie, aus welchen Gründen auch immer, ihre eigenen Eltern verloren haben, sich fremden Müttern angliedern. Sehr selten passiert es aber, daß zwei Weibchen sozusagen ihre Eier in ein einziges Nest legen, wodurch dann eine große Familie entsteht. Die Adoption ist in den ersten Tagen nach der Geburt nicht schwierig, denn die Duldsamkeit ist jetzt noch groß. Später werden die fremden Jungen aber abgebissen. „Geschwisterkämpfe“, meint Lu so ganz nebenbei, „wurden noch nie beobachtet.“

Endlich sind es nur noch wenige Meter, und jetzt hat unsere Familie mit ihren fünf Kindern den See erreicht. Sehr schnell läuft das Weibchen voran, und alle folgen ihr, und da kommt das Wasser, und wie durch ein Wunder können die Jungen ohne Hilfe der Eltern schwimmen, als ob sie nie etwas anderes gemacht hätten. Auch hier auf dem Wasser kann ich dasselbe Verhalten wie auf dem Land beim Marsch zum See erkennen. Die Mutter schwimmt voran, dann kommen die Kleinen, nicht direkt hintereinander, damit sie alles sehen können, was die Mutter unternimmt. Ganz hinten folgt der Vater. Bald ist unsere schöne Familie in der Weite des Sees verschwunden.

Wir bauen ab und beschließen, die Beobachtung von Nest Nr. 2 und 3 einzustellen, da ich mit den bisherigen Aufnahmen voll und ganz zufrieden bin.

Die Fahrt geht heute früh direkt zum See, zum neuen Standpunkt, der auf einem Hügel liegt. Mit Hilfe von Fotos hatten wir ihn ausgesucht. Von hier aus ist es möglich, einen Teil der Seefläche, der Uferzone und des angrenzenden Graslandes mit dem Tele abzusuchen.

Direkt vor uns am Ufer steht eine Gans, die ihr Gefieder einfettet. Dazu benutzt sie die einzige Hautdrüse, die sie hat, „Bürzeldrüse“ genannt. Mit gedrehtem Kopf preßt sie durch Rubbeln mit dem Schnabel oben an der Schwanzwurzel eine Schmiere aus, um das Gefieder damit einzufetten.

Viele Familien schwimmen auf dem schützenden und nahrungsreichen See. Dieser ideale Wasserfutterplatz ist voll von kräftigen Pflanzen, Gräsern, unendlich vielen Kleinlebewesen, Fischen und Garnelen. Es ist eine unerschöpfliche Futterquelle für die Vögel. Ich kann gut beobachten, wie sie mit vorgestrecktem Hals oder durch Tauchen, das „Gründeln“ genannt wird, Nahrungspflanzen aufnehmen.

Die Jungen sind schon ausgezeichnete Taucher, und auch das ist weise eingerichtet, denn gerade hier auf der freien Wasserfläche ist die Bedrohung durch Räuber aus der Luft sehr groß. Kommen etwa die fluggewandten Möwen von oben, hilft nur noch schnelles Wegtauchen. Auch dieses Verhalten ist angeboren. Nun kann ich eine Familie mit sieben Kindern begleiten, von der Mutter zusammengelockt und in der Obhut beider Eltern gerade auf dem Weg vom Wasser zu den geeignetsten und ergiebigsten Weideplätzen.

Bei der Futtersuche im völlig deckungslosen Land ist natürlich besondere Vorsicht geboten, denn hier ist ein Untertauchen wie im Wasser ja nicht möglich und niemand kann jetzt fliegen. Deshalb wird jede kleinste Störung sofort wahrgenommen und in die erforderliche Reaktion umgesetzt, damit die unvorsichtigen Kinder nicht irgendwelchen Jägern zum Opfer fallen.

Jetzt hat die Familie eine Weidefläche entdeckt, es fehlt ein dichter Pflanzenwuchs, der kurze grasige Boden ist eher spärlich bedeckt. Die Kinder entwickeln während des Wachstums einen mächtigen Appetit. Und obwohl sie hier nicht wählerisch sein können, suchen sie mit Vorliebe zarte Gräser, weiches Grün, junge Triebe und Samen zum Fressen. Mit ihrem kleinen Schnabel erfassen sie die Pflanze, picken sie klein und nehmen die besten Stücke auf. Lu weiß zu berichten:

„Die Befiederung der Jungen beginnt etwa nach 16 Tagen. Erst wenn die Vögel ihr Gefieder erhalten haben und das Federkleid geschlossen ist, sind sie flugfähig. Das ist so sieben Wochen nach der Geburt. Bis zur nächsten Brut bleiben die Jungen bei den Eltern, und in zwei bis drei Jahren werden die Junggänse selber Junge haben, hier am Qinghaisee."

Wenn der Zug ins Winterquartier beginnt, werden wir den See längst verlassen haben. Wir bitten Lu, uns darüber etwas zu erzählen. Er sagt: „Auch ich gehe ins Winterquartier, allerdings nur nach Xining. Das wird Ende Oktober sein, wenn alle fortgezogen sind und keine Stimmen mehr zu hören sind. Danach werden auch der Wind und die Kälte stärker. Je nach Lage der Witterung endet im September die Zeit in der Brutkolonie. Dann schließen sich alle Vögel, besonders aber die Familien, die über den ganzen Sommer treu zusammengehalten haben, zu größeren Fluggemeinschaften zusammen, um auf ihrer Vogelzugstraße in den Süden zu gelangen. Wer den Lebensgefährten verloren hat, muß allein fliegen. Seit den letzten Jahren bin ich immer dabei, wenn die einzelnen Trupps sich zum großen Flug in die Luft erheben und noch einmal über ihre Brutheimat streichen. Dann grüßen sie zum Abschied mit vorgestrecktem Kopf und mit zweisilbigen Flugrufen. Das ist ein großartiges Schauspiel der Natur, und jedes Mal hoffe ich: Mögen doch alle wiederkommen. Aber allzuoft gibt es auf dem Flug starke Verluste, wenn die Vögel durch Orkane und schwere Unwetter überrascht werden oder wenn die Energiereserven erlahmen, sie durch anhaltende starke Winde verdriftet werden und den Landeplatz um Hunderte von Kilometern verfehlen. Aber davon werden wir nie etwas erfahren!"

Danach fährt sich Lu verlegen mit dem Ärmel über das Gesicht, als ob es da etwas zum Abwischen gibt und sagt nach einer kleinen Pause: „Da keine Beringungen der Vögel durchgeführt werden, haben wir auch keinerlei exakte Hinweise über die Population, Krankheiten und Alter der Vögel sowie ihre verschiedenen Überwinterungsgebiete!"

Einen wichtigen Hinweis hat Lu aber von seiner Behörde erfahren: Da die Bevölkerung Chinas leider ständig wächst, müssen immer mehr Quellen zur Deckung des Lebensunterhaltes erforscht und aufgeschlossen werden. Wie aus Peking verlautet, will man in den nächsten Jahren Experimente zur künstlichen Züchtung und Zähmung der Streifengans durchführen, weil die Vögel von großem wirtschaftlichen Wert sind. Die Daunen ergeben hochwertiges Material für warme Kleidung, das Fleisch ist reich an Eiweiß und Fett.

Wir können nur hoffen, daß die chinesischen Gesetze so streng sind, daß die Brutheimat der Streifengänse ungestört bestehen bleibt. Mit dem friedlichen Bild der einzelnen Gänsefamilien, die am Ufer verstreut lagern und verdauen, schließe ich die Dokumentation.

Alle Strapazen wurden durch das, was wir erlebt und gesehen haben, reich belohnt. Ich konnte viele Begebenheiten voller Erkenntnisse aus ihrem Leben einfangen. Doch trotz aller aufgebotenen Technik war es nur ein kleiner Einblick in das Leben unserer gefiederten Freunde . . .

Schiffe des Hochlandes

Wegen unseres großen Engagements, etwas vom Leben der Streifengänse zu erfahren, hatten wir fast vergessen, daß noch andere Tiere am Qinghaisee leben. Für die nächsten Tage wollen wir deshalb ein neues Kapital unserer Filmarbeit aufschlagen, denn hier auf den Hochebenen der Provinz Qinghai befindet sich das größte Viehzuchtgebiet Chinas. Wang, der jeden zweiten Tag frei hatte, spürte für uns Nomaden auf, die jederzeit den genauen Standort ihrer Yak- und Schafherden kennen. Sie erklärten sich auch bereit, uns zu empfangen.

Mit aufgehender Sonne sind wir zu unserem neuen Zielgebiet unterwegs, wie immer holpert unser Wagen schon seit zwei Stunden über vorher nie befahrenes Grasland. Am Horizont die wildromantische Landschaft der Berge, vor uns eine kahle Hochebene mit tiefen, breiten Taleinschnitten: Wir genießen diese stille Naturschönheit.

Hier in den Weiten gibt es nur Hirten und Tiere. Alles ist sauber, nirgendwo Abfall oder Unrat. Tief wiegt sich das Gras im Wind, über uns der hohe weite Himmel. Um uns herum einzelne oder auch in Gruppen stehende hohe und harte Grasbüschel, an denen man sich schneiden kann, denn das Gras ist robust und kräftig, anders als bei uns zu Hause.

Wir fahren immer noch, Wang sagt: „Es ist nicht mehr weit!“, und Jili am Steuer nickt mit dem Kopf.

In der Nähe einer großen Herde von Tibetschafen halten wir an, um zu filmen. Schafe sind gute Fleisch- und Woll-Lieferanten, denn in diesen Höhen ist ihre Wolle ganz besonders dicht, weich und fein und die wunderbarste aller Fasern. Tuche, Teppiche, Sitz- und Schlafunterlagen sind von hoher Qualität und sehr kostbar. Bei den Fellfarben der Tiere sehe ich nur wenige weiße, die anderen variieren zwischen braun und grau. Auffallend bei den Böcken sind die waagerecht abfallenden Hörner.

Ich sehe auch eine große Zahl neugeborener Lämmer, sie wirken alle gesund und kräftig. Wer schwach auf den Beinen ist und nicht mit der Herde weiterzieht, bleibt liegen und verhungert, so ist es hier Naturgesetz.

Christel hatte damals ein liegengebliebenes Jungtier mit ins Lager genommen, sonst wäre es gestorben. Heute ist es schon stark, hat keinen Durchfall mehr und steht fest auf seinen vier Beinen.

Wir fahren weiter und befinden uns in Ufernähe des Qinghaisees. Plötzlich rumpelt der Wagen doppelt so stark wie sonst, wir steigen aus und stellen fest, daß wir mitten in einer Kolonie von Pfeifhasen oder Maushasen, *Ochotona melanostoma* gelandet sind. Im weiten Umkreis ist das Steppenland von den kleinen Hasenverwandten durchlöchert worden. Die Nagetiere haben dabei durch den ausgeworfenen Sand für eine Landschaft voller Erderhebungen gesorgt. Hier in den Höhlen unter dem Weideland leben sie familienweise, ihre Baue sind nicht weit voneinander entfernt.

Gerade noch waren die letzten, meerschweinchengroßen Tiere blitzschnell in ihrem Bau verschwunden. Im Schatten des Wagens baue ich die Kamera auf und den Ton, wobei mir Christel hilft.

Wir warten.

Der Wind ist günstig, und Geräusche werden deshalb nicht zu den Tieren dringen; diese verschwinden bei jedem Laut, der ihnen fremd ist, rasend schnell in ihre Erdlöcher, wie wir im Lager gehört hatten.

Unsere Geduld macht sich bezahlt, denn bereits nach zehn Minuten späht ein Pfeifhasenkopf vorsichtig aus einem Bau. Das Gelände ist völlig ungeschützt, von daher die Wachsamkeit und das lange Verweilen im Schlupfloch. Allmählich kommen immer mehr Tiere aus ihren Wohnungen. Ihre Fellfärbung ist überwiegend rotbraun, in verschiedenen feinen Abstufungen der Umgebung gut angepaßt. Ihr durchschnittliches Gewicht soll etwa ein Pfund betragen, der Schwanz ist nicht sichtbar, die Ohren sind abgerundet.

Die relativ kleinen Baue werden von den Tieren selbst gegraben, und die verzweigten Wohnsysteme, die nicht tief unter der Erde liegen, von ihnen in Ordnung gehalten.

Im Wagen schlief wieder mal alles, nur Christel war neben mir mit den Tonaufnahmen beschäftigt. Kein Tönchen war von den Tieren zu hören, obwohl doch in der Kolonie ein geselliges Leben herrscht.

Ob er wollte oder nicht, plötzlich mußte Jili sehr laut niesen. Diesen Ton hatten die putzigen Höhlenbewohner noch nie gehört und so waren sie mit höchstem Tempo verschwunden. Für uns war damit auch das Ende dieser Vorstellung gekommen, wir packten unsere Geräte wieder ein.

Viele Tage lang könnten wir mit der Beobachtung der Pfeifhasen verbringen – und wüßten doch nicht viel über ihre Lebensweise, wie die Leute hier am See. Die Hirten würden es überhaupt gerne sehen, wenn es die munteren Kerlchen gar nicht gäbe, denn sie brauchen viel Grün, auch als Wintervorrat, den sie in ihren Höhlen gut verstauen. Die Tiere vermehren sich rasch und häufig, und beim Graben ihrer Baue unterwühlen sie die Weideflächen, die dann austrocknen.

In diesem menschenleeren Gebiet ist es eine Wohltat, Lebewesen zu treffen. Der Wagen hält gleich in der Nähe eines schön aussehenden Zeltes, Jurte genannt. Wang hatte die Hirtenfamilie für uns ausgesucht, denn wir wollten sie nicht nur mit ihren Tieren filmen, sondern auch wissen, wie diese Nomaden leben.

Nach einer kurzen Begrüßung mit Handschlag stellt sich heraus, daß die Familie aus Mann und Frau, beide 53 Jahre alt, sowie aus der 23jährigen Tochter besteht. Ihr älterer Bruder hatte erst vor einem Monat geheiratet.

Zur Hochzeit verlangt die Braut keine Geschenke von den Eltern ihres Bräutigams, das entspricht den lokalen Sitten hier, die einen historischen Ursprung haben. Denn vor allem früher gaben viele Eltern ihre Söhne in ein Kloster, damit sie Priester wurden. Heiraten durften sie nicht. Dadurch gab es immer mehr heiratsfähige Frauen als Männer, was dann zu der Sitte führte, daß den Frauen von ihren Eltern eine große Mitgift in die Ehe gegeben wurde. So gilt auch heute noch die Größe der Mitgift als Symbol für den sozialen Status der Braut.

Von einem nicht weit von der Jurte aufgestapelten Vorrat holt der Sohn einige Scheiben getrockneten Yakdungs. Oberhalb der Baumgrenze dient der Dung als kostbarstes Brennmaterial und ist auch als Handelsobjekt sehr wertvoll. Denn Holz ist hier unbezahlbar und ein Luxus. Um für uns Buttertee zu bereiten, wird der Innenofen der Jurte von der Frau sofort mit Yakkuhfladen angeheizt. Es entsteht eine klare, heiße Flamme fast ohne Rauch. Neben dem Zelteingang hängt, als Fliegenwedel benutzt, die buschige Endquaste eines Yakschwanzes.

Jetzt erhält jeder einen Tonbecher mit heißem Buttertee, doch unsere Begleitung winkt ab. Christel und ich trinken ihn trotzdem, er ist nicht gerade unser Geschmack, wir haben das Gefühl, ranzige Fleischbrühe zu kosten. Aber wir dürfen unsere Gastgeber nicht beleidigen.

Die Frauen und Männer hier im Weidegebiet tragen das ganze Jahr über Mäntel aus Schaffell. Als wir gerade ausgiebig die langen Zöpfe der Frauen betrachten, ertönt neben mir auf einmal die Stimme von Wang: „Das ist ein altes Symbol und im modernen China längst verpönt. Etwa um 1650 wurden die Chinesen von den Mandschu gezwungen, den Zopf als Zeichen der Lehnspflicht zu

Begegnung mit den Pfeifhasen *Ochotona melanostoma* des Qinghai-Sees.

„Schiffe des Hochlandes" – Yaks *Bos mutus grunniens,* von tibetanischen Hirtennomaden betreut.

tragen. 1911 wurde die Republik ausgerufen und den Chinesen befohlen, die alten Zöpfe abzuschneiden. Die zukünftige Entwicklung", so betont Wang, „soll auch das Leben der Nomaden reicher und besser machen!" China will Tibet in ein fortschrittliches Land verwandeln, und einiges ist schon anders geworden: Es gibt keine Leibeigenschaft mehr, und dadurch wurde auch die Ohrensteuer abgeschafft. Zahlungsunfähigen wurde früher ein Ohr abgeschnitten!

Das Leben der Hirten aber vollzieht sich in dem endlosen, herben Land immer noch nach den uralten Gesetzen, einfach, entbehrungsreich, hart, diktiert von der oft grausamen Natur. In ihrem Leben gibt es keinen Unterschied zwischen dem Vergangenen und Heute, alles ist noch zeitlos und das ferne Peking hat für sie keine Bedeutung.

Das Lebensniveau der Tibeter hat den Stand von 1959 noch nicht überschritten. Dazu haben gravierende Fehlplanungen nach 1959, besonders aber nach 1966, beigetragen. Tibet ist eine der ärmsten Regionen Chinas. Bisher waren die Naturmenschen von fremden Einflüssen isoliert, ihre stark von der Religion geprägte Lebensweise kannte nur das Reich des geistlichen und weltlichen Gottkönigs, des Dalai Lama, auch „Ozean der Gelehrsamkeit" genannt.

Aber für die einsamen Menschen in der großen Natur, die allein auf sich gestellt sind, gibt es auch heute noch Unbekanntes und Undurchschaubares und Unfaßbares. Daraus entstand einst die Furcht und damit der tiefverwurzelte Aberglaube. Ständig fühlen sie sich durch Geister und Dämonen verfolgt und leben so in einer Scheinwelt. Für sie gibt es Geister des Himmels und der Erde. So darf an bestimmten Orten niemand verweilen, sonst muß er sterben. Das ist nur ein kleines Beispiel aus ihrer eingebildeten Welt der Schattenwesen.

Endlich können wir uns in Ruhe die vor der Jurte angepflockten Yaks ansehen, ich zähle 18 Tiere. Es sind, wie auch die Herdentiere, zahme Yaks *Bos mutus grunniens.* Die junge Frau ist gerade bei einer Yakkuh. Sie melkt etwa einen Liter sehr fetter und zur Butterherstellung bestens geeigneter Milch.

Hier ist der Yak das bedeutendste Nutztier und wird nur deswegen gehütet und geschützt. Einmal im Jahr wird er geschoren, das ergibt etwa 3 Kilo Wolle, die kräftig ist, hochelastisch, voller Glanz und wasserabstoßend. Daher eignet sie sich hervorragend zum Weben der Planen für die Jurten.

Von Generation zu Generation wird hier im Grasland die Fähigkeit überliefert, die für die Hirten so lebenswichtigen Gegenstände selber herzustellen.

Wang teilt uns mit, daß die Nomaden in den nächsten Tagen weiterziehen wollen zu neuen, frischen Weiden. Denn je öfter sie wandern, um so kräftiger werden die Tiere und sind für den Winter gut gerüstet.

Ungewöhnliche Einblicke in das Alltagsleben und direkten Kontakt mit der Familie konnten wir nicht gewinnen. Uns fehlte ein tibetisch-dialektsprechender Dolmetscher, der die für uns allein unüberwindliche Sprachhürde hätte beseitigen können. So bleibt es bei einer kleinen Information.

Eines aber erkennen wir auch so: Wegen ihrer sehr einfachen Lebensweise sind diese Nomaden in allen ihren Entscheidungen noch unendlich frei.

Ohne daß wir etwas hörten, steht auf einmal ein kleines braunes Pferd neben uns, im Sattel der Hirte mit einem strengen Gesicht, ein Verwandter der Familie. Vor ihm sein Junge, etwa 4 Jahre alt. Kaum geboren, sitzen die Kinder hier schon im Sattel.

Wir verabschieden uns freundlich von der Familie und folgen dem Hirten, der inzwischen schon vorgeritten ist. Er will uns die Yakherde, eine besondere Rinderart, zeigen. Schon die alten Römer berichteten vom Yak, daß er wegen seines herrlichen Schweifes, der lang auf den Boden herabhängt, erlegt werde. Immer wieder drang die Kunde von diesem sagenhaften Tier nach Europa, Reisende berichteten schließlich über Einzelheiten dieses mächtigen Rindes mit dem langen, schwarzen und feinen Haar.

Später gelang es, das Tier zu zähmen. Seine Farben sind, wie bei unserem Hausrind, in allen möglichen Schattierungen vorhanden, die das ursprüngliche Schwarz nahezu verdrängen: weiß, gelb und gescheckt. Einen langen, üppigen Behang bilden die zottigen Haare, dadurch sehen die Yaks so sonderbar aus. Die Unterwolle ist vor allem am Bauch stark verfilzt. 50 bis 60 Zentimeter ist das Haar lang, am Schwanzwedel bis zu 80 Zentimeter. Um eine Größenvorstellung dieses schönen und erhabenen Tieres zu bekommen: Die Länge des Körpers eines erwachsenen Stieres beträgt zirka 3,30 Meter, die Schulterhöhe um 1,80 Meter, die Länge des Schwanzes rund 90 Zentimeter. Alte Bullen sollen bis zu 1 000 Kilogramm schwer werden, das Höchstalter kann 25 Jahre betragen.

Jetzt im Juni löst sich das Winterfell in großen Flocken ab, die vom ständigen Wind verweht werden.

Oft zwingt die Pflanzenarmut zu großen Schleifenwanderungen durch das unendliche Weidehochland. Mit seinem kleinen, aber schnellen Pferd, vor ihm im Sattel sein Junge, treibt uns der Hirte langsam die Herde zu. Vielleicht sind es 250 oder 300 oder mehr, sie sind schwer zu zählen und wir wollen auch nicht danach fragen. Verstreut grasen sie in der Weite, nur die Bullen stehen dichter beisammen. Die Bewachung und Betreuung der ausgedehnten Herden wäre ohne Pferd nicht möglich.

Etwa 150 Meter sind die Yaks von uns jetzt noch entfernt, sie ziehen etwas schneller voran, denn unser Anblick ist neu für sie und, wie ich durch die Teleoptik sehe, sind die Augen des Leittieres, das abseits steht, mit gelassener Wachheit auf uns gerichtet.

Alte Bullen sind Einzelgänger. Unter den Sinnen soll das Geruchsvermögen am besten ausgebildet sein, der Yak wittert sehr fein und ist nicht leicht zu überraschen. Die Sehfähigkeit dagegen soll nicht besonders gut sein. Dafür ist es aber mit anderen hervorragenden Eigenschaften ausgerüstet. Yaks sind ein anschauliches Beispiel dafür, wie das Leben die Kälte überwindet, wie er trotz grimmigsten Frostes und wilder Eisstürme das Dasein erträgt. Herz und Lunge der Tiere sind sehr leistungsfähig. Als Reit- und Lasttier soll der Yak 150 Kilo über steile Höhen und schwierige Gebirgspässe tragen können: Kein anderes Tier kann in der dünnen Luft diese Leistungen vollbringen.

Nach einer Tragzeit von 9 Monaten werden die Kälber geboren, aber nur eins in jedem Jahr. Nur wenige Neugeborene bekommen wir zu sehen, sie alle sind im besten Futterstand. Andere werden durch ihre Mütter in Deckung gehalten und befinden sich auf der anderen Seite der ziehenden Herde. Wie wir hören, sollen die Schwergewichtler zahm wie Lämmer und sehr friedlich sein und trotz ihres wilden und zottigen Aussehens gute Gefährten für die Nomaden.

Im September, in der Zeit der Liebe, suchen die Stiere nach den Kühen und rennen ständig eigenartig grunzend umher. Wegen der in dieser Zeit ausgestoßenen Töne heißt der Yak auch „Grunzochs". Von den Tibetern wird er auch noch „Maoniu" und auch „Schiff des Hochlandes" genannt.

Der größte Teil der Herde hat sich zur Rast niedergelegt. Für den in starrer Ruhe massigen Körper ist der Kopf fast zu klein, nur die Kiefern bewegen sich und zeigen, daß der Zottige sich seiner Lieblingsbeschäftigung, dem Wiederkäuen, widmet. Einsam und in sich abgeschlossen liegen sie da, diese wunderbaren Tiere, gleich den hohen Bergen ihrer Heimat.

Gern hätte ich Wildyaks *Bos mutus mutus* gefilmt, aber leider haben wir sie nur im Zoo von Peking und sonst nirgends auf der Welt sehen können. Auf Höhen um 5 000 Meter und in für Menschen unbewohnbaren Zonen haben sie Schutz gesucht. Heute sollen laut Informationen chinesischer Behörden nur noch vereinzelt traurige Reste übrig sein. Und trotz der erlassenen Auflagen zum Schutz der

Wildyaks ist es nicht möglich, Zahlen der noch lebenden Tiere anzugeben. Auch besteht keine Möglichkeit, in den riesigen Weiten der Gebirtswelt die Tiere so zu schützen, wie es das Gesetz eigentlich verlangt.

Flinke Fischer

Zum Abschluß unserer Filmarbeit hier am Qinghaisee steht noch der Besuch von drei weiteren verschiedenen Vogelansammlungen auf unserem Programm. Wie wir hörten, ist eine so große Brutkolonie, wie wir sie jetzt besuchen, in China eine Seltenheit. Die Vögel werden hier die „Fischjäger vom See“ genannt, es handelt sich um eine chinesische Unterart des Kormorans *Phalacrocorax carbo sinensis*.

Vor der Abfahrt vom Lager blickte ich, wie jeden Morgen, durch das Fernglas. Über Nacht hatte frischgefallener Schnee die Berge in einen weißen Mantel gehüllt. Wie immer war auch Lu bei uns, und nach einer längeren Fahrt als in den Tagen zuvor, erreichten wir eine völlig andere Stelle am See. Nur etwa 20 Meter von einer Steilküste halten wir an, ich trete vorsichtig an den Rand, der Abhang ist vielleicht 50 Meter tief.

Vor mir, etwa 120 Meter entfernt, fast gleich hoch mit dem Bodenniveau hier, steht ein Rundfelsen, überwiegend im Seewasser; nur ein kleiner Teil ist unten mit dem Strand aus Sand und Stein verbunden.

Christel und ich sind begeistert vom Anblick dieser so schön gelegenen Brutkolonie. Ungestört und unantastbar liegt sie da. Lu meint, seitdem die Kormorane vom Staat streng geschützt werden, habe sich die gefiederte Bevölkerung prächtig vermehrt. Er weiß auch von anderen Kolonien, doch liege keine in einer so guten Lage mit soviel dicht besetzten Nestern.

Günstig ist auch hier der erhöhte Kamerastand vom Wagendach aus. So ist es uns möglich, direkt in die Nester zu sehen, ohne die arglosen und so gar nicht mißtrauischen Vögel zu beunruhigen.

Der Wind trägt das unterschiedliche Stimmengewirr zu uns herüber, es sind grunzende, rauhe, ächzende und schnarrende Töne. Wegen dieser Stimmlagen werden die Kormorane auch „Scharben“ genannt. Im Unterschied zu den Streifengänsen haben sie auf dem vor uns liegenden Rundfelsen ihre Nester gebaut. Die jetzt hohen Horste waren ursprünglich sehr flach. Erst im Lauf der Jahre wurden sie durch immer neue Lagen aus Seegras und Tang aufge-

Kormorankolonie bei einer Steilküste am Qinghai-See.

stockt. So können die hochaufgetürmten Horste mehrere Jahre hintereinander benutzt werden.

Es kommt vor, erklärt uns Lu, daß alte, schwere Horste zusammenbrechen. Dann kommen diebische Artgenossen und stehlen so viel, wie sie nur tragen können von dem hier sehr knappen Nistmaterial.

Das gesellige Leben auf engem Raum wirkt auf uns wie das Miteinander in einer Familie. Die Nester liegen Seite an Seite, aber nicht näher als auf Pickentfernung. Es gibt immer wieder Streitigkeiten, wenn listige Räuber sogar noch aus einem bereits besetzten Nest an der Seite heimlich Material herausziehen und stehlen, um es ihrem Weibchen als Begrüßung von Schnabel zu Schnabel zu übergeben.

Auf einem vorspringenden Felsstück steht ein besonders schönes, hohes Nest. Die beiden Altvögel ähneln sich für uns im Aussehen sehr stark. Sie tragen ein schwarzes Gefieder mit bläulichem oder grünlich-metallischem Schimmer, auf dem Rücken eine wie Bronze glänzende Schuppenzeichnung.

In dem Nest liegen drei Eier, durchscheinend ist eine lichtblaue Farbe nur schwer zu erkennen, weil über den Eiern ein kreidiger Überzug liegt. Ein Ei soll etwa 50 g schwer sein. Beim Brüten wechseln sich Männchen und Weibchen ab, und nach einer 30tägigen Brutzeit schlüpfen die Jungen ganz nackt und sind auf die Ernährung der Eltern voll angewiesen. Auf dem gesamten Rundfelsen-Plateau gibt es schon viele Kinderstuben, die abwechselnd von den Altvögeln bewacht werden. Doch immer noch bringen sie neue Niststoffe ein, sicherlich sind auch sie irgendwoher gestohlen!

Wenn man bedenkt, daß diese Vögel Schwimmfüße haben, so ist es schon bewundernswert, wie sie sich dennoch gewandt auf den Felsen bewegen. Kleine Hindernisse werden einfach hüpfend überwunden.

Im mittleren Nestbereich sehe ich bei einem auf dem Nest sitzenden Kormoran starke Balzbewegungen, beide Flügel werden geschoben und gesenkt.

Meist sind es die Männchen, die so ihre Zuneigung signalisieren und dann dauert es oft auch nicht lange, und die Paarung erfolgt.

Das Teleobjektiv habe ich auf den Horizont gerichtet und so kann ich feststellen, wie gut es Kormorane verstehen, in den Aufwinden zu segeln und sich dabei als kraftvolle und ausdauernde Flieger erweisen.

Obwohl der See eine unerschöpfliche Menge an Fischen birgt und niemand sonst hier ernten darf, sind die Kormorane ständig unterwegs, um nach den Schwärmen Ausschau zu halten. Das dauert so lange, bis an der Wasseroberfläche ein silbriges Blinken sichtbar wird. Dann tauchen und fischen alle gemeinsam. Die Tauchtiefe der flinken Fischer soll etwa drei Meter betragen und die Tauchdauer bis zu 45 Sekunden. Da ihr Gefieder nicht gegen Nässe geschützt ist, nehmen sie an einem geeigneten Platz an Land ein Sonnenbad. Zuerst schütteln sie die Wassertropfen heraus, dann breiten sie die Schwingen zum Trocknen weit aus.

Ständig herrscht am Felsen Flugbetrieb, Christel zeigt, mit dem Glas an den Augen, auf einen Altvogel, der, aus beträchtlicher Höhe in Kreisen herabsinkend, mit gestreckten Füßen genau auf dem Nestrand zur Fütterung landet. Sofort beginnt bei den Jungen die Bettelei, das Futter holen sie aus dem Kropf der Eltern. Bei den meisten Vögeln stopfen es ja umgekehrt die Eltern den Jungen in den Schlund. Die Kormoran-Nachkömmlinge tauchen dagegen mit ihrem ganzen Kopf tief in den Schnabel und Hals der Alten, um zu ihren Futterbissen zu kommen.

Volle sieben Wochen bleiben sie im Horst in der Obhut der Eltern. Zwei Monate später können die Kleinen dann ihre Flügel gebrauchen, aber selbst dann werden sie noch gefüttert.

Bei uns ist der Kormoran als vermeintlicher Fischräuber nahezu ausgestorben, deshalb müssen wir dankbar sein, daß es hier noch

Blick in die Kolonie der „Fischjäger vom See", *Phalacrocorax carbo sinensis.*

einen Platz auf unserer Erde gibt, wo diese schönen Vögel, die sehr interessante Verhaltensweisen zeigen, geschützt sind und überleben können.

Tibetische Brutplätze

Kurz vor der Abfahrt erzählt uns der Lagervater: „Dort, wo Sie heute hinfahren, gibt es friedliche ‚Willkommensvögel' und böse ‚Abschiedsvögel'. Alle haben einen anderen Charakter, manche sind gastfreundlich, andere wieder feindlich gesinnt. Das haben wir im vergangenen Sommer erlebt, als unsere ganze Familie einen Ausflug an den See unternahm. Als wir uns den vielen Gänsen der Kolonie näherten, blieben sie ganz ruhig. Uns war, als ob sie uns begrüßen wollten. Es waren ‚Willkommensvögel'!"

In einer anderen Kolonie flogen plötzlich Möwen auf, zuerst zogen sie hoch am Himmel dahin, doch dann stürzten sie nach unten. Ein Vogel schlug mir mit seinen Flügeln auf die Schulter und stieg schreiend wieder hinauf. Danach ließen die Vögel Kot auf unsere

Fischmöwen *Larus ichthyaetus*.

Köpfe fallen, leider konnten wir uns nicht verstecken. Diese Bösewichte werden von uns „Abschiedsvögel“ genannt, denn sie warnten uns: „Verlaßt uns sofort!“

Während der Wagenfahrt unterhalten wir uns, und Lu meint lächelnd, er könne das Verhalten der Möwen nur zu gut verstehen: „Sie haben Junge und greifen jeden an, der sich ihnen unvorsichtig nähert!“

Mühsam überqueren wir jetzt eine flache Sandbank, um einen entfernten kleinen Hügel zu erreichen. Die Räder mahlen sich langsam in den Sand. Durch das offene Fenster und den uns zubringenden Wind vernehmen wir bereits das tausendköpfige Klagen und Rufen immer lauter: Vor uns liegt eine in China seltene Kolonie von Fischmöwen *Larus ichthyaetus*.

Alle helfen, die schwere Ausrüstung zu tragen, ich habe noch die Kamera in der Hand. Da verdunkelt sich der Himmel, plötzlich kommt Sturm auf, das Geschrei in der Kolonie wird leiser, mehrere starke Blitze über dem See, knallende Donnerschläge und sofort einsetzender Hagelschlag mit großen Körnern, die uns ins Gesicht peitschen. Außer Stativ, Akku und die geschlossenen Koffer haben wir blitzschnell alle Technik wieder im schützenden Wagen untergebracht. Das Wetter tobt, und die hohen Wellen mit weißen Schaumkronen erinnern uns eher an ein Meer denn an einen See.

Und das alles in so kurzer Zeit!

Es stimmt also, was wir hörten. Der See kann schnell zum Ungetüm werden und sich plötzlich aufbäumen.

Aber ebenso schnell, wie er begann, ist der Spuk auch schon wieder vorbei, und die Sonne gibt sofort wieder ihr Bestes. Auch das laute Geschrei der Fischmöwen ist jetzt wieder zu hören.

Diese Kolonie lag früher an derselben Stelle, auf einer Insel. Aber aufgrund des merklichen Absinkens des Wasserspiegels in den letzten Jahren entstand auch hier eine Sandbank. Die Möwenpopulation hier wird von der Verwaltung auf 2900 Paare geschätzt. Vom Kern der Kolonie ist der Boden bis an den Rand dicht mit Nestern übersät. Es sind nur dürftig ausgelegte Mulden, auf einen Quadratmeter kommen durchschnittlich 6 bis 7 Nester. In fast allen sind zwei oder drei Junge. Für uns sieht es aus, als sei die Gegend überbelegt.

Wie auf ein einziges Signal hin, unhörbar für uns, entsteht unvermittelt eine große Aufregung unter den Möwen. Doppelt schrill tönt ihr Geschrei, wie aufgeschreckt fliegen sie hoch. Noch wissen wir nicht, worum es geht, doch da entdecke ich durch das Glas am Rande der Ansammlung einen Mongolenbussard, *Buteo hemilasius*, er ist sicherlich auf Küken aus. In wenigen Sekunden decken die kunstvoll gewandten Flieger mit ihren Schwingen den Himmel zu, ihr Kreischen wird noch stärker, so daß jeder Feind eigentlich schnell das Weite suchen müßte. Das totale Durcheinander in der Luft gibt uns keine Möglichkeit, etwas zu beobachten oder zu filmen. Bei nachlassendem Lärm landen alle wieder sehr schnell auf ihren Nestern und kaum ein Vogel erwischt beim Landeanflug eine fremde Kinderstube. Nach dem heillosen Durcheinander kehrt wieder Ordnung ein.

Zum Abschluß wollen wir noch eine Kolonie besuchen, an einer anderen Stelle des Sees gelegen. Unter Führung von Lu, der sich hier ja bestens auskennt, geht es los. Um die Fahrt abzukürzen, weist er Jili an, seitlich an höheren Sanddünen vorbeizufahren. Der Motor arbeitet schwer, und auch der erste Gang kann nicht mehr helfen, wir bleiben im Sand stecken. Lu und Jili beginnen gleich damit, den Wagen wieder flott zu machen.

Im Anblick der Sanddünen sage ich zu Zhang Cheng: „Es wäre gut, wenn ich von den Sanderhebungen in Verbindung mit dem hinter uns liegenden See einige Szenen drehen könnte, denn hier wird die Versandung besonders gut sichtbar!“ Zhang Cheng übersetzt, Zhang Ce und Wang Yuxue hören zu. Gerade will ich die Kameraausrüstung aus dem Wagen nehmen, da sagt Wang: „Das geht nicht!“ – „Warum nicht?“ Wang: „Es steht nicht im Vertrag, nur der See und das unmittelbare Land mit den Tieren dürfen von Ihnen gefilmt werden!“

Im Nu ist die dünne Luft hier oben „dicke“. Doch müssen wir trotz unseres Ärgers beherrscht bleiben und Geduld üben, denn sonst verlieren wir vor den Chinesen unser Gesicht und damit den nötigen Respekt und werden dementsprechend eingeschätzt.

Zhang Ce kann das alles auch nicht begreifen, aber wir besinnen uns auf den in Peking im Kaiserpalast feierlich geschlossenen Vertrag. Darin heißt es: „Sollten Differenzen bei der Filmarbeit aufkommen, so sollen diese durch freundliche Konsultationen beiderseits gelöst werden.“

Christel und ich haben uns auf einen Koffer gesetzt und nun sind Zhang Ce und Wang Yuxue voll in ihre Diskussion vertieft. Denn immer wieder stellen wir fest: Auch was nur den Geruch eines Problems hat, wird ausführlich besprochen und klargestellt. Eigentlich waren bisher doch alle Probleme, trotz der oftmals schwierigen Situationen, gelöst worden.

Als ich so dasitze, überkommt mich eine Ahnung. Ich kann mir schon denken, warum wir hier nicht filmen sollen: Sicher liegt hinter den Dünen ein wichtiger strategischer Militärabschnitt oder sogar eine Basis für Interkontinentalraketen.

Lu und Jili haben es geschafft, unser Auto wieder aus dem Sand zu befreien, Zhang Ce hatte in gutem Einvernehmen mit Wang für uns die Erlaubnis erwirkt, doch die Sanddünen zu filmen. Und so war auch dieser „Spuk“, wie der in der Möwenkolonie, plötzlich wieder verschwunden.

Nach einer halben Stunde Fahrt erreichten wir unser letztes Ziel am Qinghaisee. Das Gebiet birgt die einzige große Kolonie der seltenen Tibetlachmöwe *Larus brunnicephalus* in China. Es ist nur schwer zu glauben bei diesem Gewimmel, aber hier kommen aus ganz Südostasien die chinesischen Verwandten unserer Lachmöwen zusammen. Sie erhielten ihren Namen nicht etwa wegen ihrer Stimmen, sondern weil sie eine Vorliebe für Wasserlachen und Seen haben. Wegen ihres schönen, im Brutkleid braun-schwarzen Kopfes nennt man sie auch „Braunkopfmöwe“.

Um zu erkunden, wie ich mit der Kamera bis an die Randnester der Kolonie herankommen kann, pirsche ich ganz langsam, auf der Erde kriechend, voran. Nachdem ich bis auf die bei ihnen vermutete Fluchtdistanz von drei Metern heran bin, werden die Lachmöwen wachsam, beäugen mich eingehend. Als ich mich immer noch mehr nähere, weichen sie zentimeterweise zurück.

Sofort verhalte ich mich still. So geht es ein paarmal.

Schließlich läßt ihr Interesse nach, da von meiner Seite aus nichts mehr passiert. Und ich schlafe in der Sommerhitze für zehn Minuten ein.

Nachdem ich die Augen wieder geöffnet habe, sehe ich vor mir zum Greifen nahe ein unverändertes Bild. Für die Vögel existiere ich überhaupt nicht mehr! Dieser Test hat mir bewiesen, daß man mit allergrößter Ruhe und Vorsicht sehr nahe an die Nester herankommen kann. Dabei spielt die Tatsache eine ausschlaggebende Rolle, daß die Vögel hier mit den Menschen noch keine schlechten Erfahrungen gemacht haben. Behutsam, wie ich gekommen bin, krieche ich zur 25 Meter entfernten Kamera zurück.

Bis 9500 Paare Tibetlachmöwen mit zwei bis vier Kindern bewohnen diese Kolonie. Warum wird in diesem Gedränge gebrütet?

Es ist ähnlich wie bei den Streifengänsen, Kormoranen und Fischmöwen: Die Masse bietet Schutz! Welcher Eier- oder Kükenräuber möchte sich schon in diese Zusammenballung von spitzen Schnäbeln, scharfen Krallen und schlagenden Flügeln wagen? Und dazu das tausendkehlige Gekreische, das allein schon jeden Eindringling zum verschreckten Rückzug veranlassen kann?

Aber das enge Zusammenleben hat natürlich auch zur Folge, daß ständig Kontakt zu den Nachbarn besteht, auch mal im bösen Sinne, mit Streit und Zank. Aber gegen Feinde schließen sich alle sofort zusammen.

Gerade filme ich, als ein Altvogel ein geraubtes Ei austrinkt. Fast in jedem Nest sind junge, zarte Geschöpfe, voll im Dunenkleid, Nesthocker, die noch nicht in der Lage sind, selbständig Nahrung aufzunehmen. Noch wochenlang müssen sie von den Eltern gefüttert werden. Die meisten Kinder sind unter den Federn der Alten verschwunden, um Schutz vor dem scharfen Wind zu suchen, der hier nie aufhört zu wehen.

Bei dem Nest, das ich nun im Bild habe, ist soeben ein Elternteil abgeflogen, vielleicht zur Nahrungssuche.

Möwen sind ein wichtiges Glied im natürlichen Gleichgewicht dieses Lebensraumes. Ihre Nahrung besteht auch aus toten und kranken Fischen, und sie sorgen somit für Sauberkeit im See und zur Verhütung von Fischkrankheiten.

Auf der Rückfahrt ins Lager wollen wir uns noch einmal die aktuelle Situation an unserem Eroberernest ansehen. Es ist nicht einfach zu finden, doch anhand der Fotos und der Lageskizze haben wir bald den damaligen Kamerastandpunkt ausgemacht.

Unsere Freude ist groß, ohne Veränderung liegt das Nest vor uns, und die Streifengans sitzt wie damals noch fest auf dem Gelege. Ihr

In der Kolonie der Braunkopfmöwen *Larus brunnicephalus*.

Braunkopfmöwen *Larus brunnicephalus*.

standhafter Ganter watschelt langsam und bedächtig um sie herum. Allein die Nestumgebung hat sich verändert. Die meisten Brutstätten sind leer, Eltern und Junge sind wie die Dunenfedern der Nester vom Wind verweht. Nur unser Paar ist geblieben und wartet auf den Nachwuchs.

Die Gans rückt das Gelege ein wenig zurecht, und fünf Eier werden kurz sichtbar. Nun wird es nicht mehr lange dauern, dann haben auch sie Junge und werden schnell von hier verschwunden sein, bis sie im nächsten Jahr zum Brüten wiederkommen und eine neue Wohnstätte für nur einen Sommer bauen.

Im Lager gab es noch viel Arbeit. Morgen in aller Frühe soll die Rückfahrt nach Xining erfolgen. Wir müssen noch alles säubern und verpacken. Bei unserer Expedition blieben viele Gegenstände und Nahrungsmittel übrig, die wir nur zum Gebrauch am Qinghaisee mitgebracht hatten. Wir schenken alles unserer Lagerfamilie, Lu und dem Tibetmädchen.

Für ein großes Abschiedsfoto treffen wir uns alle noch einmal vor dem Lagertor. Ich montiere die Kamera auf das Stativ, stelle alles ein. Lu soll als erster abdrücken, dann Jili. Wir müssen in die Mitte und als es soweit ist, stehen alle wie versteinert und blicken zur Kamera. Nur unsere chinesischen Begleiter geben sich ganz locker. Ja, die Zeit ist hier stehengeblieben, denn für unsere Tibeter gilt noch das Motto: „Wer nicht stillhält, kommt nicht mit aufs Bild!“

Wir versprechen, Fotos über Co-Film in Peking an sie zu schicken. Aber ob sie jemals hier ankommen werden?

Als wir mit dem Packen fast fertig sind, klopft es zaghaft an der Tür. Wir erkennen daran, wer es ist: unser Tibetmädchen. Freudig überreicht sie Christel ein kleines Geschenk, es sind „Hasensteine“ in einem Röhrchen für Medizin. Diese braune Masse zum Einnehmen soll Kinderreichtum garantieren. Christel nimmt das Mädchen in den Arm.

Es ist spät geworden, noch einmal gehen wir ins Freie. Heute ist für uns in der letzten Nacht der Sternenhimmel so faszinierend, daß wir trotz der großen Müdigkeit nicht einschlafen möchten.

Das große Tor ist für unsere Ausfahrt zum letzten Mal weit geöffnet, alle winken und begleiten unseren Wagen. In den Gesichtern kann ich keinerlei Regung erkennen, gern möchte ich wissen, was sie jetzt denken. Nur unser Mädchen hat Tränen in den Augen, es wird uns wohl noch lange in Erinnerung behalten.

Da steht Lu, er hat uns soviel geholfen und ist extra zu unserem Abschied gekommen. Das Aufwiedersehen-Sagen fällt schwer, denn wir haben Freundschaft geschlossen.

Bald haben wir den ersten Hügel erreicht, unser Basislager liegt unter uns in weiter Ferne. Noch ein letzter Blick über den glänzenden See, und wir verschwinden, so wie wir gekommen sind, jetzt nur viel reicher an Erlebnissen in dieser großartigen Natur.

Noch einmal wird eine kleine Fläche von dem weit entfernt liegenden See zwischen den Bergen sichtbar, und wir denken: Im nächsten Frühjahr werden sie hoffentlich alle wieder zu ihrer Brutheimat zurückkehren. Für uns aber wird es keine Rückkehr mehr geben, denn nur die Vögel können leicht die von Menschen gezogenen Grenzen überwinden.

Der Hirsch mit den weißen „Lippen"

Zhang Ce verkündet mir am Morgen: „Direktor Han Keihua, der für die Land- und Forstwirtschaft zuständig ist, wird Sie zusammen mit einigen seiner Herren heute besuchen!" Nach einer geruhsamen Nacht im Gästehaus von Xining sind wir alle wieder putzmunter.

Christel und ich sitzen in der uns wieder zur Verfügung gestellten Wohnung und frühstücken. Zhang Ce hat noch einiges zu erledigen, er geht in die Stadt.

Als wir damals von Co-Film die Genehmigung für den Qinghaisee erhielten, hatten wir auch sofort einen Zusatzantrag eingereicht für den Weißlippenhirsch *Cervus albirostris*, von den Tibetern auch „Shou" genannt. Wie immer waren wir sehr zuversichtlich, die spezielle Erlaubnis auch zu erhalten.

Hier von Xining aus besteht eine gute Möglichkeit, die Weißlippenhirsche zu finden und vor die Kamera zu bekommen. Vor allem steht uns ein eingespieltes Team zur Verfügung, was gar nicht hoch genug zu schätzen ist.

Um 15 Uhr kam Direktor Han Keihua mit seiner Begleitung. Nach der freundlichen Begrüßung und der Frage nach unserem Wohlbefinden sagt Han Keihua: „Wie ich hörte, waren Ihre Filmerfolge gut, und es hat alles geklappt!" Zhang Ce schenkt jedem eine Tasse Tee ein, der Direktor nimmt genießerisch schlürfend den ersten Schluck und sagt dann lächelnd zu uns: „Wir haben beschlossen, Ihnen die Filmerlaubnis für den Weißlippenhirsch zu geben!" Hurra!, denke ich, bleibe aber nach außen hin ruhig, denn ich weiß, daß wir noch über den Preis für diese Sondergenehmigung verhandeln müssen.

Han Keihua ist jetzt richtig in Fahrt: „Für Ihr Vorhaben gebe ich Ihnen unseren besten Mann für die freie Wildbahn mit. Es ist Xie Chenseng.“ Ich beobachte, wie Wang zustimmend mit dem Kopf nickt.

„Bereits in der letzten Woche“, fährt Han fort, war Xie Chenseng unterwegs, um die Lage auszukundschaften. Er hat auch das richtige Gebiet gefunden, denn die Weißlippenhirsche kommen in jedem Jahr zu ihren Weideplätzen zurück, ihre Gewohnheiten sind immer dieselben. Xie Chenseng hat auch Wildwechsel und Losung ausgemacht und einen kleinen Wasserlauf, der von oberhalb der Berge kommt.“

Für uns sind das gute Aussichten! Aber der Direktor ist noch nicht fertig: „Xie Chensengs Beobachtungen decken sich mit den Aussagen einiger Bewohner aus der kleinen Ansiedlung dort.“

Der Weißlippenhirsch darf von niemanden gejagt werden und wer einen Hirsch erlegt, wird offiziell mit dem Tod bestraft. Aber niemand geht das tödliche Risiko ein, nur um das Fleisch und das Fell oder die Geweihe zur Gewinnung von Potenzmittelchen zu ergattern.

Jetzt muß noch die Höhe der Summe für die Erlaubnis, den Weißlippenhirsch filmen zu dürfen, ausgehandelt werden. Das war und ist immer ein heikles Thema. Wollte doch Co-Film damals schon vor dem Vertragsabschluß einen sehr hohen Betrag herausholen. Nach langen und harten Verhandlungen einigen Direktor Hua und ich uns auf einen Kompromiß, bei dem jeder von uns sein Gesicht wahren kann.

Sehr früh schon holt uns ein fast neuer japanischer Combi-Jeep mit Vierradantrieb ab. Jili fährt uns wieder. Für unser neuestes Unternehmen sind vorerst sieben Tage eingeplant. Nachdem wir Xining verlassen haben, verläuft unsere Fahrtroute in nordwestlicher Richtung in das Qinghau-Tibet-Hochplateau. Es geht über Ta-t'ung und weiter nach Menyün, kleinste tibetische Siedlungen, in tief eingeschnittenen Tälern liegend. Nach etwa 190 km Fahrt mit mehreren Pausen erreichen wir am späten Nachmittag T'hieh-mai, unser Ziel.

Hier gibt es nur wenige Wohnstätten. T'hieh-mai ist sehr klein, trotzdem weiß niemand wirklich, wieviel Menschen hier überhaupt leben.

In 50 Meter Entfernung von einer tibetischen Unterkunft bauen wir an einem Hügel unsere Zelte auf. Wir befinden uns jetzt auf einer Höhe von 3 200 Metern, sagt Xie Chenseng, unser Experte. Wir nennen ihn alle kurz Xie, und er übernimmt ab jetzt die Führung. An seinem ganzen Auftreten merke ich, daß er alles im Griff und gut organisiert hat. Bei seinen Erkundigungen zusammen mit zwei hier lebenden Tibetern hat er bereits ein grünes Militärzelt an einem Berghang aufgebaut, das sogar schon mit den nötigen Öffnungen für die Teleoptik und zum Beobachten versehen ist, wie er uns allen stolz erzählt.

Im Morgengrauen gehen wir los, voran Xie, dann Christel, ich, Zhang Cheng. Jeder von uns trägt einen Teil der Ausrüstung, doch Xies junge Tibeter, 20 bis 25 Jahre alt, sind bepackt bis oben hin.

Nach einem beschwerlichen Aufstieg mit mehreren, immer länger werdenden Pausen erreichen wir das Aufnahmezelt. Beim Aufbau der Kamera sehe ich, daß Xie eine in jeder Hinsicht perfekte Deckung geschaffen hat, oberhalb der Baumgrenze gelegen in rund 3500 Meter Höhe.

Unter uns und zwischen den Höhenzügen liegt in einem breiten Tal eine Zone mit niedrigem Wald und Strauchwerk, von unserem Kamerastandpunkt aus gut zu übersehen. Ein kleiner Wasserlauf von den Bergen fließt durch das Gebiet.

Der hinter uns liegende Berg mißt 4350 Meter, erklärt Xie. Und weil, wie er sagt, das Tarnzelt schon seit fünf Tagen hier steht, hatte es sich im Blickfeld der Tiere bereits als Bestandteil der Landschaft eingeprägt. Sie dürfen uns auf keinen Fall wahrnehmen, zumal ihr Geruchssinn außerordentlich gut entwickelt ist und sie schon auf dreihundert Metern Entfernung den Feind wittern können. So muß der Wind immer vom Wild zu uns herüberwehen und nicht etwa umgekehrt.

Nur bei einer so guten Vorbereitung und Deckung, wie sie Xie für uns geschaffen hat, ist es überhaupt möglich, die scheuen Weißlippenhirsche zu überlisten. Günstige Umstände müssen hinzukommen. Ein schöner und beständiger, aber glühendheißer Tag macht uns bald müde, vor allem im Zelt ist es unerträglich, obwohl es nach hinten zum Hang offen ist. Der Tag vergeht langsam mit der Beobachtung des Geländes, doch nichts passiert! Abstieg zu unserem Lager, die schweren Ausrüstungsgegenstände bleiben im Zelt.

Zweiter Tag. Aufstieg. Dunkle Wolken bedecken die Gebirgsszenerie, ob es Regen gibt? Nein, aber der Tag vergeht ereignislos. Wieder ein langer Abstieg und ein Aufstieg, heute gelangen die Sonnenstrahlen bis tief in die Schluchten.

So wie es aussieht, werden wir viel Geduld üben müssen. Den Standpunkt können wir auf gar keinen Fall wechseln und uns jeden Tag in einem anderen Versteck aufhalten: Das würde in der großen Stille hier oben Unruhe verursachen.

Auch heute wieder nichts.

Dritter Tag. Wir ermuntern unsere Begleitung, Ausdauer zu zeigen. Am vierten Tag sind alle etwas bedrückt, haben sie doch nicht wie wir die nötige Beharrlichkeit. Denn aus Erfahrung haben wir uns innerlich schon auf eine lange Wartezeit eingerichtet.

Immer noch nichts auch am fünften Tag, außer einem Steinbrocken, der sich oben im Berg gelöst hat und polternd nicht weit entfernt von uns herunterkommt.

Vor dem erneuten Aufstieg heute am sechsten Tag fragt mich Zhang Cheng, wie lange wir denn noch beobachten wollen. Höchstens drei Tage, sage ich – und Zhang Cheng macht ein ganz betroffenes Gesicht.

Bis 14 Uhr hatte sich nichts getan, wir sitzen auf unseren Koffern und dösen. Xie hat Beobachtungswache. Da sagt er leise ein kurzes Wort, das ich nicht verstehen kann. Aber es muß etwas Besonderes sein. Sofort bin ich an der Kamera.

An einer höher gelegenen Felspartie erkenne ich tatsächlich einen Weißlippenhirsch, der zur Wald- und Strauchzone herabsteigt. Ich traue meinen Augen nicht und denke blitzschnell: Wo ein Tier ist, da kann eigentlich das Rudel nicht weit sein. Und da sehe ich wirklich noch fünf weitere Hirsche, die sich seitlich auf die tiefer gelegene Grünzone hin bewegen.

Mehrmals bleiben sie stehen, verweilen witternd einen Moment und ziehen weiter. Ein großer Augenblick der ersten Begegnung mit diesem nahezu unsichtbaren Geschöpf.

Meine ganze Sorge ist jetzt: Hoffentlich bemerken sie uns nicht, wir dürfen ja keine Geräusche machen oder gar durch das Schwenken der Kamera einen Lichtblitz in der Optik produzieren, denn schon bei der kleinsten Störung sind sie verschwunden.

Das kleine Rudel besteht aus einer trächtigen Hirschkuh, zwei jüngeren Hirschen und drei jungen Kühen. Jetzt haben sie alle die Grünzone erreicht, und ich kann nur hoffen, daß die jungen Tiere sie zu einem längeren Einstand verlocken.

Es ist wunderbar! Sie haben uns nicht entdeckt und fühlen sich sicher. Sofort beginnen sie mit der Nahrungsaufnahme. Die frischen Zweige, die Knospen und die Sträucher sind die richtige Nahrung, voller Mineralstoffe, die stattliche Geweihe bilden. Die Weißlippenhirsche werfen die oft großen, kräftigen Geweihe mit bis zu acht Sprossen im Monat März ab. Wer durch Zufall die wertvollen Stangen findet, muß sie der Verwaltung in Xining geben. Die Hirsche schieben jetzt bis Ende Juli das Bastgeweih. Die Weibchen sind fast so groß wie die Männchen, die bis 140 Kilogramm wiegen können und mit einer Rückenhöhe von fast 1,30 Meter unseren Rothirschen nahekommen. Der Körperbau ist gedrungen, und wie bei anderen Huftieren, die im Hochgebirge leben, sind die Beine stämmig.

Das Haarkleid ist gelbbraun, am Bauch hellgelb, dick und grob. Die dichte Behaarung weicht dem Sommerfell und der zottige Winterpelz sieht an den sich lösenden Stellen wie von Motten zerfressen aus. Zum Namen „Weißlippenhirsch“ hat dem Tier das weiße Fell auf dem Unterkiefer und dem Kinn verholfen. Die Lauscher sind verhältnismäßig lang und spitz.

Oft habe ich durch das Grün eine gute Sicht auf die Tiere, die sich etwas verteilt haben. Einige strecken den Kopf hoch, um an die zartesten Triebe zu gelangen, eine Bereicherung der Speisekarte, denn sie nehmen sonst zum größten Teil in der kargen Vegetation nur Gräser und Kräuter auf.

Im Bild habe ich jetzt einen Hirsch, der Sekret seiner Voraugendrüse an den Stamm reibt: Diese Duftmarke ist ein Mittel zur sozialen Kommunikation. Nur wenige Meter weiter riecht ein Weibchen an einem Baumstamm, möglich, daß ein anderer Hirsch dort seine „Visitenkarte“ hinterlassen hat. Durch einen Teil der uns gegenüberliegenden Grünfläche schlängelt sich der schmale Wasserlauf von den Bergen über uns. Bald entdecke ich eine Suhle, eine Fläche mit feuchtem Erdreich. Das trächtige Weibchen hat sich gerade darin niedergelegt. Das Suhlen gehört zur Fellpflege und zur Bekämpfung von Ungeziefer, tut aber besonders jetzt zur Zeit des Haarwechsels besonders gut.

Die dicken Winterhaare, etwa doppelt so lang wie das Sommerfell, reiben und lösen sich durch das Wälzen im Schlamm, darunter ist an einigen Stellen schon das neue Haarkleid zu erkennen. Der schöne Kopf mit dem langen Fell im Nacken bewegt sich jetzt, die Zunge leckt am Boden, vielleicht ist die Erde hier salzhaltig und dieses Gebiet wird deshalb so gerne aufgesucht.

Die hochtragende Hirschkuh hat sich zur Seite gelegt, ihr Leib ist stark vorgewölbt. Die Tragzeit beträgt etwa 9 bis 10 Monate und im Juli bringt die Mutter an einem verborgenen Platz ihr Junges zur Welt.

Etwa 30 Minuten hat dieses einzigartige Erlebnis gedauert, langsam ziehen die Weißlippenhirsche weiter und verschwinden im dichten Grün. So wird es für uns bei dieser seltenen Begegnung bleiben. Obwohl wir sechs lange Tage gewartet haben und sicher letzten Endes nicht mehr als eine Minute Film erhalten, werden wir diese Zeit der großen Erwartung und Erfüllung in der unendlichen, klaren und sauberen Bergwelt nicht vergessen.

Wegen der rigorosen Schutzmaßnahmen ist die Prognose für die Zukunft gut. Die kleinen Rudel der Weißlippenhirsche werden sich wieder ungestört vermehren können.

Wieder haben wir mit Geduld Erfolg, am sechsten Tag stoßen wir auf ein Rudel Weißlippenhirsche *Cervus albirostris.*

Die Rückfahrt erfolgte schneller als die Herfahrt, aber trotzdem war es schon spät, als wir in Xining ankamen.

Am Morgen beim Frühstück im Gästehaus sehen wir, daß sich unsere beiden Zhangs freuen, denn heute geht es zurück nach Peking, wo schon die Familie wartet. Mit einem „großen Bahnhof" werden wir zur Zugstation gebracht. Alle, die wir kannten, sind dabei, sogar der Direktor. „Kommen Sie wieder!", bittet er uns beim Händeschütteln, „die Schwarznackenkraniche werden auf Sie warten!"

Wir sind trotz der zuweilen großen Schwierigkeiten mit allen gut ausgekommen, da wir ihre Mentalität und Gewohnheiten ein wenig kennenlernten und uns auf ihre Denkweise einstimmten.

Die schwere Dampflok verläßt mit mehreren kurzen und langgezogenen schrillen Pfiffen den Bahnhof. Alle winken kräftig, werden immer kleiner und sind nach einer Kurve im Rauch verschwunden. Jetzt können wir endlich in unserem rollenden Quartier volle drei Tage und zwei Nächte ausruhen, bis zu unserem Fahrtziel Peking.

Zwischenstation Peking

Bis Peking ist es nicht mehr weit, und Christel und ich nutzen die Gelegenheit, uns bei unseren beiden Zhangs für die gute Betreuung, ihre korrekte Arbeit und große Aufopferung zu bedanken. Aus einem kleinen Fach des Kamerakoffers hole ich zwei sorgfältig eingepackte Armbanduhren für die beiden heraus, wir übergeben sie mit einem Händedruck. Große Freude bei Zhang Ce und Zhang Cheng, die sich mehrmals herzlich bedanken. Dennoch wissen wir nicht, ob wir es wirklich richtig gemacht haben.

Jetzt läuft der Zug im Pekinger Bahnhof ein. Noch einmal ertönt von der Lok her ein schriller Pfiff, die Endstation Peking ist erreicht. Mit zwei großen Wagen werden wir schon von Co-Film-Mitarbeitern erwartet. Gleich bei der Autofahrt vom Hauptbahnhof zu unserem Hotel spüren wir deutlich den großen Unterschied zwischen der klaren Luft am Qinghaisee und der von Abgasen und Sandstürmen verunreinigten Atmosphäre Pekings. Die Luft ist hier um 35 Prozent schmutziger als in London!

Obwohl wir während der langen Bahnfahrt von Xining nach Peking viel Ruhe hatten, mußten wir uns nach der Ankunft in Chinas Hauptstadt erst mal wieder in einem richtigen Bett ausstrecken und erholen: Der Lärm des fahrenden Untergrundes hatte uns doch keine richtige Erfrischung geschenkt.

Heute, am ersten Tag in Peking, bleiben wir im Hotel und ruhen uns noch aus. Ein Fahrer von Co-Film bringt unsere von Deutschland nachgesandte Post. Es ist viel, aber wir erledigen nur das Wichtigste. Dann säubern wir die gesamte Technik und laden die Akkus. Das bereits belichtete Negativmaterial machen wir versandfertig und ergänzen unsere Bestände mit neuen Filmrollen.

Für den Süden benötigen wir jetzt zusätzlich noch anderes Zubehör, das reicht vom feuchtigkeitsabsorbierenden Chemikalien für die Kameras und die Optiken über Schlangenserum bis hin zu Wasserdesinfektionsmitteln.

Schon der zweite Tag in Peking. Zhang Ce holt uns ab, wir fahren zum Flugplatz, zur Frachtabteilung, um das belichtete Negativmaterial zur Kopieranstalt nach Deutschland zu schicken. „Sollte beim Zoll alles schnell vonstatten gehen, was man nie wissen kann“, sagt Zhang Ce, „so fahren wir sofort die neunzig Kilometer weiter zur Großen Mauer. Sie müssen“, fährt er im chinesischen Englisch fort, das er durch Büffeln in zwei Büchern am Qinghaisee verbessert hat, „das alte und das neue China unbedingt kennenlernen, und dazu gehört auch unsere große Mauer als Symbol.“

Wenn man bedenkt, daß wir im militärischen Sperrgebiet gearbeitet haben, kann man sich nur über das Vertrauen wundern, das uns entgegengebracht wird: Wir dürfen, wie im Vertrag festgelegt, unser Negativmaterial unzensiert ausführen.

Ohne Komplikationen und mit wenigen Formularen war die Zollabfertigung schnell beendet, natürlich nur dank der guten Vorarbeit von Zhang Ce.

Wir verlassen das Stadtgebiet in nordwestlicher Richtung. Schon von weitem sehen wir die große Mauer, sie gehört zu den bedeutendsten Bauwerken der Menschheit. Ein mächtiger Verteidigungswall, auch als Verkehrsweg und zur Nachrichtenübermittlung genutzt. Vor allem aber war die Mauer für viele Jahrhunderte ein so gut wie unüberwindbarer Schutz gegen die Angriffe der Nomadenstämme mit Schwert, Speer, Pfeil und Boden.

Ganz nebenbei bemerkt Zhang Ce: „In China wird jetzt eine neue große Mauer gebaut – und zwar eine grüne zur Abwehr gegen den Wüstensand. Sie wird aus einem breiten Streifen mit Bäumen und Pflanzungen bestehen, elf Provinzen durchqueren und viele tausend Kilometer lang sein."

Als wir oben sind, genießen wir den herrlichen Blick in das weite Land bis zu den Bergen. Auch hier weht ein trockener Wind. Etwas unterhalb der Mauer entdecken wir ein Zweihöckriges Kamel *Camelus bactrianus*, ein Prachtexemplar. Es dient für Touristenfotos, mit der Mauer im Hintergrund. Jeder Chinese will sie einmal betreten haben. Sie verläuft in Windungen quer durch Nordchina, vom Gelben Meer bis nach Kansu.

In alten Büchern ist die Länge der Festungsanlage mit 6000 Kilometern verzeichnet, nach den neuesten chinesischen Forschungen soll sie sogar 10000 Kilometer lang sein.

Während der langen schweren Bauzeit, so heißt es, sind unzählige Fronarbeiter und Gefangene an Erschöpfung elendig zu Grunde gegangen. Als Reit- und Tragtiere verwendete man Pferde, Esel, Maultiere, im Norden Kamele und im Westen Yaks. Das billigste Transportmittel aber war der Mensch.

Heute am dritten Tag haben wir bis um 14 Uhr Zeit, um alle Vorbereitungen für den morgigen Abflug zu treffen. Zhang Ce holt uns wie immer pünktlich am Hotel ab, denn wir sind eingeladen worden, das größte Filmstudio in Peking zu besichtigen. In dem großzügig nachgebauten alten Chinaviertel wird gerade an den Endaufnahmen für den Film „Rikschah-Mann" gearbeitet. Bei den Aufnahmen lernen wir etwas von der Handhabung und Technik der Chinesen kennen.

Schon zwei Stunden später sind wir wieder im Hotel. Nach kurzem Aufenthalt fährt der Wagen vor: Frau Direktor Li Wei Kung von Co-Film gibt uns die Ehre einer zweiten Einladung, dieses Mal zum Abendessen. Zhang Ce und Zhang Cheng sind wieder mit dabei.

In einem Spezialitätenrestaurant werden wir in einem separaten Raum von Frau Li und drei Herren von Co-Film sehr herzlich begrüßt.

Wie es der Brauch vor dem Essen ist, hebt zuerst Frau Li ihr Glas mit rotem Wein, spricht über unseren Erfolg und lobt die gute Zusammenarbeit mit Co-Film. Wir leeren unsere Gläser, die gleich wieder gefüllt werden. Dann bin ich an der Reihe, meinen Dank auszusprechen, wieder werden die Gläser geleert und gefüllt.

Das Essen beginnt, es wird still, denn die Pekingente schmeckt vorzüglich. Nachdem alle sichtbar satt sind, sprechen wir eingehend über die morgen beginnende Südexpedition. Frau Li fragt Zhang Ce, ob die Flüge in Ordnung gehen. Der nickt mit dem Kopf und lächelt. Bei der Verabschiedung wird uns alles Gute gewünscht und wieder ein großer Filmerfolg. Beim Verlassen des Raumes dreht sich Frau Li noch einmal um. „Beinahe hätte ich es vergessen. Ich soll Ihnen von der Schutzstation in Zhalong Grüße bestellen und übermitteln, daß die Kraniche, die Sie zuletzt gefilmt haben, zwei gesunde Junge auf die Welt brachten. Sie haben das Nest unbeschadet verlassen."

Diese Botschaft ist eine große Freude für uns und auch eine Bestätigung, daß wir uns damals am Nest richtig verhalten haben. Vor allem aber sind wir glücklich darüber, daß unsere zwei Jungen zur Erhaltung der großartigen Geschöpfe mit dem Namen Mandschurenkraniche beitragen.

Auf der Suche nach dem Seidigen Dämon

Bereits um 7 Uhr verschwindet Peking unter uns in den Wolken, wir befinden uns auf dem Flug nach Guiyang, Hauptstadt der Provinz Guizhou, im Süden des Riesenreiches gelegen. Unsere Maschine vom Typ Iljuschin 14 wird für die Strecke viereinhalb Stunden benötigen, ein Zwischenstopp in Wuhan mit eingerechnet.

Neben uns über dem Gang sitzen die beiden Zhangs. Sie wirken ausgeruht und freuen sich schon auf die Landschaft im Süden, wie Zhang Ce mir versichert.

Eigentlich, denke ich, müßten die beiden die Armbanduhren tragen, die wir ihnen geschenkt haben. Ich frage Zhang Ce, der mir am nächsten sitzt: „Wie läuft die Uhr, ist alles in Ordnung?“ Er macht eine Pause, einen Atemzug lang, dann kommt die Antwort: „Wir mußten das Geschenk bei Co-Film anmelden, danach wurden uns die Uhren abgenommen.“ – „Warum?“ – Dieses deutsche Fabrikat trägt niemand hier in ganz China, es würde auffallen und böses Blut bringen.“ – „Ich habe aber in einem Geschäft viele Armbanduhren gesehen!“ – „Ja, aber die stammen alle von einer Firma aus der Schweiz, diese Uhren fallen nicht auf, weil sie in China öfter getragen werden.“

Christel schläft am Fenster, ich nicke auch ein. Doch durch die Ansage: „Bitte anschnallen, wir landen gleich in Wuhan“, werden wir wieder geweckt. Auch von oben ist es eine große Stadt, fast 5 Millionen Einwohner leben hier, teilt Zhang Ce mit. Die Hauptstadt der Provinz Hubei, aus den Städten Wuchang, Hankou und Hanyang gebildet, ist ein bedeütendes Handels- und Schwerindustriezentrum und hat auch eine bekannte Universität mit einer Germanistikabteilung. 1957 wurde in Wuhan die erste Brücke über den Jangtzekiang gebaut. Damit konnte der gesamte Verkehr von Nord- nach Südchina auf die bis dahin umständliche Fährpassage über den Fluß verzichten. Wieder so eine Stadt, geht es mir durch den Kopf, aber immerhin die Partnerstadt von Duisburg.

Regen peitscht an die Fenster, nur noch wenige Meter, die Maschine schwebt aus, startet aber plötzlich mit aufheulenden Motoren durch, wir steigen wieder. Wir fragen Zhang Ce, der zieht nur die Schultern hoch. Das Flugzeug fliegt eine große Schleife um die ganze Stadt und landet dann endgültig.

Für 45 Minuten bleiben wir in der Maschine und lesen, Zhang Ce hat sich erkundigt, er meint, das mit der Landung passiere schon einmal, besonders, wenn der Pilot bei Regen zu spät aufsetze.

Der Flug geht weiter, es gibt zum zweiten Mal Tee und Kleingebäck, eine Anstecknadel und einen Bleistift mit dem Namen der Fluggesellschaft darauf.

Christel überlegt: „Werden wir wieder so großes Glück haben und den Goldstumpfnasenaffen vor die Kamera bekommen? Vielleicht, wir müssen es versuchen!“ Wir beide haben bis heute den Anblick des wunderschönen Männchens bei unserer damaligen Vorreise im Zoo von Kanton nicht vergessen können, nun wollen wir versuchen, den Goldstumpfnasenaffen *Rhinopithecus roxellanae* hier in der Provinz Guizhou zu finden.

Dreißig Millionen Menschen leben vom Anbau von Reis, Erdnüssen, Tabak, Zuckerrohr und anderen landwirtschaftlichen Erzeugnissen.

Wie wir erfuhren, sollen achtzig Prozent der Provinz aus Bergen bestehen, in Höhen von 1000 bis 2500 Metern. Unser bis auf den letzten Platz besetztes Flugzeug sinkt tiefer und begibt sich in Landeposition. Unter uns liegt Guiyang mit fast eineinhalb Millionen Bewohnern.

Beim Verlassen der Maschine empfängt uns ein subtropisches Monsunklima. Aus Berichten wissen wir, daß die Sommer feucht, die Winter warm sind und es über 220 Tage mit bedecktem Himmel pro Jahr gibt, so wie heute auch.

Zielsicher steuern jetzt zwei Herren auf die beiden Zhangs zu. Sie haben, als sie uns Langnasen entdeckten, sofort geschaltet und daraufhin unsere Begleiter angesprochen.

Nachdem die Chinesen sich mit viel Brimborium begrüßt haben, kommen wir an die Reihe. Herr Tsai Xiangscheng, groß und kräftig, etwa 40 Jahre alt, wird uns von Zhang Ce als Spezialist vorgestellt. Der zweite Herr, so um die 50, heißt Fang Chun und ist der Fahrer.

Wir sagen gleich Tsai und Fang zu ihnen, das geht besser. Sie machen seinen sehr guten Eindruck auf uns. Wie immer ist alles gut vororganisiert. Unser Gepäck wird in einem großen geschlossenen Geländewagen verstaut, und nach einem schnellen gemeinsamen Mittagessen in einem Stadtrestaurant beginnt wieder eine lange Reise. Es geht über Xifeng und Siang und dann weiter in die Nähe des Fanjing-Berges im Nordwesten der Provinz. Dort im Schutzgebiet soll es Goldstumpfnasenaffen geben.

Wir haben insgesamt 500 Kilometer vor uns, die Straße ist gut, und es gibt kaum Gegenverkehr. Fang legt anständig vor, denn wir wollen heute noch bis Yinjiang kommen. Dort steht ein Haus der Forstverwaltung für uns alle bereit, als Ausgangspunkt für die tägliche Suche nach dem Goldstumpfnasenaffen.

Nach harter Fahrt treffen wir in der Nacht in dem Haus ein, vom Verwalterehepar schon erwartet. Wir erhalten unseren Raum, essen und schlafen übermüdet gleich ein.

Um 6 Uhr weckt uns Tsai mit einem starken Klopfen an der Tür, eine bekömmliche Reissuppe und Tee stehen bereits zum Frühstück auf dem Tisch. Tsai nimmt uns beide und Zhang Ce zur ersten Suche mit, ohne Kamera. Fang soll sich nach seiner gestrigen Fahrleistung ausruhen und Zhang Cheng morgen mit dabei sein.

Wir gehen los, nur Ferngläser und Verpflegung nehmen wir mit. Es ist nebelig und tropisch feucht-warm, voran geht Tsai, dann Zhang Ce, Christel und ich folgen. Hier in der weiten Umgebung des Fanjing-Berges, etwa 2500 Meter hoch, ein Westausläufer des Wulinggebirges, liegt das ausgewiesene Schutzgebiet. Forstleute haben hier einen kleinen Trupp Goldstumpfnasenaffen entdeckt, allerdings durch puren Zufall: ein dicker morscher Ast krachte auf den Boden. Es sollen so um die 25 Affen gewesen sein, hoch oben in den Bäumen. Welch ein Glückszufall, dachte ich, wird er sich wiederholen?

Tsai zeigt uns eine primitive, aber genaue Zeichnung der Beobachtungsstelle. Alles ist hier im natürlichen Urzustand, es gibt Höhlen, Untergrundflüsse, subtropische Üppigkeit und Urwaldbereiche.

Oft ist es schwer, durch den dichten Pflanzenwuchs zu kommen. Tsai bleibt stehen, zeigt auf die Skizze, wir stehen genau an der Stelle, wo die goldenen Affen mit den stumpfen Nasen gesichtet wurden.

Alle setzen wir uns auf den Boden, wir machen eine längere Pause. Stille. Es sind keine Affen zu sehen, es geht weiter.

Nachdem wir drei Stunden mit Unterbrechungen gewandert sind, bleibt Zhang Ce auf einmal, indem er sich umdreht, stehen: „Wirklich, dieses Mal haben Sie sich das ausgefallenste und ungewöhnlichste Gebiet in China für Ihre Affen ausgesucht!“ Er wischt sich den Schweiß aus der Stirn, sieht in die Runde: „Ja, die Gesamtfläche zum Suchen ist ja auch nur 600 Quadratkilometer groß!“ Er lächelt und geht weiter.

In dieser unberührten subtropischen Landschaft ist das Klima eher mild. Vor uns ein kleiner Fluß, natürlich ohne Brücke, dafür steht an seinem Rand ein hoher, alter Rhododendronbaum, wie wir ihn noch nie gesehen haben. Tsai will noch ein Stück am Fluß entlang gehen und dann zurück zum Haus. „Morgen werden wir eine andere Route nehmen“, kündigt er an.

Wir essen nur ein wenig und legen uns dann gleich hin. Der Aufbruch heute erfolgt in aller Frühe und wieder ist es nebelig, dazu unbeständig, Tsai will mit uns auf einer anderen Fährte die Affen suchen. „Übrigens“, bemerkt er so nebenbei, „schon lange, bevor Sie eintrafen, haben wir uns in der gesamten Umgebung überall erkundigt und alle gefragt: Waldarbeiter und Kräutersammler: wo sind die Goldseidenaffen, so nennen die Einwohner hier die Tiere wegen ihres feinen Haarkleides. Aber von niemanden wurden sie in der letzten Zeit gesehen, also haben wir keine Anhaltspunkte!“

Der Tag verlief, wie er begann, erfolglos. Noch vor dem Klingeln unseres Weckers am nächsten Morgen werden wir durch lautes Rufen wach: „Die Affen, die Affen!“ Zhang Cheng brüllt den kurzen Namen, auch auf chinesisch, durch das ganze Haus. Ich ziehe mich rasch an, eile nach draußen. Zhang Cheng zeigt sofort, als er mich erblickt, in eine bestimmte Richtung: Dort bewegt sich etwas in den Bäumen und am Boden. Ich traue meinen Augen kaum, es sind Affen – aber nicht die von uns so dringend gesuchten.

Vor uns hatten wir eine Horde Rhesusaffen *Macaca mulatta*. Wie hat Zhang Cheng eigentlich die Affen entdeckt? Er hatte die hinter dem Haus liegende Toilette aufgesucht, es raschelte um ihn herum, er sah genau hin und erblickte die Tiere.

Zhang Ce, der schon mit uns auf der Vorreise das Goldstumpfnasen-Männchen im Zoo von Kanton gesehen hatte, stand jetzt neben mir und sprach lächelnd: „Mr. Cheng, das sind die Falschen, die Richtigen sind so schön, daß es Dir bei ihrem Anblick die Sprache verschlagen hätte und Du hättest uns gar nicht rufen können!"

Darüber ist Cheng ganz traurig und sieht zu Boden.

Inzwischen waren natürlich alle hellwach. Zhang Ce sagte noch, vielleicht sind es die Vorboten für unsere schönen Affen und, jetzt lächelt er: „Wenn wir die Makaken suchen würden, vielleicht wäre uns dabei auch kein Erfolg vergönnt!"

Etwas später ist die Kamera einsatzbereit. Ich beginne mit den Aufnahmen. Eine Makakenfamilie ist jetzt groß im Bild, sie ißt Grassamen, zupft ihn aus den Ähren. So hat auch der Mensch einmal eine Vorliebe für das Getreide entdeckt, das ja auch nichts anderes ist als kultiviertes Gras.

Die immergrünen subtropischen Bergwälder bieten reichlich Nahrung, es gibt frisches Wasser und in den Tälern schattenspendende Bäume.

Gerade noch 80 Meter voraus, auf einem Felsblock, rekelt und streckt sich ein großer Affenmann. Sichtbar wohl fühlt er sich, liegt auf dem Rücken, und drei Weibchen bemühen sich um den Alten. Sein Pelz wird von Haarknötchen, Dornen, Stöckchen und Ungeziefer gereinigt. Gegenseitige Fellpflege gehört zu den Familienpflichten, und es ist keineswegs so, daß immer die in der Rangordnung niedrigeren den höhergestellten diesen Dienst erweisen müssen.

In so einer Affengemeinschaft geht es zu wie in einer menschlichen Gesellschaft, denke ich. Die Älteren sitzen ruhig und würdig da, die Jungen turnen übermütig in den Ästen der Bäume und üben dabei, was sie später für das Leben gebrauchen. Eine Mutter mit ihrem Neugeborenen gesellt sich hinzu.

Daß die Tiere auf einer sehr hohen Entwicklungsstufe stehen, kann ich an den persönlichen Beziehungen zwischen ihnen ablesen. Sympathie wird den Artgenossen gleich durch eine Fellpflege erwiesen.

Das Verhalten der Makaken in einer so intakten Gemeinschaft von insgesamt 18 Tieren zu filmen, ist eine Freude. Aber die Fluchtdistanz muß ich dabei immer einhalten.

Die Affen machen ja richtige Bewegungen wie wir bei unserem Affenboxen, stellt Zhang Ce verwundert fest. Affenboxen ist eine Variante der traditionellen chinesischen Kampfkunst, eine ausgefeilte Boxtechnik zum Angriff und zur Abwehr, mit affenähnlichen Bewegungen und den charakteristischen Eigenschaften in Gewandtheit, Intelligenz, Ruhelosig- und Geschicklichkeit.

Die Makaken sind langsam weitergezogen, sie haben keinen festen Standort. Wir folgen ruhig, jeder trägt wieder einen Teil der Ausrüstung, und wir finden eine erhöhte Position für die Kamera. Umständlich fängt eine Mutter ihr Kind ein, immer wieder entschlüpft ihr das kleine Wesen. In dem verrunzelten Babygesicht laufen viel mehr Falten hin und her als im Gesicht der Mutter.

Nebenan spielen zwei Junge mit den älteren Geschwistern, im Spiel lernen sie, was am wichtigsten ist für jede Gemeinschaft: Die Regeln des Zusammenlebens, das soziale Verhalten, ohne das eine Gruppe nicht funktionieren kann.

Christel entdeckt durch ihr Glas ein Makakenweibchen, das ihr totes Kind fest im Arm hält. Vielleicht ist es eine Totgeburt. Die Mutter kann nicht begreifen, daß sie etwas Lebloses im Arm hält. Jetzt versucht sie, dem Baby vorgekaute Nahrung in den Mund zu schieben. Sie stützt den Kopf des Kindes genau so, wie es die Menschenmütter tun. Aber immer kann sie es noch nicht fassen, daß ihr Kleines nicht mehr lebt. Das tote Wesen fest an sich geklammert, läuft sie weiter. Was für eine rührende Sorge, nicht umsonst heißt es bei uns „Affenliebe". Noch zwei weitere Stunden beobachte ich die Tiere und die Mutter mit dem toten Kind. Jetzt legt sie es auf den Boden, sieht es unaufhörlich an, betastet es, dreht es ein wenig zur Seite, läuft einige Meter allein weiter, dreht sich um, und verschwindet nach einer kleinen Weile wie alle anderen auch im deckenden Grün. Gegen Abend sind Tsai und Zhang Cheng von der Suche zurück. Sie waren gleich morgens nach meiner ersten Makakenaufnahme in eine andere Richtung gegangen, wieder ohne Ergebnis.

Heute ist der dritte Suchtag, ich erkenne langsam die Aussichtslosigkeit, in diesem unendlichen Grün und dem Auf und Ab der Berge die Goldstumpfnasenaffen zu finden. Es ist, als ob man eine Stecknadel im Heuhaufen finden wollte. Sollten wir derartiges Glück haben?

Obwohl ich trotz allem zuverzichtlich bin, wird meine in Gedanken gehegte Befürchtung zur Wahrheit. Ein kühner Plan: Dieses Mal hatte ich mir zu viel vorgenommen und mich in einen schnellen Erfolg verrannt.

Vielleicht wäre es möglich, wenn wir unbeschränkt viel Zeit hätten, diesem eigenartigen Wesen zu begegnen. Aber auch dann noch wäre es ein Wunder!

Eine seltsam anrührende Begegnung: Dieses Rhesusaffen-Weibchen *Macaca mulatta* versucht noch immer, sein totes Kind zu betreuen.

Auch am siebten Tag nichts als Hoffnungslosigkeit. Ich stelle unsere Bemühungen ein. Nach einem Gespräch mit den beiden Zhangs beschließen wir, wenigstens das in Kanton verbliebene Goldstumpfnasen-Männchen zu filmen, auch wenn es sich in Gefangenschaft befindet.

So ändern wir unseren Drehplan und gelangen sehr umständlich zurück nach Guiyang, weiter mit dem Flugzeug von Nanning nach Kanton. Das alles dauert zweieinhalb Tage.

Unsere Unterkunft, wie auf der Vorreise wieder das „Hotel Ziegenstadt", buchen wir für eine Nacht. Der Nachmittag bleibt frei für uns, während die beiden Zhangs schon unterwegs sind, um wegen der Aufnahmen morgen mit der Zoodirektion den Preis für die Filmgenehmigung auszuhandeln. Co-Film in Peking wird angerufen und über den Verlauf der Expedition und den geänderten Drehplan für morgen unterrichtet. Ferner teilt Zhang Ce mit, daß wir mit der Spätmaschine nach Guilin fliegen, damit Co-Film sofort dort die beiden Doppelzimmer bestellen und alles weitere veranlassen kann. So die Bereitstellung eines Wagens, der uns vom Flugplatz abholt.

Christel und ich konnten es kaum erwarten, zum Zoo zu kommen. Als die Kamera vor der großen und vorbildlichen Anlage bereit war, hob ich die Hand. Der schwere Schieber zu den Innenräumen wird hochgezogen, doch es rührt sich nichts.

Im Nu umlagern viele Zuschauer das weite Außengehege. Alle warten. Jetzt schaut der eigentümliche Kopf durch die Öffnung hin zur Außenanlage. Das Stimmengewirr der Menschen wird immer leiser und als das Männchen langsam in seiner ganzen Größe und Schönheit ins Freie kommt, wird ein Raunen hörbar. Wieder ist es für uns wie damals ein erregendes Erlebnis. Ja, es ist dasselbe Männchen, das wir schon auf unserer Vorbereitungsreise ansehen durften.

Ganz allein lebt es in dieser großen Anlage, es sollen ihm aber einmal zwei Weibchen Gesellschaft geleistet haben. Doch sind sie gestorben, woran, weiß man nicht, vielleicht aus Heimweh und Angst, erzählen die Besucher. Es erscheint fast unmöglich, diese seltenen Geschöpfe lange in Gefangenschaft zu halten.

Welch ein phantastischer Kopf, welch ein Blick! Ob es das bei Affen gibt: Melancholie? Was wissen wir denn schon? Dieses einzigartige Gesicht, blaß und violett, die eigenartigen Nasenlöcher nach oben gerichtet, außergewöhnlich auch die Ausbuchtung der Oberlippe, die mächtigen Eckzähne verbergend. Der Anblick des langhaarigen, glänzend tiefgolden schimmernden Felles ist einmalig schön. Was für mächtige Oberarme, er braucht sie, denn er ist ein Baumbewohner. Auch der lange, dichtbehaarte, in der Haltung geschwungene Schwanz ist eigentümlich.

An den in der Anlage angebrachten Kletter- und Sprungbäumen sind zur Nahrungsaufnahme frische grüne Zweige, Knospen, Bambus und Blätter angehängt. Gerade erfaßt er ein großes Blatt, läßt es aber zu Boden fallen.

Immer wieder schauen wir ihn an und können uns gar nicht genug sattsehen. Selbst die plumpesten Bewegungen wirken bei ihm geschmeidig und elegant.

Dieser seltsame Affe war nur aus den Bildern chinesischer Maler bekannt und man glaubte, es wäre ein Dämon, bis dann 1871 das erste Fell nach Europa gebracht wurde. Ein französischer Zoologe gab dem neuentdeckten Tier den lateinischen Namen *Rhinopithecus roxellanae*, und er hat dabei an die berühmte Roxana gedacht, die Frau Solimans des Prächtigen. Von ihr wurde gesagt, daß sie langes, goldfarbenes und seidenweiches Haar hatte. Allzu gern hätte ich den Goldstumpfnasenaffen in freier Wildbahn belauscht und gefilmt. Vielleicht ist es gut, daß sie heute in fast unzugänglichen Gebieten leben und in Ruhe ihre Art erhalten können. Hauptsächlich wurden sie früher wegen ihres schönen Felles getötet. Der strenge Schutz der Goldstumpfnasenaffen besteht erst seit 1962. Er soll dazu beitragen, diese Art vor dem Aussterben zu bewahren.

Geliebte Fischräuber

In großer Eile erreichen wir noch im letzten Moment das Flugzeug, eine An 24, die uns nach Guilin bringt, unserem nächsten Ziel. Als wir in der Maschine sitzen, sagt Zhang Ce in seiner humorvollen Art: „Wäre es immer so schnell gegangen wie heute, dann hätten wir längst alles im Kasten!"

Schon nach einer Stunde verlassen wir unsere Reiseflughöhe, Guilin liegt noch etwa 50 Kilometer entfernt. Beim Blick aus dem Fenster sehen wir in der Abendsonne wie mit dem Lineal gezogene, grüne Reisfelder dicht an dicht liegen, übersichtlich und sauber angeordnet. Von hier oben sehen sie wie riesige Spiegelplatten aus. Kleine Flüsse und Bewässerungsgräben durchziehen die feuchten Flächen wie silberne Bänder. Auch das kleinste Stückchen Land wird bebaut, dazwischen liegen die Wohnhäuser.

Nicht lange, und wir landen in Guilin, Chinas Naturwunder, auch „Schönste Landschaft unter dem Himmel" genannt. Zhang Ce, der neben mir sitzt, stößt mich leicht an: „Sehen Sie da, das sind die Zuckerhüte von Guilin!" Unter uns breitet sich wirklich ein einzigartiges Panorama aus: Nahezu unzählbar ragen einzeln stehende steile Felsformationen empor, grün bewachsen dank der immerwährenden Feuchtigkeit. Durch jahrhundertelange Erosion des hier reichlich vorkommenden Kalksteins sind sie entstanden. Das Gebiet von Guilin war vor undenklichen Zeiten Meeresboden, darauf lagerten sich Kalksteine ab und im Verlauf der Erdgeschichte überdauerte das harte Gestein. Der Meeresspiegel senkte sich durch Oberflächenverschiebungen, Kalkablagerungen wurden über den Wasserspiegel angehoben. So entwickelten sich hier die eigentümlichen, unregelmäßigen und bizarr geformten Berge.

Wir befinden uns seitlich über der Gartenstadt Guilin, deren Einwohnerzahl mit 350 000 angegeben wird, in der Autonomen Region Guangzi Zhuang gelegen. Der überwiegende Teil der Bevölkerung besteht aus der Zhunagminderheit, mit 12 Millionen Angehörigen die zahlenmäßig größte in China.

Während die Maschine weiter sinkt, genießen wir noch einen wunderschönen Blick auf die schimmernde, spiegelnde Oberfläche des Liang-Flusses, der sich als wichtigster Wasserweg durch die Stadt schlängelt. Wenig später landen wir.

Begrüßt werden wir dieses Mal nur von Herrn Chen Jichao vom Fischereiverband und seinem Fahrer.

Weil es in diesem ganzen Gebiet nichts gibt, was wir nicht sehen dürfen, haben wir es einzig mit einem freundlichen Herrn zu tun! Unser Ziel sind die Kormoranfischer irgendwo auf dem Liang-Fluß, die wir morgen filmen wollen.

Die Nacht verbringen wir im Li-River-Hotel. Weil wir so plötzlich gekommen sind, war es Herrn Jichao beim besten Willen nicht möglich, für uns heute morgen eines der flachen Boote zu bekommen, die sich am besten für Niedrigwasser eignen. Es ist erst um 14 Uhr verfügbar und liegt im Hafen von Guilin. Herr Jichao teilt uns auch mit, daß sich unsere Hauptdarsteller, die Kormorane, mit ihren Fischerleuten nach der letzten Meldung etwa 52 Kilometer windungsreicher Flußstrecke von Guilin entfernt aufhalten. Bei der langsamen Geschwindigkeit unseres Bootes müssen wir mit einer Fahrtzeit von bis zu vier Stunden rechnen.

Auf dem Schiff gibt es für alle Schlafgelegenheiten, wir wollen, so lautet unser Plan, am Abend in der Nähe der Kormoranfischer ankern und in der Frühe dann gleich mit den Filmaufnahmen beginnen.

❀

Steil aufragende Berge mit grünen Bambushaien, die am Flußrand tief hinabhängen, prägen das Bild. „Bambus ist eine Grasart, sie wird bis zu zehn Meter hoch, und die Stämme sind härter als Holz“, erklärt Herr Jichao. Der Fluß ist gelblich, wie fast immer in China, denn das Wasser schwemmt den Löß aus dem Quellgebiet mit bis zur Mündung.

Wir passieren zwei Dschunken, eine zeigt ein ausgespanntes blutrotes Segel. Vor uns ziehen drei Fährleute mit größtem Kräfteeinsatz und in Schweiß gebadet an einem Seil vom Ufer aus ein Wohnboot flußaufwärts. Unser Kapitän fährt langsam und mit gebührendem Abstand heran, und Zhang Ce ruft dem Steuermann zu: „Wo sind die Kormoranfischer?“ Die lapidare Antwort kommt zurück: „Dort, wo die meisten Fische sind!“ Eine bessere Auskunft gibt es eben nicht.

Weiter geht die Fahrt, und wir haben die 52 Kilometer von Guilin aus schon hinter uns. Aber irgendwo auf diesem Fluß müssen sie doch sein, die letzten Fischer Chinas, die nicht mit Netz oder Angel

Fischfang mit Hilfe von Kormoranen. Die Tiere werden nicht der Natur entnommen, sondern mit Unterstützung der Fischer nachgezogen. Wie in einer Symbiose!

fischen, sondern mit dem Kormoran *Phalacrocorax carbo*. Zwanzig Minuten sind vergangen, da sagt Herr Jichao: „Dort vorn, glaube ich, sind ihre Wohnboote!“ Tatsächlich, als wir näher heranfahren, sehe ich durch das Glas die schwimmenden Unterkünfte mit ihren gewölbten und mit Matten verkleideten Dächern. Und da liegen auch schon neben den Booten Flöße aus Bambus, darauf die Kormorane.

Es dauert nicht lange, und unser Kapitän hat für das Schiff eine ruhige Einbuchtung gefunden und ankert. Herr Jichao hat bereits alles gut geplant, wir sind angemeldet, und die Fischer begrüßen uns. Morgen früh werden drei von ihnen mit ihren Kormoranen für uns fischen, und zwar hier im Fluß, wo zur Zeit die besten Fischgründe liegen, wie sie uns zu verstehen geben. Zum Abendessen gibt es natürlich gebratenen Karpfen, heute von den flinken Fischfängern erbeutet.

Die Nacht auf dem Boot ist romantisch, und die vielen Decken bieten uns einen weichen Untergrund auf den harten Schiffsplanken. Noch bevor jemand wach ist, sitzen Christel und ich schon vorn auf dem Boot und genießen den herrlichen Morgen. Auf der gegenüberliegenden Seite ragen steile Felswände aus dem Wasser, der Fluß macht an dieser Stelle einen großen Bogen und fließt sehr schnell. Das Wasser soll fünf bis zehn Meter tief sein.

Langsam werden alle wach, auch die Kormoranfischer, deren Flöße aus langen, zusammengebundenen Bambusstangen bestehen. Wir klettern auf eine kleine Anhöhe, diese Stelle bietet einen guten Überblick. Auf jedem Kormoranfloß warten fünf bis sechs Tiere auf ihren Einsatz. Wegschwimmen oder -fliegen können sie nicht. Sie sind mit einem dünnen Faden angebunden, denn sie sollen ja nicht in den Liang hinabtauchen und sich aus dem fischreichen Wasser ihre Beute holen und satt fressen; dann hätten sie ja keine Lust mehr, Fische für den Besitzer zu fangen. Wir können uns allerdings diese Methode gar nicht vorstellen.

Sichtlich wohl fühlen sich die Tiere bei ihren Herren. Sie tragen jetzt zur Brutzeit schöne Schmuckfedern im Gefieder.

Auf einem Floß sind zwei Nester im Bau. Material dafür bringt der Fluß ausreichend herbei. Aufgefangenes Treibgut wird eingehend untersucht, ob es geeignet ist. Jetzt erhebt sich ein großes Gerangel um einen besonders schönen Bambushalm. Die Nester sind ganz einfach gebaut, im vorderen liegen schon Eier. Das alles ereignet sich unter der Obhut und dem Schutz der Fischer.

Als wir zu unserem Schiff zurückgehen, ist ein älterer Mann gerade mit dem Bau eines Bambusfloßes beschäftigt, mit dem später auch Jagd auf die Karpfen gemacht wird. Ein festgebundener Korb in der Mitte nimmt dabei den Fang auf.

Die bis zu sieben Meter langen Fortbewegungsmittel werden aus fünf ausgesuchten Bambusstangen des am Fluß wachsenden Riesenbambus und mit Hilfe langer Bambusseile in einfacher Weise zusammengefügt.

Zhang Ce hat uns bereits gesucht und gefunden, wir sollen zum Frühstück kommen: „Es gibt etwas ganz Außerordentliches, Fisch und Reis!“, teilt er uns verschmitzt lächelnd mit. Nicht weit von unserer Behausung auf dem Wasser spielen Kinder, ein kleiner Junge macht gerade sein Geschäftchen. „Ja“, meint Zhang Ce ganz trocken, „das gibt es auch nur in China, der Kleine hat, wie Sie sehen, eine sogenannte Schnellfeuerhose an. Sie hat einen großen Schlitz im Schritt, und so kann, wenn Not am kleinen Mann ist, nichts in die Hose gehen!“

Es dauert nicht mehr lange, und ich beginne mit der Filmarbeit. Zuerst werden die Kormorane vorbereitet für ihre Aufgabe: Ein alter Vater, den ich jetzt im Bild habe, weiß offenbar ganz genau, wie man mit Kormoranen umgeht. Er greift einen Vogel am Hals und verhindert so, daß der ihn mit seinem scharfen Schnabel beißt.

Die „Schnellfeuerhose".

Er ist so gebogen, daß die scharfe Spitze auch den schlüpfrigsten Fisch festhalten kann. Im Griff des Alten, bekommt der Räuber einen elastischen Reisstrohfaden um den Hals gebunden, genau so fest, daß er nicht erstickt, aber auch keine Fische herunterschlucken kann.

Nun ist es soweit, drei Boote starten, davon haben zwei jeweils zwei Kormorane an Bord, auf dem dritten hocken drei der schwarzen Vögel.

Die schwankenden Bambusflöße fahren zur besten Fangposition in der Mitte des Stromes, wo das Wasser am schnellsten fließt. Einer alten Erfahrung nach hält sich die Beute dort besonders gern auf. Die zugebundenen Unterwasserjäger kennen auf dem Floß genau ihren Platz und sie wissen, was von ihnen erwartet wird. Sobald sie mit ihren smaragdgrünen Augen einen Fisch im trüben Wasser erblicken, tauchen sie hinab, verfolgen ihn, fassen ihn mit ihrem Schnabel und bringen ihn an die Oberfläche. Der Fischer packt den Fisch, und der wandert nicht in den Kormoranmagen, sondern in den großen Korb.

So ein Fischer muß härteste Arbeit leisten: Ständig kämpft er gegen die Strömung, um im ausgesuchten Revier zu bleiben.

Die „Haustiere“ sind jetzt in ihrem Element, immer wieder kommen sie mit neuer Beute zum Floß zurück und müssen sie abgebem. Das tun sie verständlicherweise nicht gern. Durch die Abschnürung des Reisstrohfadens an ihrem Hals können sie nichts herunterschlucken. Ihr Herr ergreift sie, öffnet sehr vorsichtig ihren Schnabel und schüttelt die schillernde Beute in den Korb. Dabei muß er sehr vorsichtig vorgehen, damit die spitzen Fischflossen keine Verletzungen anrichten. Es grenzt schon ans Virtuose, was der Fischer alles gleichzeitig tun muß: Nicht nur das Floß gegen die Strömung halten, die Kormorane aus dem Wasser nehmen, ohne sie zu verletzen, den Fang in den Korb befördern: Bei alledem muß er auch noch das Gleichgewicht auf dem Fluß halten, was sehr schwierig ist. Das habe ich gerade am eigenen Leib zu spüren bekommen, denn beinahe wäre ich mit der Kamera in der Hand ins Wasser gefallen. Was mir erspart blieb, ist Christel passiert. Sie geht in unser Boot, um die Kleider zu wechseln. Jetzt erst kann ich ermessen, welche Geschicklichkeit Voraussetzung für diesen Beruf ist.

Inzwischen haben sich die Körbe mit Karpfen gefüllt, immer gern gesehene Leckerbissen in der chinesischen Küche. Aber der Jagdeifer der Tauchvögel ist nicht mehr so stark, die „lebenden Angeln“ ermüden allmählich. Die Fischer merken das und ersparen ihren Lieblingen die größte Anstrengung, das Zurückkrabbeln auf das Floß. Mit Hilfe eines Paddels helfen sie den Vögeln aus dem Wasser an Bord.

Bei einer Ausfahrt fangen die Kormorane bis zu 15 Kilo Fisch, sie selbst benötigen davon nur etwa 500 Gramm pro Tag. Einige der Taucher haben ein nasses, schweres Gefieder und trocknen es nun in der Sonne mit ausgebreiteten Flügeln.

Die Fischer geben mir ein Zeichen, daß die Jagd vorüber ist. Alle kehren anschließend zu ihren Hausbooten zurück, und jetzt gibt es den Lohn der Arbeit für die fleißigen Jäger. Ihr Futter besteht aus kleinen Fischen, die mit Netzen oder Reusen gefangen werden und besser verträglich sind als die dicken. Ab und zu werden die Fische mit Wasser bespritzt, damit sie von den Kormoranen besser geschluckt werden können.

Von den älteren Vögeln getrennt befindet sich der Nachwuchs, mit Familienanschluß von Geburt an. Die Fischerfrau ist für die Jungen wie eine Mutter, sie wird angebettelt wie die eigenen Eltern. Gefüttert wird aus der Hand mit winzigen Fischchen. Durch die Pflege und den ständigen Kontakt lernt der „geliebte Fischräuber“ den Menschen als guten Freund kennen. Bei uns in Europa ist der „unnütze Fresser“ bei den Fischern verhaßt und fast ausgerottet. Die Fischer am Liang-Fluß dagegen freuen sich über Nachwuchs bei ihren emsigen Helfern, denn so sind sie nicht gezwungen, Nester in der freien Natur zu plündern. Die in Gefangenschaft geborenen Kormorane werden sogar noch älter als ihre wildlebenden Artgenossen und erreichen oft ein Alter von 25 Jahren.

Die traditionelle Methode des Fischfanges auf dem Liang-Fluß ist uralt und ein Sinnbild für die Harmonie zwischen Mensch und Natur.

„Bleiben Sie doch noch ein wenig bei uns!", fordern uns die Fischer freundlich auf. Es sind freie, ruhige Menschen und ihre Heimat ist der Fluß.

Doch wir müssen leider weiter, 2 200 Kilometer zurück nach Peking, über Changsa und Wuhan. Von dort aus werden wir wieder zu einer Expedition für unsere chinesische Filmserie starten, zum letzten Mal.

Juwelen der chinesischen Tierwelt

Ganze zwei Tage bleiben wir in Peking, um alle Vorbereitungen zu treffen. Die schwierigste Expedition haben wir zum Schluß unserer langen Reise geplant: Mit dem Einsatz all unserer Kräfte wollen wir den Kleinen Panda, den „Katzenbär" *Ailurus fulgens styani* und den Großen Panda, den „Bambusbär" *Ailuropoda melanoleuca* finden und filmen. Doch Zhang Ce hat noch einen Vorschlag anderer Art: „Morgen müssen Sie unbedingt die Allee der Tiere sehen, sie liegt nicht weit von Peking entfernt. Die Tiere dort sind ruhiger und deshalb besser zu filmen als ihre Artgenossen in freier Wildbahn. Eigentlich dürfen sie in Ihrer Serie über die Tierwelt Chinas nicht fehlen, ebensowenig wie die Armee aus Ton und ihre Pferde in Xian!"

Außerdem gibt es, wie immer, wenn wir kurz in Peking sind, viel zu erledigen.

Am dritten Tag verlassen wir sehr früh das unter uns schlafende Peking. Schemenhaft und geheimnisvoll in Ihren Umrissen die Verbotene Stadt, und ich denke darüber nach, was für grauenvolle Ereignisse sich in den Wirren vergangener Zeiten hier unten abgespielt haben.

Nach einem angenehmen Flug in der AN-24 landen wir eineinhalb Stunden später in Xian mit seinen annähernd drei Millionen Einwohnern, Zentrum der Provinz Shaanxi. Einst soll Xian die größte Stadt der Welt gewesen sein, im 7. Jahrhundert war sie der Ausgangspunkt der berühmten alten Seidenstraße und ein Hauptumschlagplatz für alle möglichen Güter. Xian ist übrigens die älteste und Peking die jüngste Kaiser- und Kulturstadt im Reich der Mitte.

Unser Ziel aber ist Chengdu, wie bei unserer 2. Vorreise. Ich erinnere mich jetzt genau: Da waren die Lungenentzündung von Christel, das Krankenhaus, der Bambuspark und vor allem der Zoo mit seinen Pandabären, darunter „Mei Mei“ mit dem Spitznamen „Heldenhafte Mutter der Pandas“. Der Zoo in Chengdu ist auch Durchgangsstation für fast alle Pandabären, die heute in den zoologischen Gärten Chinas oder auch anderen Ländern zu sehen sind. „Mei Mei“ brachte hier im Zoo ihr siebtes Baby zur Welt. Alle sind wohlauf, dank der guten Betreuung. Schon damals hatten wir uns erkundigt, wo man den Großen Panda, das Wahrzeichen Chinas, in Freiheit finden kann. Damals waren es nur Fragen, heute ist es Wirklichkeit: Wir wollen ihn finden!

Unser erstes Ziel aber ist der Kleine Panda und wieder einmal stehen wir vor einer großen Aufgabe und vor einem riesigen Gebiet. Ohne eingehende Auskünfte von verschiedenen informierten Stellen wäre unser Erfolg gleich null. Vor allem wußte von uns niemand, wo mit der Suche zu beginnen wäre.

Unser gesamtes Gepäck ist aus der Maschine gebracht und gerade zusammengestellt worden, da durchquert ein Herr die Menschenmenge und spricht die beiden Zhangs freundlich an. Als sie sich die Hand schütteln, drehe ich mich zu ihnen um und Zhang Ce sagt: „Sie kennen doch auch von unserem letzten Besuch hier noch Herrn Yan Jing von der Provinzialregierung, er wird uns begleiten!“ Auch Christel erinnert sich wieder: „Ja, natürlich!“ Herr Jing sagt, an Christel gewandt: „Ich habe Sie nicht vergessen, sind Sie wieder voll gesund?“ Wie alte Bekannte, dachte ich.

Die Koffer sind im Wagen verladen, es geht, wie damals, zum Hotel Chengdu. Zhang Ce wendet sich an uns: „Ich hätte Ihnen schon gern in Peking gesagt, daß Herr Jing uns begleiten wird, aber ich wußte bis eben gerade auch nicht, ob es klappen würde.“

Wir gehen zu unserem Hotelzimmer, da sagt Zhang Ce zu unserer Überraschung: „Leider habe ich dieses Mal nicht dasselbe Zimmer für Sie bekommen.“ Und wir wunderten uns wieder einmal darüber, an was er alles dachte!

Obwohl wir heute erst nach dem Frühstück um 9 Uhr Chengdu verlassen, sind wir bereits schon um 6 Uhr auf den Beinen und eigentlich abmarschbereit. Eine große Unruhe hat uns erfaßt, wir waren voller Spannung auf die nächsten Tage.

Kurz vor 9 Uhr verlassen wir die „heimliche Hauptstadt der Pandabären“, Chengdu, mitten im weiten flachen „Roten Becken“ gelegen, so genannt vom deutschen Geographen FERDINAND VON RICHTHOFEN, der von 1868 bis 1872 China bereiste.

Wir fahren durch die Reisschüssel eines der fruchtbarsten Agrargebiete Chinas. Unser Ziel: der etwa 170 km südwestlich gelegene Emei-Shang-Berg, 3099 m hoch, einer der fünf heiligen Berge dieses Landes.

In dem weiträumigen Gebiet, sagt Herr Yan Jing (wir sollen Yan zu ihm sagen, meint er lächelnd) leben die letzten „Hun-Ho“, die Feuerfüchse, wie hier die Kleinen Pandas auch genannt werden, die wir filmen möchten. „Bereits vor einer Woche habe ich zwei der besten Waldarbeiter von Leshan zur Suche in die weitere Umgebung geschickt und vor zwei Tagen wurde mir telefonisch eine gute Nachricht übermittelt: Ein Kleiner Panda wurde hoch in den Bäumen ausgemacht!“

Und weiter sagt er: „Durch das Ausfindigmachen eines Reviers wollten wir es Ihnen so leicht wie möglich machen, denn Sie haben eine schwere Arbeit hinter sich, wie mir Zhang Ce und Zhang Cheng gestern abend im Hotel erzählten. Ich kann nur darüber staunen, was Sie alles erlebt haben und wo Sie überall schon in unserem Land waren!“

Aus dem Wagenfenster sehen wir die großartigen sattgrünen Reisfelder, darin malerisch eingeschmiegt bambusumstandene Bauerngehöfte. Auch deren Wände sind aus Bambus gebaut, denn den gibt es hier überreichlich in allen Größen.

Dort eine Zuckerrohrplantage, da eine Schar schnatternder Enten, dazwischen immer wieder Haine und Wasserbüffel vor dem traditionellen Pflug. Geerntet wird auch hier bis zu drei Mal im Jahr: Reis, Mais, Weizen, Raps und Gemüse, alles bewirtschaftet mit unendlich viel Energie und Fleiß.

Etwa auf halbem Weg machen wir in der Nähe einer Bambusflechterei eine Pause, im kleinen Ort Meishan, am gleichnamigen Berg gelegen. Unser Endziel heute und der Ausgangspunkt für die kommenden Tage ist das Städtchen Leshan. „Morgen können Sie erst einmal ausruhen und alles Sehenswerte in Ruhe betrachten“, verspricht Yan. „Herr Zhang Cheng wird Sie begleiten, um Ihnen alles genau erklären zu können. Indessen gehen ich, Zhang Ce und unsere beiden Kundschafter in das Gebiet, um den Kleinen Panda ausfindig zu machen.“

Nach einer Fahrt durch die schöne, abwechslungsreiche Landschaft erreichen wir Leshan und steuern direkt das Jiazhou-Hotel an. Es ist einfach, aber wir haben ein Dach über dem Kopf. Während wir unsere Ausrüstung in dem kleinen Raum unterbringen, fahren Yan und Zhang Ce sofort zur Behörde, um uns anzumelden.

Am ersten Tag sehen wir uns wie besprochen Leshan an, eine kleine, ruhige, ländlich geprägte Stadt, hier ist die Seidenindustrie zu Hause. Vor allem aber fesselt die Buddhafigur am Ufer des Min-Flusses unsere Aufmerksamkeit. Die gigantische Felsenskulptur mit einer Höhe von 71 Metern wurde aus dem Berg Lingyu in 90jähriger Arbeit herausgeschlagen und im Jahr 803 n. Chr. vollendet. Es soll die größte sitzende Buddhafigur der Welt sein. Die Ohren haben eine Länge von je 7 Metern, und auf ihren Füßen können jeweils 100 Menschen Platz finden!

Am Abend sind Yan und Zhang Ce von der Suche zurück, aber ohne Erfolg. Die beiden Helfer sind in dem Pandagebiet geblieben und wohnen bei einer Familie, die Kräuter sammelt. Wir gehen alle in ein Teehaus in der Nähe, und Yan berichtet von der Suche. In dem Bereich, wo unsere beiden Waldarbeiter den kleinen Panda sahen, hatte es in der Nacht davor stark geregnet, der Nebel wollte sich nicht auflösen, und dadurch war keine Sicht nach oben in die Bäume möglich. „Morgen gehen wir wieder auf die Suche," meinte Yan, „Sie können, wenn Sie wollen, unseren buddhistischen Wallfahrtsort auf dem Emei-Shan-Berg besuchen. Von dort haben Sie einen faszinierenden Blick in die Berglandschaft und hinunter in die Ebene. Ein Wagen meiner Behörde holt Sie um 8 Uhr früh ab und fährt den Berg hinauf, solange es die Strecke ermöglicht."

Der Tee ist vorzüglich, wir denken: Werden wir morgen um diese Zeit endlich mehr wissen?

Ein sauber geputzter Wagen holt uns am nächsten Morgen pünktlich um 8 Uhr ab. Yan und Zhang Ce sind schon lange unterwegs, den „Feuerfuchs" zu suchen. Das Wetter heute: um 30 Grad, subtropische Schwüle und hohe Luftfeuchtigkeit. Irgendwie habe ich mir den Magen verdorben, so sehen wir uns nur einige Tempelanlagen an. Früher sollen es 200 gewesen sein, heute sind es nur noch 20.

Wir fahren wieder ins Hotel, um an die Medikamente zu kommen. Eine Stunde später sind Yan und Zhang Ce wieder da. Als sie von meinem Magen hören, sagt Zhang Ce: „Hoffentlich sind Sie morgen früh wieder in Ordnung, denn wir haben ein schönes Exemplar hoch in den Bäumen ausgemacht!" Das war eine große Überraschung für uns, ich ging sofort ohne Essen ins Bett, um die Medikamente wirken zu lassen.

Schon um fünf Uhr waren wir wach, und es ging mir bestens, der Magen hatte sich beruhigt. Bereits um 8 Uhr war unser Wagen an einer Stelle angelangt, wo dichtes Gehölz ein Weiterfahren unmöglich machte. Yan sagte ruhig und leise: „Von hier aus ist es nicht mehr weit bis zu unserer gestrigen Fundstelle."

Inzwischen sind auch die beiden Waldarbeiter eingetroffen, jetzt lernen wir sie kennen. Yan ordnet an: „Wir bleiben erst mal hier,

Ein Juwel der chinesischen Tierwelt: Freilandaufnahme des Kleinen Panda, genauer: Styans Katzenbär *Ailurus fulgens styani*.

die beiden werden das Tier suchen, sie wissen genau Bescheid, denn das hier ist ihre Heimat."

Nach etwa einer Stunde stoßen sie wieder zu uns, sie sprechen leise mit Yan, und unsere Spannung steigert sich noch, als er uns mitteilt: „Sie haben den Feuerfuchs gefunden, er schläft oben in einem Baum!" Ich sehe Christel an, denn wir wissen, daß man Katzenbären nur sehr selten in freier Wildbahn zu Gesicht bekommt.

Wie immer wird die Ausrüstung von allen getragen, voran gehen unsere Helfer und bahnen uns einen Weg. Wir sind jetzt von einem undurchdringlichen Blätterdach von oben abgedeckt, und es ist bei dem überschwellenden Wachstum schwierig, den Dschungel zu durchdringen. Gehölze und Farne versperren uns den Weg, es geht langsam voran. Endlich, alle bleiben stehen, wir suchen die Bäume vor uns ab, Dunstschwaden ziehen vorbei. Beim besten Willen ist nichts zu sehen im unendlichen Grün.

Mit der Hand deutet Yan an, daß wir stehen bleiben sollen, einer unserer Suchspezialisten geht vorsichtig weiter, noch 25 Meter, bleibt stehen, sieht mit dem Glas noch oben, verharrt in dieser

Stellung. Vielleicht eine oder zwei Minuten vergehen, schon zu lange für mich, die Spannung ist unerträglich, da gibt mir unser Helfer ein Zeichen, ich solle vorsichtig näherkommen. Kaum kann ich es erwarten, sehe mit dem Glas schräg nach oben, erst wird ein buschiger Schwanz mit hellrötlichen Ringen sichtbar und dann, ich kann es kaum glauben: Liegt da doch tatsächlich, auf einer Astgabel ruhend, der Kleine Panda! Beim Betrachten fällt mir eine gewisse Ähnlichkeit mit unserem Waschbären auf, auch in der Zeichnung des Gesichtes.

Im Zurückgehen gebe ich Christel und unseren Begleitern mit der Hand zu verstehen: Wir haben ihn gefunden, den Kleinen Panda, den Vetter des schwarzweißen Großen Panda.

Die Kamera ist schnell aufnahmebereit und mit der passenden Teleoptik versehen. Langsam und ruhig gehen Christel, ich und unsere Entdecker an den Beobachtungspunkt von eben zurück, jetzt aber drei Meter zur Seite, um eine bessere Perspektive zu bekommen. Die anderen sind nicht gefolgt, um nicht unnötige Unruhe zu erregen.

Der Katzenbär hat uns nicht entdeckt und schläft. Im Bild sehe ich deutlich den Unterschied zwischen diesem Tier und einem Kleinen Panda in einem Zoo in Europa, der gewöhnlich aus Nepal stammt. Dieser hier ist wesentlich größer, ungefähr wie eine kräftige Katze. Sein weiches, dichtes Fell schützt ihn vor der Feuchtigkeit und besitzt eine intensive Rostgelbfärbung. Daher wird der Katzenbär auch „Rotfeuerfuchs“ genannt, was allerdings nur etwas über seine Farbe aussagt.

Heute streng gehütet, wurden früher das beispielhaft schöne Fell zu Mützen und die Schwanzhaare zu Staubwedeln und Pinsel verarbeitet. Katzenbären sind entfernt mit den Bären verwandte Raubtiere.

Von ihrem Familienleben in der freien Wildbahn weiß man nichts, es wird lediglich angenommen, daß sie wie ihre großen Vettern Eigenbrötler und Einzelgänger sind.

Jetzt hat ihn irgend etwas aufgeweckt, nicht wir sind der Anlaß, weil wir ganz still sind. Er richtet sich auf, streckt sich und ich fürchte, er fällt herunter. Doch er schüttelt die Nässe aus seinem Fell, sieht aber mit keinem Blick nach unten, zu uns herunter. Bedächtig klettert die Schönheit jetzt ruhig weiter und zum Glück für uns nicht in einen durch Blätter verdeckten Baumabschnitt. Langsam bleibt der kleine Bär jetzt stehen, wäscht sich wie eine Katze, beleckt wiederholt seine Handsohlen und streicht damit über Stirn und Ohren. Immer und immer wieder wiederholt sich dieses Ritual. Zeit spielt keine Rolle für ihn. Wieder kann ich ihn verfolgen, ein Stück den Ast entlang, jetzt legt er sich hin, streckt sich aus, und deutlich werden seine spitzen Krallen sichtbar und die behaarten Hand- und Fußsohlen. Sie verhindern, daß er auf dem nebelnassen Geäst ausrutscht.

Hätte der Kleine Panda nicht die Angewohnheit, in den Astgabeln zu schlafen, hätte ich ihn nie filmen können. Leider war es mir aber nicht vergönnt, das Tier bei der Nahrungsaufnahme aufzunehmen.

Von Yan wissen wir, daß sich die Kleinen Pandas überwiegend von Bambussprößlingen, saftigen Gräsern, Wurzeln, Beeren und Früchten ernähren, aber bei ihren Reviergängen auch Eier und Jungvögel, kleine Nagetiere und Insekten nicht verschmähen. Yan weiß auch zu berichten, daß wir uns hier in einer Höhe von 2 100 Metern befinden und er erzählt stolz, daß es ihm schon mal vergönnt war, ein totes Tier zu sehen: Es maß mit ausgestrecktem Schwanz etwa einen Meter.

Immer wieder ändert der Katzenbär da oben seinen Ruheplatz im Gewirr der Bäume. Ich vermute, das Tier steigt höher, damit der durch die Bergtäler wehende Wind ihm Kühlung bringt. Immer höher geht es hinauf, in die völlig unzugängliche Baumkrone, bis die Blätter sein rotgoldschimmerndes Fell schließlich ganz verdecken.

Mehr als genug hat sich dieses herrliche Geschöpf uns gezeigt. Alle sind glücklich, daß wir es vor der Kamera hatten. Wie unsere beiden Waldarbeiter beteuern, bekommen auch sie den Feuerfuchs fast nie zu sehen.

Nach diesen erlebnisreichen Stunden fahren wir sofort wieder ins Hotel, um alles zu verladen und ohne Aufenthalt geht es nach Boaxing, etwa 250 Kilometer nordwestlich gelegen, in den Lebensraum des Großen Panda. Lange hat es gedauert, bis einmal ein Europäer einen Panda zu Gesicht bekam. Erst im Jahr 1869 sah der französische Naturforscher Pater ARMAND DAVID rein zufällig ein Fell des seltsamen schwarzweißen Bären. Vorher war der Panda nur von den Bildern chinesischer Maler bekannt und wurde für ein Fabelwesen gehalten.

Der Mensch, das größte Raubtier, hat es gerade in den letzten zehn Jahren geschafft, den Großen Panda nahezu auszurotten. Heute soll es nur noch 800 dieser liebenswerten Säugetiere geben, denn je seltener und kostbarer die Tiere sind, um so intensiver und schneller erfolgt ihre Vernichtung.

Ein Panda ist unbezahlbar und nicht zu kaufen. Selbst ein Preis von 250 000 DM, der einmal genannt wurde, ist absurd. Im Auftrag einer Handelsfirma aus Taiwan sollen, wie der Korrespondent einer großen englischen Zeitung berichtete, Pandabären getötet werden, deren geschmuggeltes Fell auf dem Markt bis zu 65 000 DM bringen kann.

Die Regierung in Peking hat im Ringen um die Erhaltung der letzten Pandas eine Ausfuhr verboten und die „Panda-Diplomatie" endgültig gestoppt. Deshalb werden jetzt auch keine Tiere mehr als Staatsgeschenke überreicht. Bisher waren es 23 Pandas, die an 9 Länder abgegeben wurden. Dazu gehört auch die Bundesrepublik mit zwei Exemplaren für den Berliner Zoo.

Auch gilt in den Pandaschutzgebieten ein absolutes Jagdverbot, weil sich die schwarzweißen Bambusfresser in Wildfallen verfingen, die anderen Tieren galten. Die Gerichte sind angewiesen, Wilderern, die das Nationalsymbol töten oder Panda-Felle ins Ausland schmuggeln, mit aller Härte zu bestrafen.

Langjährige Haft und sogar die Todesstrafe können verhängt werden, da die Wilderei neben den Fortpflanzungs- und Nahrungs-Problemen eine Hauptbedrohung für die Bären ist. Die großen Bestandsverluste können auch durch diese harten Maßnahmen nicht ausgeglichen werden, zumal die Pandaweibchen in ihren etwa 30 Lebensjahren nur fünf bis acht Junge aufziehen.

Zwei Stunden vor Sonnenuntergang erreichen wir eine kleine Streusiedlung in der Nähe von Boaxing. Für die Zeit unseres Aufenthaltes werden uns zwei Berghütten als Ausgangspunkt für die Suche zur Verfügung gestellt. Die kleine, mehr als bescheidene Herberge ist für Christel und mich bestimmt, die ein wenig größere für die beiden Zhangs, für Yan und den Fahrer. In den anderen wenigen Unterkünften leben Waldarbeiter der Forstwirtschaftlichen Produktionsgruppe, es sind neun Mann mit ihren Familien. Die Gruppe ist nach den genau geregelten Bergschutz-Bestimmungen in ihrem Gebiet für die Pflege des Waldes und seine Aufforstung verantwortlich. Vier der besten Leute sind abgestellt, uns bei der Suche nach einem Bambusbären zu helfen. Um von Anfang an möglichst effektiv zu arbeiten, werden am nächsten Morgen Späher in alle vier Himmelsrichtungen ausgeschickt. Sie suchen laut Plan systematisch verschiedene Abschnitte des uns umgebenden Gebietes ab. Durch diese Art des Vorgehens wird für uns die Hoffnung, einen Panda zu finden, viel größer.

Yan hat uns freigestellt, mit wem wir gehen wollen. Wir sind in Begleitung eines Helfers und Zhang Cheng als Dolmetscher unterwegs, um das Gebiet kennenzulernen. An den anderen Tagen werden wir in der Unterkunft bleiben, jederzeit erreichbar und einsatzbereit, damit wir im Falle eines Fundes sofort geholt werden können.

Außer uns sind heute morgen noch zwei Helfer unterwegs, sie suchen in der festgelegten Richtung. Ein dritter Waldarbeiter ist mit Yan losgezogen, während Zang Ce und der Fahrer in der Unterkunft warten.

Eine beschwerliche Wanderung steht uns bevor. Wegen der hohen Luftfeuchtigkeit und des Bambusdickichts kommen wir nur langsam voran. Die Berge sind nebelverhangen, oft bleiben wir stehen, blicken in die Runde und hören in die Einsamkeit. Dann geht es weiter. Hier in den Tälern soll er leben, unser Einzelgänger. In den Höhen über 2000 Metern steht in dichten Beständen der Pfeilbambus, Lieblingsspeise des Panda. Hier kann er sich aufhalten, hier müssen wir auf der Suche nach ihm die Wälder durchstreifen.

Immer wieder bleiben wir stehen und lauschen: oberstes Gebot dabei ist es, sich still zu verhalten. Nach einer schwierigen Wanderung und erfolgloser Suche kommen wir nach sechs Stunden wieder ins Quartier zurück.

Bis zum Einbrechen des abendlichen Dämmerlichts treffen auch allmählich die anderen drei Helfer ein, auch sie ohne Erfolg.

Ab heute bleiben wir in der Unterkunft, um erreichbar zu sein, schon seit zwei Stunden sind die vier Späher wieder im Dschungel unterwegs, jeder wieder in eine andere Richtung. Yan teilt uns mit, sie würden genau nach Plan soweit wie nur möglich alles durchkämmen.

Jetzt müssen wir unendlich viel Geduld aufbringen und dabei jederzeit auf eine Erfolgsmeldung gefaßt sein. Zur Überbrückung der langen Wartezeit bringen Christel und ich die Technik in Ordnung.

Wie wir gestern bei der Mitsuche schnell bemerkt haben, wird es sehr schwierig werden, für uns einen Panda zu entdecken, obwohl wir uns genau in einem Gebiet befinden, wo es mit Glück und Ausdauer durchaus möglich ist, einen Bambusbären zu filmen.

Wenn wir allein als Unwissende auf die Suche gingen, hätten wir keine Chance und müßten sicher bald aufgeben.

Je mehr es dem Abend zugeht, um so spannender wird es für uns. Yan, der selber oft mitgegangen ist, heute aber bei uns blieb, meint, wir sollten die Hoffnung nicht verlieren, denn bei der guten Vorarbeit gebe es die besten Fundmöglichkeiten. Vor einem Monat wurden hier Spuren und dann auch der Panda selbst gesichtet, und deshalb sind wir hier.

Doch alle vier Helfer kehren wieder ohne Ergebnis zurück.

Für Christel und mich ist die Warterei nicht leicht zu ertragen: Wir können selbst nicht aktiv werden, und die eintönigen Tage ziehen sich bei einfachsten Verhältnissen dahin. Niedergeschlagenheit und Enttäuschung machen sich mit dem Ablauf der erfolglosen Suche breit, immer wieder wird genau das Gebiet strahlenförmig abgesucht, nichts!

Unsere Helfer sind mit Energie und Ausdauer unermüdlich auf ihren Streifzügen, um Spuren zu finden, die ein Bambusbär hinterläßt, wenn er sein Revier in den unendlichen Pfeilbambuswäldern nach zarten jungen Sprossen absucht. Die von den Tieren gebahnten Wechsel sind tunnelartige Wege durch die dichten Haine. Abgebrochene Zweige, verstreute Blätter, abgenagte Bambusstämme, Losung, die aus Kotballen besteht, durchsetzt mit grüngelben halbverdauten Bambusfasern, mit Blatt- und Stengelresten, sind eindeutige Hinweise. Auch einen kleinen Bach oder einen Fluß benötigt er in seinem Stammrevier. Da die herumwandernden Tiere keine Behausung haben, legen sie sich, wenn der Bauch voll ist, im Schutz des Dickichts zur Ruhe nieder und sind kaum auszumachen. Denn die seltsame Fellzeichnung, schwarzweiß wie ein Harlekin, einmalig in der Tierwelt, hat sich die Natur als Tarnung ausgedacht, damit der Panda im Licht- und Schattenwechsel in der immergrünen Vegetation „verschwimmt".

Heute ist der neunte Tag, der Morgen beginnt wie jeder andere. Unsere vier Helfer sind längst unterwegs. Es ist 9.20 Uhr, da kommt mit schnellen Schritten unser vielleicht aktivster Späher zurück und berichtet Yan kurz, daß er etwa 30 Minuten von hier in einem fast unerreichbaren Gebiet eine Spur von langen, abgebissenen Bambusstengeln und eine vom Sitzen zerdrückte Stelle gefunden hat. Auch Losung war da, und vorsichtig ist er dem heruntergedrückten Bambus gefolgt und von einer kleinen Anhöhe konnte er den an der Freßstelle beschäftigten Panda ausmachen! Um den Weg zurück zu finden, hat er dann überall Halme abgeknickt.

Nun müssen wir schnell zum Drehort, die Ausrüstung wird verteilt, sie ist nicht schwer zu tragen. Wir durchwandern einen dichten Waldgürtel, überqueren einen kleinen, schnellfließenden Bach, Christel bleibt mit einem Fuß hängen, ich helfe ihr, es geht weiter.

In meinem Kopf wird das Fragezeichen immer größer: Wo werden wir dieses einzigartige Tier antreffen, wird es sich in einer kameragünstigen Lage befinden? Wir passieren mühsam und schleppend eine unwegsame, von Nebel durchzogene Bambuszone und sehen das in Abständen abgeknickte Grün, das unserem Helfer den richtigen Weg zurück zeigt. Ich denke: Das Schwierigste wird manchmal durch Glück und günstige Umstände ganz leicht! Aber noch habe ich das liebenswerte Geschöpf nicht im Bild. . .

Die Zeit ist wegen unserer großen Erwartung schnell vergangen. Unser Helfer vorn bleibt stehen, nur Christel und ich sollen ihm folgen. Die anderen bleiben still zurück.

Nach vielleicht fünf Minuten langsamen Vortastens heißt es: Halt! Der Mann geht allein weiter, vielleicht hat sich der Panda auch ein Stück bei der Nahrungsaufnahme weiterbewegt. Nach einigen endlosen Minuten voller Spannung kommt der Kundschafter zurück, wir nehmen die Kamera auf und nach 150 Metern bleiben wir stehen und sehen ihn: Von hier aus etwas erhöht, sitzt er in einer Entfernung von 80 Metern vor uns, als wäre das die größte Selbstverständlichkeit, ganz versunken in seine Lieblingsbeschäftigung: Bambus kauend.

Der Anblick ist erregend und unbeschreiblich schön, wir haben ein Prachtexemplar vor uns. Leise und schnell erfolgt der Aufbau der Kamera, Grundbedingung dabei ist kein Laut. Er darf uns absolut nicht bemerken, denn: Einmal aufgeschreckt ist er verschwunden, und der dichte Bambus schließt sich hinter ihm. Jetzt ist er groß im Bild, zum Greifen nahe, und man möchte ihn direkt anfassen. Die Lichtgebung ist gut und ich kann in die wunderbaren, „verschmitzten" und listigen Augen sehen, dann die schwarzen Flecken darum und die dunklen Mickey-Mouse-Ohren, imponierende Merkmale. Eine weitergehende Beschreibung erübrigt sich, denn der Panda ist in der ganzen Welt bekannt und findet von allen Tieren die größte Beachtung. Überall ist die Begeisterung über sein niedliches Aussehen groß, er wirkt wie eine lustige Spielzeugfigur. Trotzdem darf nicht vergessen werden, daß der Große Panda „*Da Xiongmao*", die Bärenkatze, in China auch Riesenbär genannt, zwar ein Vegetarier ist, aber auch ein Raubtier.

Unterschätzen sollte man diesen so harmlos seine Bambuszweige kauenden Pflanzenfresser nicht: Er kann gefährlich beißen. In Washington wurde ein Zoowärter von einem Panda angefallen und übel zugerichtet. Und im Berliner Zoo machte sich ein Fotograf bei einem Panda unbeliebt und verlor einen Finger.

Herrlich anzusehen ist es, wie der hochspezialisierte Harlekin aufrecht auf seinem Hinterteil sitzt und die Blätter geschickt mit einer Vorderpfote abstreift. In der anderen hält er einen Bambusstrauch, von dem er ständig abbeißt. Die stark entwickelte Kaumuskulatur, die breiten Mahlzähne und die dicken Backenwülste geben seinem Kopf die Rundung. Ab und zu sind die Eckzähne seines Raubtiergebisses zu sehen.

Das Gebiß und der Magen sind fast ausschließlich auf Pflanzennahrung eingestellt. Aber außer den Bambustrieben liefert der Speisezettel der Natur Blätter und Zweige, Stämme und Gräser, aber auch Zuckerrohr. Kranke Vögel, Insekten und Bambusratten sollen gelegentlich in seinen Magen wandern.

Da die Pflanzenkost nur geringen Nährwert besitzt, sind große Mengen nötig, um den Hunger zu stillen. Verdaut wird nur eine geringe Menge, der andere Teil durchwandert unverbraucht den Körper und wird dann ausgeschieden. So verlangt der Magen immer mehr Nahrung, und so frißt er immer, wenn er nicht gerade schläft.

Unser Panda gibt sich ebenfalls seiner Lieblingsbeschäftigung hin, ich denke, hoffentlich noch recht lange an derselben Stelle. Er hat uns noch nicht ausgemacht, es scheint, er ist völlig vertieft in die Nahrungsaufnahme und hat alles um sich herum vergessen. Wie ein gemaltes Bild sehe ich alles vor mir: den Panda und die schönen Bambushaine.

Durch die Teleoptik kann ich erkennen, daß sein weißer, dichter Pelz etwas gelblich ist. Auch die Sohlenbehaarung, ähnlich wie bei dem kleinen Panda, fällt mir auf. Die Zehen sind mit langen Krallen bewehrt. Trotz seines Kindergesichtes soll der Panda nicht gesellig und ein behäbiger Einzelgänger sein und im Jahr nur ein einziges Mal Gesellschaft suchen: zur Zeit der Paarung.

Immer wieder greift er nach neuen Bambuszweigen.

Bambus als Hauptnahrung – diese Spezialisierung ist gefährlich! Doch ist es kaum vorstellbar, daß es hier im Bambusdschungel einmal nicht genügend Nahrung geben könnte. Aber manchmal stirbt in ganzen Gebieten der Bambus ab, dann nämlich, wenn er geblüht hat. Und bis aus dem Samen wieder neue Pflanzen wachsen, dauert es eine lange Zeit.

Bei der letzten Naturkatastrophe waren die Folgen verheerend, wenigstens 138 Pandas verhungerten. Früher wanderten sie zur Futtersuche in andere Regionen ab, heute aber geht das nicht mehr, weil sein Lebensraum geschrumpft ist. Durch die starke menschliche Besiedlung ist ein Ausweichen in ein anderes Gebiet für die Tiere nicht mehr möglich, denn rundum ist kultiviertes Land, bewohnt von Menschen.

Nach diesem Unglück setzte die chinesische Regierung ein großes Hilfsprogramm in Gang und siedelte 1800 Menschen um, damit der angestammte Lebensraum für den Panda erhalten bleibt.

Vielleicht hat meine filmische Beobachtung 15 oder 20 Minuten gedauert, ich habe den Verlauf der Zeit bei der Arbeit nicht bemerkt. In diesem Moment begibt sich unser scheuer Einzelgänger etwa drei Meter tiefer in den Bambus, setzt sich nieder, beginnt erneut, Bambuszweige heranzuziehen und zum Maul zu führen. Er hält einen Moment inne, als ob er überlegt, seine schönen Kulleraugen sehen in den Bambus, und langsam und bedächtig läuft er tiefer in den dichten Hain, bis er verschwunden ist.

Wir folgen ihm nicht, noch ein paar Mal hören wir in der Ferne das Brechen von Bambusstangen, dann ist es still.

Rechte Seite oben: Eines der letzten Rückzugsgebiete des Großen Panda oder Bambusbären *Ailuropoda melanoleuca.*

Unten: Schließlich treffen wir auch ihn im Freiland an: den Großen Panda, das Symboltier Chinas und des weltweiten Naturschutzes.

Nach dieser außergewöhnlichen Begegnung mit dem Großen Panda bleiben wir noch eine Zeitlang ruhig an der Kamera stehen. Christel und mir wird bewußt: Dies ist das Ende unseres langen Weges. Glück und Dankbarkeit erfüllen uns, denn unsere Abenteuer mit der Tierwelt im Reich der Mitte haben uns unendlich bereichert, obwohl uns nur ein kleiner Einblick in die seit Jahrtausenden verschlossene Natur Chinas vergönnt war.

Eine Weile noch genießen wir die unbeschreiblich schöne Landschaft. Mit ihrem Bambus in Überfülle und in allen Größen müßte sie eigentlich für die hier lebenden Pandas sein wie ein Paradies. . .